mare

Paulo Moura

FERNER WESTEN

Eine Reise entlang der
portugiesischen Küste

Aus dem Portugiesischen
von Kirsten Brandt

mare

1. Auflage 2022
© 2022 by mareverlag, Hamburg
Lektorat Lisa Fabian, Hamburg
Karte Peter Palm, Berlin
Typografie Iris Farnschläder, mareverlag
Schrift Dante
Druck und Bindung CPI books GmbH, Germany
ISBN 978-3-86648-669-0

www.mare.de

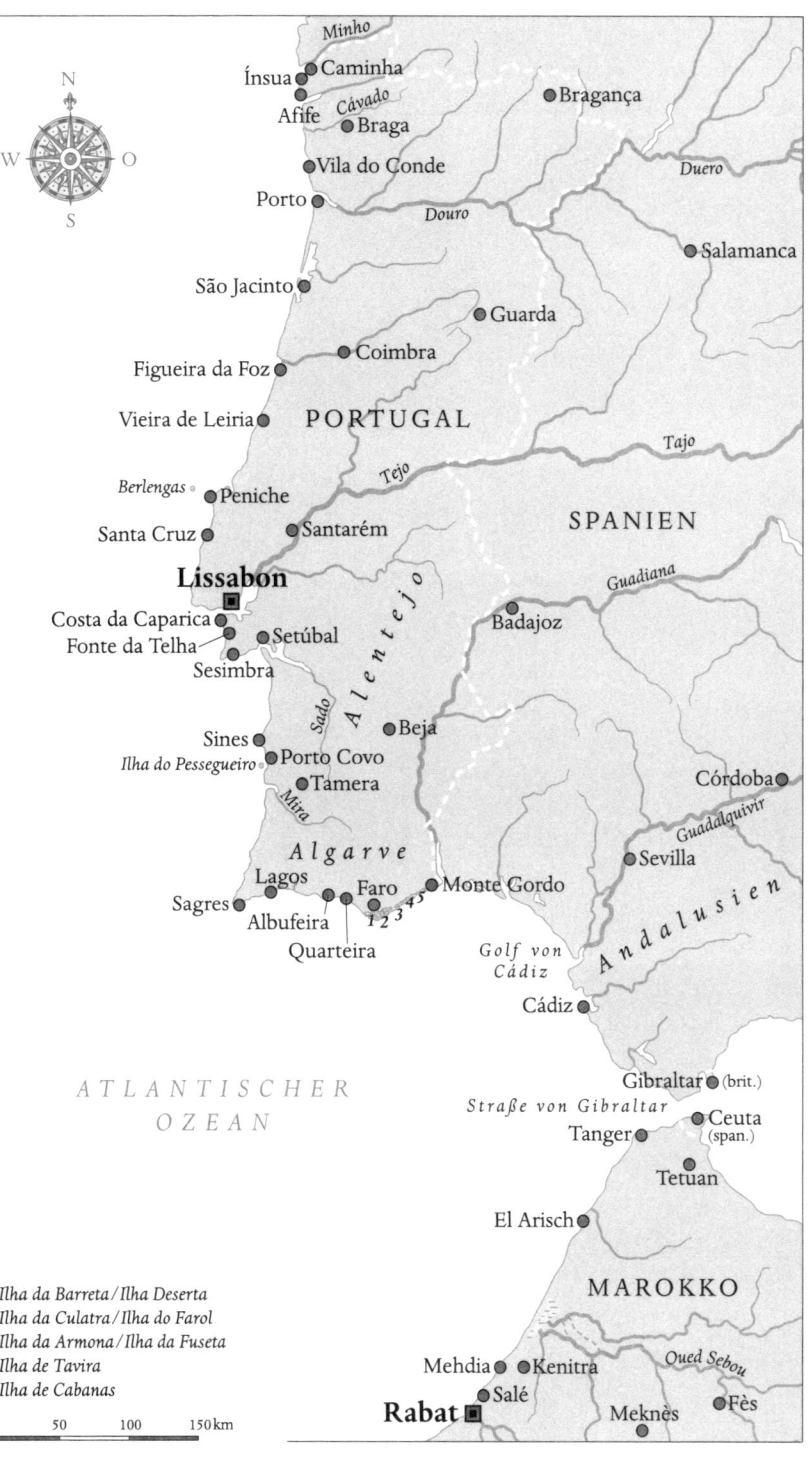

Minho
Caminha
Índua
Cávado
Afífe
Braga
Bragança
Vila do Conde
Duero
Porto
Douro
Salamanca
São Jacinto
Guarda
Coimbra
Figueira da Foz
Vieira de Leiria
PORTUGAL
Tajo
Tejo
Berlengas
Peniche
SPANIEN
Santa Cruz
Santarém
Lissabon
Guadiana
Costa da Caparica
Badajoz
Fonte da Telha
Setúbal
Sesimbra
Alentejo
Sado
Beja
Sines
Córdoba
Ilha do Pessegueiro
Porto Covo
Mira
Tamera
Guadalquivir
Algarve
Sevilla
Lagos
Faro
Sagres
Monte Gordo
Albufeira
1 2 3 4 5
Andalusien
Quarteira
Golf von Cádiz
Cádiz
ATLANTISCHER
OZEAN
Gibraltar (brit.)
Straße von Gibraltar
Ceuta (span.)
Tanger
Tetuan
El Arisch
MAROKKO
1 *Ilha da Barreta/Ilha Deserta*
2 *Ilha da Culatra/Ilha do Farol*
3 *Ilha da Armona/Ilha da Fuseta*
4 *Ilha de Tavira*
5 *Ilha de Cabanas*
Mehdia
Kenitra
Oued Sebou
Salé
Rabat
Meknès
Fès

0   50   100   150 km

Inhalt

1000 Kilometer entlang der Küste

Ein Motorrad, ein Zelt, ein Notizblock. Das waren die Ausgangspunkte, die die Reise bestimmten. Das Motorrad, weil es mit einem Minimum an Gepäck und Hilfsmitteln ein Maximum an Mobilität und Einsatz gewährleistet. Das Zelt, weil es einen frei, leicht und unabhängig macht. Der Notizblock zum Aufschreiben und Erzählen. Alles auf das Wesentliche reduziert: eine schwarze Triumph Tiger 800, ausgestattet mit zwei Alu-Seitenkoffern für Wäsche, Bücher, Kochgeschirr zum Zubereiten kleinerer Mahlzeiten, Laptop und Adapter, um ihn an die Motorradbatterie anzuschließen, hintendrauf ein wasserdichter Sack mit Zelt, Schlafsack, Luftmatratze und einem kleinen Klappstuhl.

Das waren die Voraussetzungen. Das Ziel: die portugiesische Küste abfahren, von Caminha bis Sagres und von dort weiter bis Monte Gordo, auf der Suche nach Geschichten.

Für mich waren Reisen immer Abenteuer, aber nicht immer Freizeit. Sie interessant zu machen, ist harte Arbeit. Es genügt nicht, einfach irgendwo hinzufahren. Man muss Dinge anstoßen. Suchen, fragen, forschen, sich einmischen. Man braucht Erzählfäden, Vorwände, aus denen sich Handlungsstränge entwickeln.

In ihrem Buch *Tschernobyl. Eine Chronik der Zukunft* zitiert Swetlana Alexijewitsch, Literaturnobelpreisträgerin von 2015, einen Mann, der 1942 an der großen Schlacht um Moskau teilnahm. Seine Erinnerung an den Zweiten Weltkrieg sieht folgendermaßen aus: »Ich habe im Schützengraben gesessen. Habe geschossen. Dann wurde ich durch eine Explosion verschüttet, und Sanitäter holen mich halb tot raus.« Erst Jahre später, nachdem er Bücher gelesen und Filme gesehen hatte, erkannte er, dass er Teil eines der entscheidendsten historischen Ereignisse des 20. Jahrhunderts gewesen war. Er war dort, erlebte sein persönliches Drama, hätte beinahe sein Leben verloren, aber verstand nichts.

Ein aktiv Reisender ist das genaue Gegenteil. Natürlich ist eine sommerliche Motorradfahrt entlang der portugiesischen Küste nicht gerade eine Kriegsreportage, doch das heißt nicht, dass man sich der Kontemplation und dem Müßiggang hingeben dürfte. Es gibt unterschiedliche Formen des Reisens, und ich reise immer als Reporter.

Deshalb war dies auch keine ununterbrochene Reise. Zwar hatte sie einen Anfang und ein erklärtes Ziel: Im Juli 2015 machte ich mich von Caminha aus auf den Weg, um für die *Revista 2*, die (2015 eingestellte) Beilage der Tageszeitung *Público*, eine Reihe von Geschichten zu produzieren. Aber genau wie Swetlanas Kämpfer fahre ich an manchen Dingen vorüber, ohne sie zu sehen. Sie setzen sich in irgendeiner dunklen Ecke meiner Erinnerung fest und zeigen sich erst nach und nach, wie die allmählich hervortretenden Linien bei der Entwicklung eines Bildes.

Das bedeutet, man muss zurückgehen, Umwege machen, an manche Orte wiederkehren. Die Geschichten, die ich in diesem Buch erzähle, sind nicht alle auf dieser ersten Reise entstanden. Manche entstanden später, andere früher, und zwei kamen durch Abweichungen vom Weg – wenn auch nie vom Ziel – zustande. Etwa ein Dutzend Mal musste ich die Straße verlassen und ein Boot besteigen.

Von Caminha bis Monte Gordo kann man so gut wie immer direkt am Meer entlangfahren. Mehr als 1000 Kilometer gleitet man über kurvenreiche Strecken, einsame Landstraßen und Touristenrouten, fährt durch Dünen und Pinienhaine, erklimmt Küstengebirge, durchquert Flussmündungen, Landzungen, Flüsse, Rias, Lagunen, Strände, Schluchten und Städte am Meer. Es ist eine wundersame, unvergessliche Reise. Geruhsam wie der Flug der Störche und nervös wie das Auf und Ab der Raubtiere entlang der Gitterstäbe. Es ist die große portugiesische Reise. Man kann sie einmal im Leben machen oder ein Leben lang; aber man muss sie gemacht haben.

Kapitel 1

Der Strand ist das Beste an uns

Ínsua

Eine Insel ruft um Hilfe

Zwei Boote fahren hinaus nach Ínsua: das Boot des Restaurants und das von Mário. Die Insel liegt etwa 200 Meter vor der Küste gegenüber dem Strand von Moledo und dem Wald von Camarido, aber wer zu ihr gelangen will, muss zum Restaurant O Forte da Ínsua in Caminha fahren. Dort befindet sich am Ufer des Grenzflusses Minho die gemeinsame Anlegestelle der drei Konzessionäre: Mário Gonçalves de Vasconselos, vierundsechzig, ein ehemaliger Fischer und Besitzer eines kleinen Holzboots, Pedro Machado, dreiunddreißig, und Sebastião Nunes, siebenundzwanzig, von denen der eine das Unternehmen Minhaventura und der andere das Restaurant betreibt und die ein modernes Motorboot besitzen.

Obwohl sie verlassen ist, darf die Insel ausschließlich von diesen beiden Booten angelaufen werden. Niemand weiß, wer Ínsua verwaltet – und das heißt, dass niemand sie verwaltet. Aber die Bootseigner haben einen allgemein anerkannten Sonderstatus. Sie haben Zugang zu der Insel, also gelten sie als ihre Besitzer. So war es schon immer.

Gegen Ende des 14. Jahrhunderts floh eine Gruppe von Mönchen aus Galicien und Asturien in die Region Minho, nachdem sie sich mit Kastilien überworfen hatten, weil das Land während des Großen Abendländischen Schismas den Papst in Avignon unterstützte. Unter der Leitung von Pater Diogo Arias erbauten sie das Kloster Santa Maria da Ínsua.

Im Jahr 1462 erhielten die zwei Fischer, die die Mönche regelmäßig nach Ínsua übersetzten, einen Sonderstatus. Seither ist der Zugang zur Insel mit dem Boot fast mit einem Adelstitel vergleichbar. Die Fischer wurden gewissermaßen zu den Grafen von Ínsua. Die militärische Nutzung der Insel begann 1580, als Portugal seine Unabhängigkeit verlor. Eine galicische Armada besetzte das Kloster, um ihre Unterstützung für König Philipp II. von Spanien zu demonstrieren. Zu Beginn des 17. Jahrhunderts war die Insel mehrfach Angriffsziel von Piraten, zumeist Engländer, deren Krone sich im Krieg mit der spanischen befand. Die Unsicherheit war so groß, dass 1623 nur noch zwei Mönche im Kloster lebten.

Nach Wiedererlangung der portugiesischen Unabhängigkeit 1640 wurde die Insel dann endgültig in ein Militärquartier verwandelt, um sicherzustellen, dass von ihr keine Gefahr mehr ausging. Dom Diogo de Lima, Militärgouverneur der Provinz Minho, beaufsichtigte den Bau der Festung.

Das darauffolgende Zusammenleben von Mönchen und Soldaten auf der Insel war nicht frei von Konflikten. Während der französischen Invasion wurde Ínsua 1807 von einer spanischen Einheit besetzt, die im darauffolgenden Jahr vor den napoleonischen Truppen kapitulierte. 1834 schafften die Liberalen die religiösen Orden ab, und seither lagen sowohl das Kloster als auch die Festung verlassen.

Mit der Zeit verfiel das architektonisch komplexe Gebäude. Die Verantwortung dafür ging vom Verteidigungsministerium auf das Finanzministerium über, von dort zum Denkmalschutz und zuletzt zum Polytechnischen Institut von Viana do Castelo. Alle diese Institutionen können stolz auf das sein, was sie erreicht haben: Heute ist die Festung eine Ruine.

*

Mário ist Fischer, seit er ein Junge war. Vierzehn Jahre lang hat er Kabeljau gefischt, hat für andere auf großen Fangschiffen gearbeitet und sich anschließend selbstständig gemacht. Auf der *Senhora das Candeias* spezialisierte er sich darauf, Fische auszunehmen, was ihm den Spitznamen *Faca Negra*, »Schwarzes Messer«, eintrug. Als die *Senhora das Candeias* aufgrund der EU-Richtlinien abgewrackt werden musste, fand Mário eine Anstellung im Clube da Ínsua, einem schicken Club in Moledo, zu dem eine Anlegestelle gehörte.

Später erwarben Sebastião Nunes und sein Bruder die Räumlichkeiten des Clubs und eröffneten darin das Restaurant Ínsua, dessen Spezialität Polvo a lagareiro ist, Tintenfisch mit Kartoffeln, Rübstiel und Knoblauch. Seither ist Mário wieder selbstständig. Er bietet Bootstouren zur Insel und auf dem Minho an und steht damit in Konkurrenz zu Sebastião und Minhaventura. Das Tourismusunternehmen bietet einen Fahrrad- und Bootsverleih, geführte Wanderungen zur Vogelerkundung, Überfahrten zur Insel oder Paddeltouren im Mondschein.

Rund um die Insel ist das Meer dunkelblau und wild. Ein kleines Gummiboot fischt in den Wellen, gefährlich nah an den Felsen, die die Flussmündung markieren. Die eine Seite der Insel besitzt einen Strand, die andere ist felsig. Ein paar Strandurlauber kommen mit dem Boot, um hier zu baden, und hinterlassen eine Spur aus Flaschen und Plastikverpackungen. Die Festung ist von einer Gruppe alter Amateurfunker besetzt, die hier zwei Wochen im Jahr ihre Antennen aufbauen dürfen. Sie sind empört über meine Anwesenheit. »Das hier ist militärisches Sperrgebiet«, sagen sie und rufen die Polizei.

»Sie dachten also, Sie könnten einfach so mir nichts, dir nichts die Insel besuchen?«, sagt der Polizist am Telefon eines Amateurfunkers zu mir. »Dazu braucht es eine Erlaubnis.«

Halb vergraben im Sand glitzert eine verschlossene Flasche wie eine Nachricht, die ein Schiffbrüchiger nicht abschicken konnte. Ínsua, die einzige verlassene Insel Portugals, ruft um Hilfe.

Afife

Ein Casino im Dorf

Folgt man dem Minho mit seinen Sandbänken und den spanischen Bergen am anderen Ufer bis nach Moledo, gegenüber von Ínsua, zeigt sich das Meer grün und aufgepeitscht von Strömung und starken Winden, und die Strände sind weiß und wild.

Die wichtigste Straße auf diesem Reiseabschnitt ist die Nationalstraße 13 nach Viana do Castelo. Aber kurz vor Vila Praia de Âncora zweigt eine kleine Straße ab, die direkt am Strand entlangführt. Danach folgt man dann wieder der N 13 bis Gelfa und Afife, durch bescheidene kleine Dörfer in einer fruchtbaren Ebene voller Maisfelder zwischen Bergen und Meer. Von gewaltigen Felsen durchzogen, geht die Wasserfläche so unmerklich in den Strand über, dass man meinen könnte, alles wäre ein einziger Archipel aus Nebel und leuchtenden Farben.

Afife liegt nicht direkt am Meer. Es ist so gut wie unsichtbar, und man muss die Landstraße verlassen, um es zu finden. Im Dorfzentrum steht zwischen Grundschule und Rathaus ein prächtiger zweistöckiger Palast mit gelben Wänden und weißen Fenstern: das Casino Afifense.

Es verströmt das Flair mediterraner Boheme der Zwischenkriegszeit, Monte Carlo, angehaucht von einem südamerikanischen Wunschtraum. Und man stellt sich vor, wie es wäre, wenn man einträte: wie das Orchester aufspielen und sich im Saal die Menschen drängen würden, wie die herausgeputzten Bürger von Afife junge Mädchen beim Foxtrott übers Parkett schöben und unauffällig in die Winkel lotsten, wo sie vor den Blicken der in den Logen sitzenden Eltern sicher sind. Doch die Türen sind verschlossen. Das Gebäude ist bestens erhalten und sieht einladend aus – aber man kommt nicht hinein. Eine verbotene Welt.

Schuld daran ist der Vorsitzende des Vereins, klagen einige Einwohner, der das Casino nicht öffnen will. Leute, die zu sehr an der Vergangenheit hängen, sagt der Vereinsvorsitzende.

Erstaunlich ist jedoch nicht, dass das Casino geschlossen ist; erstaunlich ist, dass hier, in diesem Ort mit kaum mehr als tausend Einwohnern, überhaupt ein Casino existiert.

Geöffnet hat nur die Bar in einem Nebentrakt des Gebäudes mit ihrer Außenterrasse auf der Dorfpromenade und ihren Stammgästen, von denen kaum einer jünger als sechzig ist. Tomás Pinto, ein gewissenhafter, rühriger Mann, der sommers wie winters kurze Hosen trägt, kommt Tag für Tag hierher, als wäre die Zeit stehen geblieben.

Weißes Haar, sonnengegerbte Haut, der Blick eines unverstandenen Künstlers – Pinto ist dreiundsechzig, aber man kann ihn sich gut mit achtzehn vorstellen, wie er in Krawatte und Anzug, das Jackett laut Vereinsregeln zugeknöpft, den Veranstaltungssaal des Casinos von Afife betritt, zum Caldo-Verde-Ball, einem »legalen« Glücksspielabend, oder zu einer Aufführung der *Antigone*, bei der selbst die Helme der athenischen Soldaten von einheimischen Küfern fabriziert wurden.

Alles ist noch an seinem angestammten Platz. Tomás Pinto genauso wie das Casino oder das Dorf Afife hinter dem Meer, der Ebene und den Maisfeldern. Nichts hat sich verändert, und alles hat sich verändert.

Auf den Durchreisenden wirkt Afife wie der typische Ort für die Sommerfrische, ein Refugium von unverfälschter Schönheit, in dem ein paar Neureiche Ferienhäuser gebaut haben und gewisse erfolg-

reiche Künstler und die alteingesessenen Familien englischer Port-
weinhändler Ruhe und Erholung suchen.

Im Gegensatz zu Moledo und anderen Strandorten der Gegend ist
man hier fernab vom Meer und von neugierigen Blicken. Der Ort ist
gänzlich ungeeignet für das prahlerische Zurschaustellen der eigenen Wichtigkeit und ist es aufgrund seiner geografischen Lage schon
immer gewesen.

Afife ist kein Fischerdorf wie Âncora und andere Ortschaften entlang der Küste Nordportugals. Der Ort lebt von der Landwirtschaft,
und die Ernten waren schon immer so mager, dass die arbeitstaugli-
chen Männer seit Menschengedenken emigrierten. Sie gingen nach
Lissabon, Porto und Coimbra und von dort aus in alle Winkel des
Landes, um auf Baustellen als Anstreicher, Lastenträger und Verput-
zer zu arbeiten. Einige wanderten nach Spanien, Brasilien, Uruguay,
Argentinien oder in die Vereinigten Staaten aus.

Aber seit dem 18. Jahrhundert verlegten sie sich – offenbar in
Porto – zunehmend auf einen ganz speziellen Beruf. In einem Rech-
nungsbuch der Kirche Santa Marinha in Vila Nova da Gaia sind für
die 1745 begonnenen Restaurierungsarbeiten die Brüder Manuel und
Mateu Alves Bezerra aus Afife, Viana do Castelo, aufgeführt, und
zwar als Meisterstuckateure. Im selben Buch wird ebenfalls erwähnt
– wahrscheinlich, um den großzügigen Lohn von vier Münzen zu
rechtfertigen –, dass die Brüder Bezerra unter Leitung des italienischen Architekten Nicolai Nasoni bereits zuvor an der Clérigos-
Kirche und dem Glockenturm, dem Wahrzeichen Portos, mitgear-
beitet hatten.

Vermutlich erlernten die Männer von Afife bei diesem Architekten
und seinen Leuten die Kunst der Herstellung von Stuck, die bei den
Aufbauarbeiten nach dem Erdbeben von 1755 ungeheuer nützlich
war. Von da aus verbreitete sie sich im ganzen Land, wurde von Generation zu Generation weitergegeben und perfektioniert. Nach dem
Ersten Weltkrieg fanden viele Stuckateure aus Afife Arbeit in Frank-

reich, wo sie lernten, aus Kalk und Gips Ornamente im Stil Louis-quinze, Louis-seize und im Empirestil zu fertigen.

Im 19. und 20. Jahrhundert finden Stuckateure aus Afife als Baumeister oder Begründer von Schulen in ganz Portugal Erwähnung.

Die Bezerras und ihre Nachkommen zeichneten für bedeutende Bauwerke in Lissabon, Porto, Guimarães und anderen Städten verantwortlich. Legendäre Stuckateure waren auch die Brüder Ferreirinha, Meister José Moreira, genannt *Der Franzose* (angeblich, weil seine Mutter während der französischen Invasion 1810 von einem napoleonischen Soldaten vergewaltigt worden war), und der mit dem Komturkreuz des Christusordens ausgezeichnete Domingos Meira, der unter anderem den Großen Saal im Palácio da Pena in Sintra, die Säle im Palácio das Necessidades in Lissabon, im Palast des Duque de Loulé in Cascais und in Dutzenden anderen Palästen ausschmückte.

In diesem Goldenen Zeitalter zwischen dem 19. Jahrhundert und der ersten Hälfte des 20. Jahrhunderts blieben praktisch nur die Frauen in Afife zurück, um die Felder zu bearbeiten. Die meisten Männer arbeiteten als Stuckateure oder in ähnlichen Berufen und lebten fern der Heimat. Sie waren überall geachtet und geschätzt und galten weniger als Handwerker denn als Intellektuelle. Auf der Baustelle erschienen sie – wie Avelino Meira, selbst Sohn und Enkel von Stuckateuren, in seiner Monografie berichtet – in Gehrock und Zylinder oder in Frack, weißer Weste, ausgefallenen Hosen und Melone.

Sie machten sich nicht die Hände schmutzig, sondern überwachten nur die Bauarbeiten. Ging es dann an die konkrete künstlerische Ausgestaltung, schickten sie die Arbeiter fort, schlossen sich auf der Baustelle ein und arbeiteten allein, damit die Geheimnisse ihres überragenden Kunsthandwerks gewahrt blieben.

Und es waren diese nicht durch Handel, sondern durch ihre Kunstfertigkeit reich gewordenen Männer, gewissermaßen der aus dem Volk stammende Geistesadel, die eine Leidenschaft fürs Theater entwickelten.

Natürlich hatte es in Afife, wie in allen Dörfern, zuvor schon geistliche Stücke gegeben, die auf dem Kirchhof, vor der Kapelle der Muttergottes von Lapa oder auf der Wiese vor dem Haus eines gewissen »Firrança da Pôça« aufgeführt wurden. Aber irgendwann im Laufe des 19. Jahrhunderts bekamen diese Volksstücke einen ernsthafteren Charakter. Einige Männer spezialisierten sich aufs Schauspielen, die Ansprüche stiegen.

Das gab ihnen die Möglichkeit, sich heimatverbunden und doch zugleich anders als der Rest zu fühlen, zu zeigen, dass man über gehobenen Geschmack verfügte und danach trachtete, sich über die einfache bäuerliche Existenz zu erheben.

1859 erfolgte die Gründung des ersten einer ganzen Reihe von Vereinen zur Förderung von Kultur, sozialen Projekten und Unterhaltung, die Sociedade do Teatro Afifense. Ein Dorfbewohner stellte ein Grundstück zur Verfügung, achtundzwanzig Bürger schlossen sich zu einer Gesellschaft zusammen und zahlten eine Quote von je einem Goldpfund, und so konnte ein Theater aus Stein und Kalk errichtet werden, in dem Stücke wie *Die Wunder des heiligen Antonius*, *Die Erbin von Val-Flôr*, *Faust* und andere aufgeführt wurden.

Fast alle Stuckateure erlernten die Schauspielkunst, einige wurden sogar sehr gut, wie es heißt, und zwar sowohl im tragischen wie im komödiantischen Fach. Manchmal holte man Regisseure von außerhalb, aber die Schauspieler stammten ausnahmslos aus Afife. Natürlich waren es alles Männer, denn für die Damen jener Zeit wäre es unschicklich gewesen, sich auf der Bühne zu zeigen. Und so wurden auch die weiblichen Rollen von Männern gespielt, und zwar, wie der Autor der bereits erwähnten Monografie berichtet, »von manchen mit großer Natürlichkeit«.

Camilo Ramos, achtundsechzig, ehemaliger Standesbeamter und Vorsitzender des Casino Afifense, erinnert sich, wie sein Vater, ein Stuckateur, von einem Schauspieler erzählte, der eine Frauenrolle spielte, aber sich weigerte, seinen Schnurrbart abzunehmen.

Wenn Camilos Vater in Lissabon arbeitete, übte er in dem Zimmer, in dem er zur Miete hauste, gemeinsam mit anderen Künstlern aus seiner Heimat das ganze Jahr über seine Rolle für das Weihnachtsstück in Afife ein.

Dass die Stücke im ganzen Land bekannt wurden, war das Verdienst des Regisseurs Lúcio Amorim, der den obszönen Spitznamen *Pirilau* trug. Ein großer Frauenheld und Bonvivant in jenen glanzvollen Zeiten, machte er Camilos Mutter den Hof und wurde später ein Freund seines Vaters. Jahre später, so berichtet Camilo, betrat Pirilau das Casino von Afife ganz besonders schick gekleidet, in Anzug und Krawatte, um eine Partie Solo zu spielen, ein Spiel, das zu der Zeit gerade in Mode war. »Auf in den Kampf«, witzelten seine Freunde in Anspielung auf seinen legendären Ruf als Don Juan. Doch diesmal ging es nicht darum. Was Pirilau machte, machte er richtig, und so verlebte er noch einen großartigen Abend, bevor er sich, wie in einem zuvor verfassten Abschiedsbrief angekündigt, das Leben nahm.

*

Der Erfolg des Theaterclubs führte 1885 zur Gründung der Sociedade Recreativa Afifense, des »Vereins für Freizeitgestaltung von Afife«. Mit seinen siebenundfünfzig Mitgliedern hatte er anfangs seinen Sitz am Cruzeiro-Platz und zog später in das alte Theatergebäude um. Neben den Theateraufführungen organisierte der Verein auch Bälle und unterstützte den Fortschritt im Dorf. Eine seiner Errungenschaften war, nach sieben Jahren hitziger Debatten während der Vereinssitzungen, die Errichtung einer Grundschule für Mädchen.

Ein Argument gab den Ausschlag für diese gewagte Initiative: Den jungen Frauen sollte das Schreiben beigebracht werden, sodass sie ihren Verlobten, die fern der Heimat weilten, selbst Liebesbriefe schreiben konnten, denn wären sie zum Verfassen dieser Briefe auf Dritte angewiesen, dann wären ihre zarten Backfischgeheimnisse bald in aller Munde gewesen und hätten ihre Familien für alle Zeiten in Verruf gebracht.

Gegen Ende des 19. Jahrhunderts führten Zwistigkeiten zwischen den Anhängern der Monarchie und den Befürwortern einer Republik zu einer Spaltung des Vereins. 1899 entstand der republikanisch geprägte Club Afifense, der seinen Mitgliedern zusätzlich zu den bereits bestehenden Aktivitäten medizinische Versorgung bot.

Jahrelang bestanden die Vereine nebeneinander, und beide verzeichneten wachsende Mitgliederzahlen, bis sie beschlossen, sich wieder zusammenzutun. So entstand 1929 die Associação do Casino Afifense mit Sitz in den Räumen der alten Sociedade Recreativa, bis 1935 das neue Gebäude errichtet wurde.

*

Niemand weiß, warum die Bezeichnung *Casino* gewählt wurde, aber wahrscheinlich geht sie auf galicischen oder französischen Einfluss zurück. Es ist bekannt, dass nie beabsichtigt war, ein Spielcasino zu errichten, sondern ein Zentrum für kulturelle und gesellschaftliche Veranstaltungen. Man weiß auch nicht, von wem der Originalentwurf für das Gebäude stammt, ob von einem von außerhalb kommenden berühmten Architekten oder vom Mentor des Projekts selbst: Tomás Fernandes Pinto, einem aus Afife stammenden Stuckateur, der vierzig Jahre lang in Brasilien lebte, wo er reich wurde.

Tomás Pinto engagierte sich schon früh am Theater. Zum ersten Mal findet sich sein Name in den Protokollen des Clubs aus dem Jahr 1914, als er in dem Stück *Ein Stierkampf im Ribatejo* auftrat. Auch als Probenleiter findet er Erwähnung.

Nachdem er lange Zeit im brasilianischen Bundesstaat Maranhão als Bauingenieur tätig war, kehrte er als reicher Mann nach Afife zurück und brachte – ein umgekehrter Fitzcarraldo – den Traum mit, in seiner Heimat ein Theater zu errichten.

Das war nicht einfach. Die Idee war größenwahnsinnig und teuer und stieß auf Widerstand. Zunächst wurde eine Baufirma gegründet, die Edificadora, Lda., dann wurden durch Sonderbeiträge der Vereinsmitglieder, Spenden, Feste und Veranstaltungen und sogar staatliche Beihilfen die nötigen Mittel aufgebracht. Aber allein der Erwerb des Grundstücks kostete 186 000 Escudos, und die ursprünglich veranschlagten Kosten von 75 000 Escudos wurden um ein Vielfaches überschritten.

Bei der Generalversammlung des Casinos verkündete der Bauunternehmer António Folha, in Anbetracht dieser Kosten werde er ein so gewaltiges Vorhaben nicht übernehmen, da er fürchte, sein Geschäft zu ruinieren. Doch da erhob sich Tomás Pinto und erklärte in einer denkwürdigen Rede, er werde den Bau höchstpersönlich übernehmen und sämtliche notwendigen Gelder aus eigener Tasche aufbringen. Schließlich war Folha bereit, als Subunternehmer zu agieren, aber alle (beträchtlichen) zusätzlichen Kosten wurden von Tomás getragen.

1935, vier Jahre nach Baubeginn, war das eindrucksvolle Casino Afifense fertiggestellt, ein Denkmal der Hartnäckigkeit, des guten Geschmacks und der Macht. In der ganzen Gegend gab es nichts Vergleichbares.

Es besteht aus einem prächtigen Veranstaltungs- und Ballsaal für fünfhundert Personen mit Rang und zwei Galerien. Die weiträumige Bühne besitzt einen Bühnenvorhang und einen gewaltigen, vor über hundert Jahren vom Künstler Ferreira Alves kunstvoll bemalten Vorhang für das Proszenium, der ursprünglich im alten Theater hing und dann für das größere Casino erweitert wurde.

Der Boden des Ballsaals ist zweistufig verstellbar: Für Bälle oder Feste kann er auf die Höhe der Bühne angehoben werden, für Theateraufführungen wird er amphitheaterförmig auf bis zu anderthalb Meter unter die Bühne abgesenkt. Die Absenkung erfolgt auf höchst raffinierte und ungewöhnliche Weise durch vier Spindeln, die zeitgleich von vier Männern im Kellerraum des Gebäudes betätigt werden müssen.

Darüber hinaus gibt es im ersten Stock noch den Prunksaal, ein Spielzimmer und die von einheimischen Künstlern im Louis-seize-Stil mit Stuck verzierte und in Elfenbeintönen mit feinen Goldstreifen gehaltene Bibliothek.

»Wer zu den Bällen und Veranstaltungen im Casino ging, galt als etwas Besonderes«, erklärt António Jardim, achtundsechzig, der derzeitige Vereinsvorsitzende. Das Casino war kein Ort für alle, sondern in dieser armen Gegend voller Fischer, Bauern und Seetangsammler ein Zeichen von Distinguiertheit und Exklusivität. Zugang hatten nur Vereinsmitglieder, und nicht jeder konnte Mitglied werden. Man musste von einem anderen Mitglied vorgeschlagen werden, und dann bedurfte es noch der Zustimmung der Generalversammlung, die im Allgemeinen nur zögerlich erteilt wurde.

Fast fünfzig Jahre lang, in Zeiten von Monarchie und Republik, während der gesamten Militärdiktatur des Estado Novo bis hin zur Demokratie und dem Niedergang des Casinos in den Achtzigern, fanden dort Theateraufführungen, Feste und Bälle statt. Hier traf sich die Tertúlia, der literarische Zirkel des aus Afife stammenden Dichters Pedro Homem de Melo, sogar über seinen Tod hinaus. Die Gefangennahme Gungunhanas, des letzten Bantukönigs, der in Mosambik gegen die Herrschaft der Portugiesen rebelliert hatte, wurde mit einem großen Ball gefeiert. 1969 hingegen, während des Streiks der Studenten von Coimbra, trat der Liedermacher José Afonso, dessen Lied *Grândola, Vila Morena* fünf Jahre später zum Startsignal für die Nelkenrevolution werden sollte, im Casino auf und sang *Os Vampiros*, während sieben Mitglieder der Geheimpolizei PIDE die Veranstaltung bewachten. Camilo Ramos, damals Jurastudent in Coimbra und einer der Köpfe der Initiative, wurde auf die Wache bestellt, weil man ihn verdächtigte, José Afonsos Gage von achttausend Escudos heimlich an die Streikenden weitergegeben zu haben.

Später, nach der Nelkenrevolution von 1974, die das Ende der Diktatur bedeutete, gab es Veranstaltungen mit Hunderten von Künstlerinnen und Künstlern, so zum Beispiel 1984 eine Lyriklesung mit vierhundert Dichterinnen und Dichtern, darunter Natália Correia und Ary dos Santos, und der Musik von António Vitorino de Almeida, Carlos Paredes und Trovante.

Aber das war bereits der Schwanengesang in einer Zeit, in der alle möglichen Bürgerinitiativen aus dem Boden schossen und das Casino seine Daseinsberechtigung verlor. Für Tomás Pinto, den Großneffen des Brasilien-Auswanderers und Erbauers des Casinos, ist die Welt in jenen Nächten der Sechzigerjahre stehen geblieben, in denen er auf Sommerbällen oder Karnevalsfeiern hier tanzte und flirtete.

Damals dauerten die Feierlichkeiten – die sich vermutlich nicht wesentlich von denen vergangener Jahrzehnte unterschieden – bis zwei Uhr morgens und waren etwas ganz Besonderes, Momente prallen Lebens. Andere Vergnügungen gab es nicht, und die jungen Mädchen durften, abgesehen von diesen Ereignissen, praktisch nie das Haus verlassen. Wenn eine von ihnen es wagte, abends ein wenig länger draußen zu bleiben, trug ihr das sofort heftige Schelte ihrer Mutter ein: »Mit der Laterne musste ich dich auf der Straße suchen gehen!«

Tomás weiß noch, wie Conjunto Alegria, die Band des Vaters von Quim Barreiros, dem Schlagersänger, Walzer, Tango oder Foxtrott spielte. Er erinnert sich daran, wie der Twist in Mode kam, der Vorgänger des Rock 'n' Roll, gespielt von der neuen Band Os Xornas, und wie die altmodischeren Vereinsmitglieder sich darüber aufregten. »Es war ein Kampf. Die Leute spuckten aus den Logen auf uns, wenn wir Twist tanzten.«

Im Allgemeinen waren die Regeln streng, und es wurde genauestens auf gutes Benehmen geachtet. Die Männer mussten blank gewienerte Schuhe, Krawatte und Anzug tragen, das Jackett musste zugeknöpft sein. Manchmal war es im Sommer, wenn sich im Ballsaal fünfhundert Menschen dicht an dicht drängten, so heiß, dass der Vorstand zu einer Dringlichkeitssitzung zusammentrat und den Männern erlaubte, die Knöpfe zu lösen.

Die jungen Mädchen im heiratsfähigen Alter saßen auf Stühlen an der Längsseite des Saals aufgereiht und warteten darauf, aufgefordert zu werden; sie mussten die bäuerliche Tracht der Region Minho tragen, mit Rock, Mieder, weißer Bluse und Kopftuch.

»Beim Tanzen musste man stocksteif bleiben«, erinnert sich Tomás. Zudem mussten sich alle gegen den Uhrzeigersinn drehen, um sich nicht gegenseitig in die Quere zu kommen oder zusammenzustoßen. Der Saalchef achtete unerbittlich auf gebührenden Abstand zwischen den Tanzpartnern, mahnte und drohte, wenn die jungen Männer sich vergaßen. »Hier muss noch mehr Luft sein«, sagte er dann und schob seine Hand zwischen die Oberkörper der jungen Leute.

Wer wiederholt gegen die Regeln verstieß, wurde herausgeholt und zur Casinoleitung gebracht, wo man ihm den Kopf wusch oder ihn gleich nach Hause schickte. In schwerwiegenderen Fällen bekam man von den Ordnern eine kleine Abreibung verpasst und konnte nachträglich auf einer Mitgliederversammlung vom Verein ausgeschlossen werden.

Diese Maßnahmen sollten bei den Bällen, um die Afife in der ganzen Region beneidet wurde, ein stilvolles Ambiente gewährleisten. Aus diesem Grund durften Frauen auch nicht unbegleitet zu den Festen erscheinen (Vereinsmitglied konnten sowieso nur die Familienoberhäupter werden, und die durften dann ihre Frauen, Töchter und Hausangestellten mitbringen). Einmal im Casino, durften die Damen tanzen, aber sich nicht allein zum Büfett begeben. Auch den Dienstmädchen war das Tanzen erlaubt, aber erst später, wenn die *Senhoras* die Tanzfläche geräumt hatten.

Die jungen Männer sammelten sich an der Bühne; von dort aus gingen sie zu den Mädchen hinüber und forderten sie auf. Wurde eine Aufforderung ausgeschlagen, galt das als Schande. Dann sagten die Älteren, die in den Logen saßen und alles beobachteten: »Da hast du dir aber eine Abfuhr geholt. Geh an die Bar und trink was, um es zu vergessen.« Noch peinlicher war es, wenn der Grünschnabel dann sein Glück beim nächsten Mädchen versuchte und wieder einen Korb kassierte, was ziemlich wahrscheinlich war, weil das Mädchen nicht wollte, dass es so aussah, als gebe sie sich mit weniger zufrieden als ihre Freundin.

Tomás vermied das, indem er sich von hinten an die jungen Frauen heranschlich. Deshalb gibt es keine Zeugen der zahllosen Niederlagen, die er erlitt, bis es ihm endlich gelang, die Gunst des Mädchens zu erringen, mit dem er heute verheiratet ist.

Heutzutage ist das Casino Afifense ein leer stehender alter Kasten, aber Tomás kommt immer noch täglich her. Er setzt sich in die Bar, um zu plaudern, er nimmt an den Vereinssitzungen teil wie Camilo Ramos und viele andere und hält die alten Diskussionen und Auseinandersetzungen am Leben. »Die Metallstützen hätten nicht in die Säulen eingebaut werden dürfen. Das ist nicht harmonisch«, schimpft er, als ob das von Belang wäre.

António Jardim, der ursprünglich nicht aus Afife stammt und vor Kurzem nach einem Machtvakuum den Vereinsvorsitz übernommen hat, schmiedet Pläne für das Casino. »Es könnte nach dem Theater Sá de Miranda und dem Kulturzentrum von Viana zum dritten kulturellen Aushängeschild der Region werden«, erklärt er. Er ist schon bei der Stadtverwaltung von Viana do Castelo vorstellig geworden, um sich um kommunale Zuschüsse zu bewerben. »Es könnte ein Theater für kleinere Aufführungen werden, für ein Nischenpublikum.«

Das Casino von Afife ist ein Verein, der aus der Zeit gefallen ist. Dabei spielt es dann auch keine Rolle, dass seine Mitglieder inzwischen allesamt das Rentenalter erreicht haben und deshalb keine Beiträge mehr zahlen.

Die Städte am Meer

Viana do Castelo ist die Grenze zwischen zwei Welten. Nördlich von dort herrscht die Natur. Alle menschlichen Bauwerke sind ihren Gesetzen unterworfen, ihrer Vollkommenheit.

Instinktiv sucht der Blick nach den Unvollkommenheiten der Landschaft, geht dann von ihnen aus tief atmend in die Runde und berauscht sich an Grün, Nebel und Wasser. Ein Gefühl, vergleichbar mit der wohltuenden Wärme, die einen überkommt, wenn man gelernt hat, die am wenigsten begehrenswerte Rundung eines Körpers zu lieben.

In Richtung Süden hingegen überwiegt der Kompromiss zwischen Mensch und Natur. Das leuchtende Esposende, an der Mündung des Cávado gelegen, bildet gemeinsam mit den Stränden von Ofir und Fão einen geschlossenen Komplex, in dem viele Einwohner von Porto, Braga oder Guimarães ihre Ferienhäuser stehen haben. Die Lagune ist hübsch, aber domestiziert. Man kann an ihr immer direkt am Wasser entlangfahren. Anschließend kehrt man auf die N 13 zurück, die bis Porto parallel zur Autobahn A 28 verläuft. Ich folge ihr von Fão über Apúlia und A-Ver-o-Mar und von dort weiter nach Póvoa de Varzim und Vila do Conde.

Bei A-Ver-o-Mar übernachte ich auf einem dieser Pseudocampingplätze, die in Wirklichkeit eine Ansammlung von Wohnwagen mit Anbauten aus Segeltuch und Blech sind, in denen Fernseher und

Waschmaschinen stehen. Und auf dem Weg von Póvoa nach Vila do Conde, die mit dem zwischen ihnen liegenden Fischerdorf Caxinas einen lang gestreckten Ballungsraum bilden, hat man vielleicht mehr als irgendwo sonst an der Küste das Gefühl, in einer Stadt am Meer gelandet zu sein.

Zum ersten Mal seit Beginn meiner Reise packt mich die Faszination, die von einer komplexen menschlichen Gemeinschaft ausgeht. Vila do Conde übt eine unerklärliche Anziehungskraft auf mich aus, und ich bekomme Lust, ihre Geschichten und Geheimnisse zu erkunden.

Vila do Conde

Wer hat den Herrgott vom Sicheren Geleit entführt?

Während er den Platz in Richtung des Cafés O Forninho überquert, faucht der Mann in unsere Richtung: »Pass bloß auf, man wird schon besoffen, wenn man nur mit ihr spricht.« Armandina, die neben dem scheußlichen, erst vor zwei Tagen errichteten Bildstock steht und sich mit mir unterhält, funkelt ihn wütend an. »Du bist derjenige, der hier besoffen ist!«, brüllt sie aus vollem Halse. »Deshalb hat deine Frau dich auch sitzen lassen!«

Der Mann verdrückt sich ins Café, kommt dann wieder heraus und macht sich zwischen den auf der Terrasse sitzenden Gästen davon, die ihm neugierig hinterherblicken, als Armandina ihm nachruft: »Deine Frau ist weggegangen, weil sie dich nicht mehr ertragen hat! Alter Säufer.« Der Mann weiß nicht mehr, wohin. Warum zum Teufel hat er sich auch mit Armandina angelegt?

Die hört nicht auf, peinliche Details aus seinem Leben hinauszuposaunen, was sie für einen Augenblick vom eigentlichen Ziel ihres Zorns ablenkt: dem Bildstock. So ist Armandina, siebzig, weißes Haar und Donnerstimme, nun einmal: Wenn sie aufgebracht ist, ist sie nicht zu bremsen. »Sie ist mit einem anderen durchgebrannt ...«

Dann wendet sie ihre Aufmerksamkeit wieder dem Bildstock zu. »Dieses Scheißding! Sie glauben doch nicht im Ernst, dass irgendjemand vor diesem Unding eine Kerze entzündet? Vor dieser Witzfigur.« Tatsächlich ist keine einzige Kerze zu sehen. Und kein vernünftiger Mensch würde das hier als Kunstwerk bezeichnen. »Gefällt es Ihnen? Gefällt es Ihnen?«, fragt Armandina jeden, der auf der Terrasse sitzt. Sie spricht ein Paar mittleren Alters an, dann eine magere Frau mit einer riesigen Sonnenbrille, rotem Lippenstift und einem Buch von Ruy Belo in der Hand. »Sagen Sie schon, gefällt Ihnen etwa dieses Ungetüm, dieser Mist?«

Nein. Die solchermaßen direkt Angesprochenen trauen sich nicht, wegzusehen, und sagen Nein. Dann tun sie, als wären sie beschäftigt, nicht dass Armandinas Zorn sich als Nächstes über sie ergießt.

Das Denkmal am Ende der Promenade besteht aus einem marmornen Rahmen, der auf eine lange Sitzbank montiert ist. In der Mitte des Rahmens steht auf einem Sockel das Kruzifix oder, besser gesagt, eine in der Mitte aufgeplatzte schmiedeeiserne Stange, die an eine geschälte Banane erinnert. Ein stilisierter Christus, der niemanden überzeugt.

Armandina macht ihrem Unmut mit Geschrei und Gezeter Luft. »Sie sollten hier lieber den Schädel von dem Glatzkopf ausstellen!«, schreit sie. Damit ist Mário Almeida gemeint, der ehemalige Bürgermeister. »Er hat gelogen, und die jetzige Bürgermeisterin hat auch gelogen! Sie haben den Leuten versprochen, die Steine des alten Bildstocks aufzubewahren und ihn hinterher wieder hier aufzubauen, und jetzt sagen sie, dass die Steine verloren gegangen sind. Das weiß ich ganz genau, ich gehe nämlich immer zu den Sitzungen im Rathaus. Und ich sage es freiheraus: Die neue Bürgermeisterin hat auch gelogen.«

Früher befand sich an dieser Stelle, am Ortseingang von Vila do Conde, direkt neben dem Kreisel, in dem die Rua dos Benguiados, die Avenida Júlio Saúl Dias und die Avenida Comandante Coutinho Lanhoso aufeinandertreffen, ein Bildstock: Auf einer steinernen Plattform, zu der ein paar Stufen hinaufführten, stand unter einem von vier Steinsäulen getragenen Schutzdach eine hölzerne Tafel mit dem Bild des *Senhor dos Benguiados*, des Herrgotts vom Sicheren Geleit. An der vorderen Säule, in Richtung Süden, hing eine Öllampe, die immer brannte. Es war keine richtige Kapelle, aber alle Zeugen, mit denen ich gesprochen habe, sagten übereinstimmend aus, dass es für Einheimische wie Durchreisende, vor allem aber für die Fischer von Caxinas, ein wichtiger Andachtsort gewesen sei.

»Es war keine Pilgerstätte, aber die Leute kamen und zündeten eine Kerze für die armen Seelen an«, erinnert sich eine Frau, die direkt gegenüber wohnt. Sie ist sechzig und will ihren Namen nicht nennen. Ihr Mann kommt die Treppe herunter und zeigt mir ein altes Schwarz-Weiß-Foto des Bildstocks.

»Die Leute haben ihn sehr geliebt. Dieser Platz hier war der Largo dos Bem Guiados, wissen Sie«, sagt Armandina in einem Tonfall, als würde sie gleich zuschlagen wollen. »Glauben Sie etwa, vor diesem Mist hier könnte man Gelübde ablegen?«

Der Bildstock mit dem Herrgott vom Sicheren Geleit wurde im Jahr 2000 abgerissen, als zuerst der Kreisel und anschließend ein mehrstöckiges Wohnhaus errichtet wurden, in dem sich das Café O Forninho befindet. Er war nicht wirklich im Wege, aber Armandina behauptet, »die fanden, so eine Kapelle aus alten Steinen würde sich neben der Konditorei schlecht machen«.

Also wurden die Steine des alten Bildstocks beim Abriss erhalten, nummeriert und eingelagert, um irgendwann die »Kapelle« wieder aufbauen zu können.

Doch das ist nie geschehen. Auf Drängen der Opposition, vor allem der rechtskonservativen CDS, musste Elisa Ferraz, die derzeitige Bürgermeisterin, die wie ihr Vorgänger den Sozialisten angehört, letzten Monat im Stadtrat eingestehen, dass die Steine verloren gegangen seien. Ein paar Wochen später wurde dafür der Christus an der aufgeplatzten Eisenstange errichtet, »damit die Opposition Ruhe gibt«, wie Armandina sagt.

»Und O Forninho hat davon profitiert!«, schreit Armandina in Richtung Café. »Denen haben sie hier eine Bank hingestellt, auf der die Leute picknicken können.« Sie und mehrere andere Quellen erzählen mir, dass es ein Abkommen mit der Firma gegeben habe, die das Haus errichten ließ. Demzufolge habe sich der Bauherr verpflichtet, die Steine einzulagern und nach Beendigung der Arbeiten die Kapelle wieder zu errichten. Doch das hat er nicht getan.

»Hören Sie mal, sind Sie der Besitzer des Herrgotts vom Sicheren Geleit?«, hat Armandina einmal den Besitzer des Cafés gefragt. Woraufhin dieser angeblich erwiderte: »Irgendwann werden die Steine schon wiederauftauchen.«

Aber niemand scheint zu wissen, wer sie aufbewahrt und wo sie sind. Die Frau von gegenüber behauptet, sie einmal in einer Autowerkstatt in der Nähe gesehen zu haben. Andere versichern, der Polsterer vom Laden an der Ecke hätte sie an sich genommen. Im Rathaus heißt es, sie seien eingelagert.

Wie auch immer: Die Steine sind verschwunden. Und mit ihnen die jahrhundertealte Holztafel, die unter dem Schutzdach stand und Jesus zeigte, wie er inmitten der Seelen in den Himmel aufsteigt. Wer ist im Besitz dieser möglicherweise fast tausend Jahre alten Schätze? Warum wurde dieses kleine Heiligtum zerstört, warum war es wichtig und für wen? Wo ist der Herrgott vom Sicheren Geleit?

*

Artur Sousa do Bonfim übt einen fast ausgestorbenen Beruf aus: Er ist von der Stadt bestallter Eichmesser. Eigentlich, so erzählt er mir, wollte er immer Flieger werden, doch ein Motorradunfall ließ diesen Traum früh platzen. Seither widmet er sein Leben der Inspektion von Waagen, Metermaßen, Messkrügen für Milch, Öl oder Getreide. Ein Mann, der daran gewöhnt ist, dass die Dinge genau geregelt sind.

»Wenn mir jemand erzählt, dass es irgendwo besonders schön ist, frage ich sofort: ›Und wie viele Sehenswürdigkeiten gibt es dort? Vila do Conde hat mehr.‹ Es ist die schönste Stadt im ganzen Land.«

Seine Liebe stützt sich auf messbare Fakten, und er lässt sich nichts vormachen. Deshalb zieht er für die Erforschung der Geschichte und Bedeutung sämtlicher Sehenswürdigkeiten von Vila do Conde zeitgenössische Quellen zurate wie alte Magazine oder die Aussagen gelehrter Männer, wie sein Vater einer war, der Leiter der Zeitung *Renovação*, mit dem er in den Jahren vor dessen Tod stundenlange Gespräche führte, die er aufzeichnete. Dieses kostbare Material, das er andächtig auf einem kleinen digitalen Aufnahmegerät verwahrt, nutzt er in seinen Artikeln für die Zeitung *Terras do Ave*. Einer der letzten Artikel handelte von der Kapelle des Herrgotts vom Sicheren Geleit.

Arturs Ansicht nach wurde sie zu Zeiten der Nonnen von Santa Clara errichtet, also im 11. oder 12. Jahrhundert. »Dieser Bildstock ist uralt. Im Gegensatz zu neueren Bildstöcken, bei denen die Heiligenbilder auf Azulejos, meist quadratischen, glasierten Keramikfliesen, gemalt sind, diente hier eine Holztafel als Untergrund.«

Der Ort war immer stark frequentiert, von Pilgern auf dem Jakobsweg ebenso wie von einheimischen Durchreisenden, da er an der einzigen Verbindungsstraße zwischen Vila do Conde und Póvoa de Varzim lag. Die Rua de Santa Luzia führte bis zur Rua dos Ferreiros in Póvoa. »Fischer, Bauern, Reisende, alle zündeten vor dem Heiligenbild eine Kerze an«, sagt Artur. Es gab eine Art Hüter, einen Angehörigen der Confraria das Almas, der »Bruderschaft der Seelen«, der dafür sorgte, dass die Öllampe nie erlosch. Sie sollte den verlorenen Seelen den Weg aus dem Fegefeuer weisen (in der modernen Version des Bildstocks werden die Seelen praktischerweise durch zwei elektrische Lampen geleitet).

Ihr, die Ihr vorübergeht, erbarmt Euch der armen Seelen, stand auf der kleinen hölzernen Tafel unter dem Bildnis Jesu, umgeben von den Köpfen der vom Flug verzerrten Seelen, um die Gläubigen zu Spenden zu bewegen. Die Früchte erntete die der Diözese unterstellte Bruderschaft der Seelen – und wurde offenbar reich dabei.

In einem Artikel der Zeitschrift *Illustração Villacondense* vom 26. Oktober 1911 ist die Rede von dem »… bescheidenen Bildstock, mit dem die Bruderschaft der Seelen, die im Schoße unserer erhabenen Kirche entstand, in früheren Zeiten üppige Erträge erzielte, die aber mit dem Bau der Nationalstraße einbrachen«.

Doch die Kapelle hatte noch eine andere Funktion. Sie stand an einem der höchstgelegenen Punkte des Ortes, und ohne die in jüngerer Zeit errichteten Gebäude sah man von hier aus in der Ferne ein breites Stück Ozean. Die Fischer von Caxinas stiegen regelmäßig auf den Berg, um zu sehen, wie es um das Meer stand. Aus den Wolken und der Farbe des Wassers schlossen sie dann, ob und auf welcher Route sie hinausfahren konnten.

»Der Herrgott vom Sicheren Geleit hatte auch diese Aufgabe: Er sollte die Boote auf See leiten«, erklärt Artur – was eine einzigartige Analogie zwischen einem Leben in Abhängigkeit vom Meer und dem Jenseits schuf, bei der die Ewigkeit nichts anderes war als die endlose Fortsetzung des harten Tagwerks.

Zweifellos wurde das christliche Narrativ schon immer durch weltliche, von der Kirchenobrigkeit missbilligte Praktiken ergänzt. Dass dies in einer stillschweigenden Übereinkunft zwischen geistlicher und weltlicher Macht das tragische Schicksal des Bildstocks besiegelt haben könnte, ist allerdings reine Spekulation.

*

Als Folge des »Verbrechens gegen die Stadt«, als das Artur do Bonfim den Abriss des Bildstocks empfindet, empfahl José Afonso Ferreira, rechtskonservativer Angehöriger des Stadtrats, im September 2000 der Stadtverwaltung den »Wiederaufbau des bekannten Bildstocks mit dem *Senhor dos Benguiados*, der für den Bau des Kreisels abgerissen wurde … In Anbetracht der traditionellen Bedeutung des besagten Bildstocks und des Versprechens, ihn wieder aufzubauen, empfiehlt der Stadtrat, den Wiederaufbau so bald wie möglich vorzunehmen.«

Nachdem nichts geschah, legte José Afonso Ferreira drei Jahre später eine erneute Empfehlung vor. Letzten Monat folgte dann seine dritte Empfehlung, in der er den Abriss des bereits installierten Marmorrahmens forderte (den er im privaten Kreis »den Grill« nennt), was dann wohl die hastige Aufstellung der bananenförmigen Christusfigur zur Folge hatte.

»Ich habe nichts gegen Veränderungen«, erklärt er mir in seinem Büro in der Bank, bei der er arbeitet. »Aber es müssen auch Erinnerungen gewahrt werden. Und da die derzeit amtierende Bürgermeisterin zugegeben hat, dass die Steine verloren gegangen sind, möchten wir, dass etwas gebaut wird, was die Würde jener Tradition wahrt.«

Tatsächlich erklärte in der Ratssitzung, in der die erste Empfehlung diskutiert wurde, der Bürgermeister Mário Almeida, dass die Baufirma, die für den Kreisel und die Neubauten zuständig war, dazu verpflichtet worden sei, den Bildstock wieder aufzubauen. Damals sagte Mário Almeida, wie man im Protokoll der Versammlung vom 29. September 2000 nachlesen kann: »[der Wiederaufbau] ist problemlos zu bewerkstelligen, da er demjenigen obliegt, der die Straßenbauarbeiten durchgeführt hat. Wie Sie wissen, wurde auf dieser Straße auf dem Teilstück zwischen der Rotunda do Monumento de Origens à Cidade und dem Monumento do Professor der Baufirma auch der Wiederaufbau dieses Bildstocks auferlegt.«

Um Licht in die Sache zu bringen, frage ich im Rathaus nach. Liegt die Verantwortung für die Aufbewahrung der Steine und den Wiederaufbau der Kapelle denn nun bei der Stadtverwaltung oder bei der Baufirma?

»Bei der Baufirma lag sie nicht«, widerspricht Elisa Ferraz, die derzeitige Bürgermeisterin von Vila do Conde, ihrem Vorgänger. »Mir ist nicht bekannt, dass mit denen irgendwelche Vereinbarungen getroffen worden wären, und das wäre auch gar nicht möglich gewesen, weil die Firma nicht für diesen Ort zuständig ist. Die Zuständigkeit liegt bei der Stadt.«

Auf meine Frage, wo sich die Steine denn nun befänden, antwortet Elisa Ferraz, sie seien in einem Lager der Stadtverwaltung verwahrt. »Aber wir haben überall Lagerräume und haben nicht herausfinden können, wo sie sind.« Dann fügt sie noch hinzu, sie habe gleich nach Amtsantritt den Bildstock wiederherrichten lassen wollen, um das Problem aus der Welt zu schaffen. »Aber da die Steine nicht auffindbar waren, stellte sich die Frage, was mit dem Ort geschehen solle. Ich habe mich persönlich bemüht, Fotos des alten Bildstocks aufzutreiben, aber das ist mir nicht gelungen. [Ich bekam an einem einzigen Nachmittag fünf Fotos dieses Denkmals zu sehen.] Aber eine originalgetreue Nachbildung des ursprünglichen Bildstocks stand sowieso nie zur Debatte. Das neue Denkmal ist stilisiert, aber die Erinnerung bleibt gewahrt. Damit ist der Prozess abgeschlossen.«

Als ich anmerke, dass die Verantwortung für das Verschwinden der Steine wenn nicht bei dem Bauunternehmen, dann ja wohl bei der Stadtverwaltung läge, erwidert die Bürgermeisterin: »Das weiß ich nicht. Es ist unmöglich, herauszufinden, wer die Verantwortung trägt.«

Merkwürdig. Es scheint, als würde es jemand darauf anlegen, dass die Steine nicht auftauchen. Was uns zur nächsten Frage bringt: Wer hatte von Anfang an ein Interesse an ihrem Verschwinden? Wer hat hinter den Kulissen dafür gesorgt, dass der Bildstock des Herrgotts vom Sicheren Geleit abgerissen wurde, obwohl er ja offensichtlich weder dem Bau des Kreisels noch der Häuser im Wege stand?

In der bereits erwähnten Stadtratssitzung vom 29. September 2000 gab der Bürgermeister einen Hinweis darauf. »Die Bruderschaft der Seelen, die sämtliche Bildstöcke betreut und deshalb zur Gemeinde São João Baptista gehört, hat erkannt, dass der Bildstock nicht in seiner jetzigen Form bestehen bleiben kann, in der er fortgesetztem

Vandalismus ausgesetzt ist. Stattdessen sollte er durch eine einfache, in einer nahe gelegenen Mauer eingelassene Nische ersetzt werden.«

Das lässt darauf schließen, dass die Bruderschaft der Seelen nicht sonderlich an der Erhaltung des Bildstocks interessiert war. Kurz darauf ließ sich Mário Almeida in der Hitze der Debatte dazu verleiten, noch deutlicher zu werden:»Vorhin wollte ich das Thema nicht vertiefen, und eigentlich will ich es auch jetzt nicht, weil ich nicht möchte, dass sich herumspricht, was die Bruderschaft der Seelen wirklich von der Sache hält (...). Sie argumentieren, dass dieser [Bildstock] sogar vorher schon gegen alle religiösen Überzeugungen verstoßen habe, weil dort Hexerei und Vandalismus verübt wurden und unbeaufsichtigte Kerzen schon mehrfach Brände verursacht haben. Es ist eine heikle Angelegenheit, aber wir sollten uns keineswegs über die Empfindungen der Bruderschaft hinwegsetzen, die im Übrigen der Auffassung des Herrn Priors als auch des Herrn Dechanten entspricht.«

Der nächste Schritt wäre nun, sich mit der Bruderschaft der Seelen in Verbindung zu setzen, aber es stellt sich heraus, dass es die nicht mehr gibt. Oder besser gesagt, dass sie ruht, da die offizielle Auflösung, wie man mir erklärt, erst nach hundert Jahren kompletter Inaktivität erfolgen kann.

Aber es gibt genügend andere, die mir bestätigen, dass am Altar des Herrgotts vom Sicheren Geleit schon immer Hexerei getrieben wurde. Und dass er ein Drogenumschlagplatz war. Ich erfahre sogar, dass dort der Sohn des Zahnarzts einen Dealer umgebracht hat.

In der Erinnerung von Júlia Dias Ferreira, siebenunddreißig, die bei einem Verlag in Porto arbeitet, aber immer hier in der Nähe gewohnt hat, war der Bildstock ein Treffpunkt für Verliebte.

»Es war eine Kapelle mit Blick aufs Meer. Viele haben dort ihren ersten Kuss erlebt.«

Es war ein Ort, den die Menschen vereinnahmten und an dem sie, ungeachtet der Obrigkeit, ihre Freiheiten lebten. Er gehörte den Fischern von Caxinas und den Bauern, den Reisenden, den Verliebten, den Süchtigen – und sogar den Hexen. Nur der Bruderschaft der Seelen gehörte er möglicherweise nicht mehr.

José Afonso Ferreira war von den Beschwerden und Protesten der Leute überrascht. »Dies hier ist ein ganz eigener Landstrich. Normalerweise begehrt hier niemand auf. Es gibt nur sehr wenige Rathäuser (wenn überhaupt), in denen seit vierzig Jahren die gleiche Partei regiert. Aber jetzt tut sich etwas.«

Eine Bürgerinitiative hat den Stadtrat gezwungen, mit einer Firma, die direkt neben der Igreja do Senhor dos Navegantes, der Kirche vom Herrgott der Seefahrer, einen Komplex mit Luxusappartements errichten wollte, einen Kompromiss auszuhandeln.

Man könnte meinen, dass die Bevölkerung aufbegehrt, wenn ihre religiösen Wertvorstellungen verletzt werden. Aber vielleicht ist die Vermutung naheliegender, dass die Leute aufbegehren, wenn sie sich nicht respektiert fühlen. Und nur im Extremfall. Ansonsten sind sie friedlich, aber nicht unterwürfig.

In der Gemeinschaft der Fischer existiert eine unterschwellige Kraft, die nur manchmal zutage tritt und sich in Form von Flüchen, Beleidigungen und unangenehmen Wahrheiten aus dem Mund legendärer Rebellen Luft macht. Armandina ist die moderne Variante dieser ungehobelten Vox populi.

»Sie sagen, dass ich eine Hexe bin, dabei bin ich eine anständige Frau«, schreit sie. »Anständiger als viele, die sich wichtigtun«, fügt sie hinzu und zeigt mit dem Finger nach oben.

Während ihrer Tätigkeit als Hilfslehrerin wurde ihr vorgeworfen, dass sie den Schülern gegenüber zu aggressiv sei, und die Schule schickte sie in den vorzeitigen Ruhestand. Sie klagte gegen die Schulleitung, gewann, musste wieder eingestellt werden und arbeitete bis zum Rentenalter.

»Ich werde nicht respektiert, weil ich ledig und kinderlos bin. Weil ich eine alleinstehende Frau bin.« Sie lebt in einer Wohnung in der

Nähe des Kreisels, und immer wenn sie auf dem Rückweg vom Einkaufen dort vorbeikommt, tobt sie und beschwert sich bei jedem, der ihr über den Weg läuft.

Außerdem nimmt sie an allen öffentlichen Stadtratssitzungen teil. Sie hört zu, fragt, schimpft. In der örtlichen Politik kennt sie jeder; sie wird verlacht, ausgegrenzt, aber auch gefürchtet.

Sie kennt alle juristischen Verfahren, alle politischen Tricksereien, alle Hinterzimmerverhandlungen. Nichts entgeht ihr, und sie sagt, was ihr in den Sinn kommt, fast immer laut. »Die Leute von Caxinas sind wütend. Sie werden diese Monstrosität nicht akzeptieren!«

Ich besuche sie zu Hause und bitte sie, sich fotografieren zu lassen, aber das will sie nicht.

Ehe sie mich mit einem Fußtritt die Treppe hinunterbefördern kann, frage ich sie noch: »Warum beschweren Sie sich immer wieder bei der Stadtverwaltung? Warum mischen Sie sich ein? Warum geben Sie keine Ruhe?«

»Weil ich nicht mit ansehen will, wie Menschen einander wehtun«, antwortet sie. »Ich sehe es nicht gern, wenn die einen keine Rücksicht auf die anderen nehmen.«

Bevor ich Vila do Conde in Richtung Süden verlasse, unternehme ich noch einen letzten Versuch, etwas in Erfahrung zu bringen. Ich höre mir an, was der ehemalige Rathausangestellte zu berichten hat, der damals angeblich die Steine des abgerissenen Bildstocks abtransportieren ließ. »Die Baufirma hat ihn abreißen lassen«, sagt er. »Und es war vorgesehen, ihn wieder aufzubauen. Aber ich weiß nicht, wo die Steine sind. Die Bürgermeisterin hat mich schon ein paar Mal nach ihnen gefragt, aber ich weiß es nicht.« Dann liefert er folgende bemerkenswerte Erklärung für das Verschwinden: »Die Steine wurden eingelagert, aber ganz offensichtlich nach und nach zur Seite geschafft.«

Artur do Bonfim behauptet, manche der Steine seien schon in gewissen Landhäusern der Gegend gesichtet worden, wo sie zur Zierde dienten. Schließlich schlägt mir jemand vor, Carlos Pontes aufzusuchen, den Besitzer des größten Bestattungsunternehmens von Vila do Conde. Der sei beruflich bedingt ja gewissermaßen Spezialist für Seelen und wisse etwas.

Pontes ist Vorsitzender des Kulturvereins Rancho do Monte des Dritten Ordens des heiligen Franziskus. Für den Festumzug zu Sankt Johannis entwarf er einen Motivwagen mit dem Bildstock des Herrgotts vom Sicheren Geleit, »als Zeichen des Protests und Appell an die Behörden. Es hat aber nichts gebracht«, beklagt er sich.

Er sammelt Abbildungen der Kapelle und hat auf eigene Faust Nachforschungen zum Verbleib ihrer Überreste angestellt. In seinem Büro in den Räumlichkeiten des Bestattungsinstituts Casa Pontes gibt er zu, Informationen über das Heiligenbild zu besitzen.

»Eines Tages kam Senhor Valdemar hierher und sagte zu mir: ›Ich habe die Holztafel mit dem Herrgott vom Sicheren Geleit. Jemand hat sie in meinen Laden gebracht.‹«

Offenbar hat der Antiquitätenhändler Valdemar Ferreira das hölzerne Heiligenbild erworben und besitzt es noch oder weiß, an wen er es verkauft hat. Also suchte ich Valdemar auf, musste aber bald feststellen, dass dies eine weitere kalte Spur war.

Es ist allgemein bekannt, dass Valdemar Ferreira an einer unheilbaren Krankheit leidet, die zu Gedächtnisschwund führt. Er und seine Frau haben beschlossen, das Geschäft aufzugeben und in ein Altersheim der katholischen Einrichtung Santa Casa da Misericórdia zu ziehen. Sämtliche Besitztümer des Antiquitätenhändlers gehen laut Vereinbarung an den Heimbetreiber.

Inzwischen wurde die Eröffnung eines Museums angekündigt, in dem die Erbschaft, die der Santa Casa da Misericórdia in Vila do Conde überlassen wurde, ausgestellt werden soll. Ob wir wohl dort endlich den Herrgott vom Sicheren Geleit finden werden?

Porto

Das Gefährt ist die Reise

Nachdem ich Vila do Conde verlassen habe, fahre ich auf Nebenstraßen durch Mindelo, Vila Chã, Labruge, Lavra. Strände und Felder fließen ineinander. Bei Labruge erblickt man plötzlich auf einer Klippe die Kapelle des heiligen Paio, inmitten eines grünen Feldes am Wasser gelegen, und den Strand von São Paio, einen Ort unvergleichlicher Schönheit. Bis Leça da Palmeira geht es immer direkt am Meer entlang. Es ist eine dicht bebaute, zersiedelte Gegend, aber die unmittelbare Nähe des Strandes macht sie zu einem gütigen, warmen Ort, wohltuend wie die Berührung eines lebendigen Körpers.

Eine Architektur aus Felsen erhebt sich aus dem Sand, fügt die Gebäude an der Uferstraße, die Bars von Agudela, Marreco und Beijinhos in die Landschaft ein. Selbst die Raffinerie von Leça, dieser Koloss aus metallenen Rohren, qualmenden Schloten und unförmigen Tanks, ragt als imposante, faszinierende Struktur am Ufer empor. Sie wirkt so feindselig und fehl am Platz, dass sie alles um sich herum zu erdrücken scheint; es ist, als wäre sie direkt aus dem Ozean aufgestiegen wie eine ungeheure bleigraue Stadt.

Direkt vor mir durchbrechen zwischen Bäumen und Schiffen die Kräne und Ladebrücken des Hafens von Leixões den Horizont, begleiten mich über die Klappbrücke bis in die Straßen von Matosinhos hinein. Von dort gelangt man kurz darauf wieder an den Meeressaum und folgt ihm bis zur Mündung des Douro.

Auf dem Weg flussaufwärts in Richtung Ribeira do Porto und Ponte Dom Luís holpert mein Motorrad über das Kopfsteinpflaster des Passeio Alegre und erinnert mich an die Jahre meiner Jugend, als ich Tag und Nacht auf meiner Sachs Turbo, die ich gebraucht gekauft hatte, durch die Stadt fuhr. Die Ribeira und die labyrinthischen Viertel Fontainhas, Afurada und Cabedelo oder die N 108 am Douro hinauf bis Entre-os-Rios, diese ganze Welt aus verwittertem Granit und dunkelgrünem Wasser war Schauplatz meiner Abenteuer.

Ich sammelte Ecken, die außer mir niemand kannte, schwierige, gefährliche Wege, deren Landkarte ich nur mit einem kleinen Kreis enger Freunde teilte. Es war das geheime Wissen um diese Wege, über das wir uns als Grüppchen von Stadtstreichern identifizierten; es verlieh uns jenes überlegene Zusammengehörigkeitsgefühl, das dem Bewusstsein entspringt, Außenseiter zu sein.

Der steile Hügel an der Clérigos-Kirche, die geheimen Passagen unter dem Bogen der Arrábida-Brücke, São Francisco und die anderen, an der Praça da Batalha verstreuten Kirchen, die Gassen rund um die Kathedrale, die unbewachten Bahnübergänge am Ausgang des Bahntunnels von São Bento, dieses ganze Netz erschien uns wie eine geheimnisvoll verwinkelte, uneinnehmbare, auf allen Seiten von Wasser umgebene Burg.

In dieser Hinsicht gleichen sich Lissabon und Porto: Siedlungen, die auf Hügeln und Vorgebirgen errichtet wurden, von denen man das Meer oder den Fluss sieht, wenn sie auch aus unterschiedlichem Gestein und Licht gemeißelt sind.

In beiden Städten war ich, während ich dort lebte, überwiegend zu Fuß oder mit verschiedenen Fahrzeugen unterwegs und habe sie so auf vielfältige Weise kennengelernt. Je nachdem, ob man es erläuft oder erfährt, ist Porto eine völlig andere Stadt. Nicht nur, wie weit und wohin man kommt, variiert je nach Fortbewegungsart, sondern auch das, was man von der Landschaft wahrnimmt.

Was wir bei einer Autofahrt sehen, unterscheidet sich radikal von dem, was wir mit dem Motorrad, dem Fahrrad oder zu Fuß zu Gesicht bekommen. Es ist überraschend, wie sehr sich ein und dieselbe Wegstrecke wandelt. Fast könnte man meinen, wir hätten unterschiedliche Taschenlampen dabei, die bestimmte Dinge beleuchten und andere im Dunkeln lassen.

★

Die meisten Menschen kennen ein Land vom Auto aus. Vom Zug oder Bus aus betrachtet, bietet sich eine andere Perspektive. Und wer sich daran wagt, das Land mit dem Fahrrad zu durchqueren, dem eröffnen sich ganz neue Sichtweisen. Ganz zu schweigen von den Pilgern, die zu Fuß gehen. Was würden wir sehen, wenn wir die Küste in einem Boot entlangführen?

Vor längerer Zeit bin ich mehrmals in Leicht- oder Ultraleichtflugzeugen geflogen, eine Erfahrung, die nicht mit einer Reise in einem Passagierflugzeug vergleichbar ist. Ich weiß noch, wie ich am Flugplatz von Tires abhob, in geringer Höhe über die Strände von Cascais flog, den Tejo überquerte, über die Festung von São Lourenço do Bugio hinweg dem Verlauf der Costa da Caparica folgte, mit einer Geschwindigkeit von zweihundert Stundenkilometern und einer Höhe von tausend Fuß.

Es ist ein Gefühl vollkommener Zerbrechlichkeit. Man tanzt im Raum. Manchmal, wenn einen ein Windstoß packt, hat man den Eindruck, nicht vorwärts zu fliegen, sondern seitwärts. Andere Male schießt man plötzlich mit aller Wucht nach oben oder unten, als hätte einem jemand einen Fußtritt versetzt. Dann wieder kommt man sich vor wie in einer Kapsel, die an einem Faden hängt und gefährlich hin und her schwingt, aber an irgendeinem unsichtbaren Haken am Himmel befestigt ist. Und mit einem Mal fällt man, als wäre man über eine Stufe gestolpert.

Man ist wie im Rausch. Alles ist relativ, wirr, wunderbar. Hinterher kann man sich kaum erinnern, welche Strecke oder in welche Richtung man geflogen ist. Am Boden weiß man immer, wohin man geht. Immer gibt es eine Straße, Wegmarken, Ziele. In der Luft kann man sich fortbewegen, ohne irgendwohin zu gelangen.

Unter mir liegt die Halbinsel von Tróia, das Flussdelta des Sado, grün und völlig wild. Das Gebirge von Arrábida in Formen und Farben, die man vom Boden aus unmöglich sehen kann. Und jetzt, da wir Richtung Osten abdrehen, eine Überraschung: Vor uns erstrecken sich gewaltige Areale ohne Anzeichen von Zivilisation. Und viele Seen. Überall im Alto Alentejo glitzerndes Wasser zwischen grünen Vorgebirgen. Mitten im Nichts entdeckt man verborgene Paläste. In abgelegenen Gegenden klaffen Steinbrüche wie eitrige Wunden. Die Landstraßen bilden schnurgerade Linien, weiter hinten erinnert ein Friedhof an ein Blumenbeet …

Ich finde Fahrzeuge interessant. Sie sind viel mehr als reine Fortbewegungsmittel, sie sind die Reise selbst, die Wirklichkeit selbst, vergleichbar mit Marshall McLuhans Medientheorie: Das Medium ist die Botschaft. Es macht einen Unterschied, ob man eine Hitler-Rede im Radio hört oder ob man diese lächerliche Gestalt im Fernsehen brüllen und mit den Armen fuchteln sieht. Wäre das Fernsehen zehn Jahre früher erfunden worden, hätte es keinen Zweiten Weltkrieg gegeben.

*

Womit wir bei den Motorrädern wären. Glaubt mir: Vom Motorrad aus betrachtet, ist die Welt nicht dieselbe. Man ist mittendrin, im Guten wie im Schlechten. Das versteht nur ein Biker. Natürlich herrscht unter den Bikern keine Einhelligkeit. Es gibt völlig unterschiedliche, beinahe gegensätzliche Clans, Verhaltensregeln und Philosophien. Manche sind am liebsten in Gruppen unterwegs, andere ziehen die Einsamkeit der Landstraße vor.

Ein vollbärtiger Typ auf einer aufgemotzten Harley oder ein Mitglied der Hell's Angels betritt keine Bar, in der ein Hipster mit blasierter Miene durch das Schaufenster hindurch seinen vor der Tür geparkten Café Racer betrachtet.

Aber sosehr sie sich auch in der Kluft, die sie tragen, oder der Musik, die sie hören, unterscheiden mögen, alle sind süchtig nach dem gleichen Lebensgefühl. Und selbst die Klischees sind die gleichen: Verzicht, Individualismus, Freiheit und Abenteuer.

Wer mit dem Motorrad unterwegs ist, ist irgendwann gezwungen, sich mit der Realität auseinanderzusetzen und den Widerspruch zu überwinden, dass man einerseits so verrückt ist, völlig ungeschützt über die Landstraße zu fliegen, und gleichzeitig pragmatisch genug, die Wetterverhältnisse zu prüfen und in jeder Situation die Risiken abzuwägen.

Früher hing dieser praktische Teil unmittelbar von der eigenen Begabung zum Mechaniker ab. Um ein Motorrad fahren zu können, musste man wissen, wie man es wartet und bei einer Panne repariert. Oft genug war die Maschine vom Besitzer selbst zusammen- oder wenigstens umgebaut. Bei den neueren Motorrädern ist das nicht mehr nötig, doch mit dem Aufkommen der Custombikes und Café Racers kam auch das wieder in Mode.

Mein erstes richtiges Motorrad war eine prachtvolle blaue Royal Enfield, Baujahr 1953, mit 350 Kubik. Beinahe jedes Wochenende fuhr ich mit ihr von Bombarral (wo ich Geschichte unterrichtete) nach Porto, und kaum eine dieser Reisen verlief ohne Panne. Immer streikte eine Zündkerze, das Benzinkabel löste sich, oder der Zündunterbrecher war feucht. Mitten auf dem Weg blieb das Motorrad stehen, und ich musste das dreihundert Kilo schwere Teil über die Landstraße schieben, bis ich einen Mechaniker gefunden hatte. Das war alles andere als einfach, wenn man bedenkt, dass es Samstag oder Sonntag war. Ich musste in Cafés fragen, an zahllose Türen klopfen, Ermittlungen anstellen.

Heute erwarte ich von meiner Triumph Tiger ein wenig mehr Kooperation. Aber ich mag es immer noch nicht, nur als Zuschauer zu reisen.

Passiv unternommen, ist eine Reise eine der uninteressantesten Erfahrungen, die man machen kann. Ich liebe es, zu intervenieren. Abzusteigen, Fragen zu stellen, Spuren zu folgen, Zusammenhänge zu entdecken, Punkte zu verbinden, nachzuforschen. Länger zu bleiben als vorgesehen, Pläne zu ändern, Umwege zu machen, an Orte zurückzukehren. Zu genießen und gleichzeitig zu verstehen.

So ist diese Reise. Ich brauche Geschichten wie Benzin. Die Zeit, die ich mit den unterwegs entdeckten Geschichten verliere, verzögert die Reise nicht – sie treibt sie voran. Es ist, wie auf die Suche nach einem Mechaniker zu gehen, wenn das Motorrad auf der Landstraße liegen bleibt.

São Jacinto

Verfallenes Gebäude am Meer mit Pförtner

Seit dem 4. Januar 1977 arbeitet und lebt Domingos Teixeira auf der Werft von São Jacinto. Im August des Vorjahres aus Mosambik zurückgekehrt, gehörte er vier Monate später zu den über achthundert Arbeitern des von Carlos Roeder gegründeten Großunternehmens. Als er nach einem Arbeitsunfall nicht länger in der Stahlschmelze arbeiten konnte, wurde er Pförtner und blieb es für den Rest seines Lebens.

Auch heute noch hält er das Haus, das er damals gestellt bekam, ebenso in Schuss wie die Pförtnerloge direkt am Eingang des riesigen, strategisch zwischen Meer und Ria gelegenen Gebäudes. »Ich bin nie weggezogen. Wo hätte ich auch hingehen sollen?«, sagt Domingos, einundsiebzig, während er die Tür aufschließt, um die Motorsäge wegzuräumen. Drinnen sieht man Gartengeräte, Metallteile, einen Bootsanhänger. »Ich war immer schon Hobbygärtner, und jetzt, wo ich Rentner bin, kümmere ich mich um die Gärten von Bekannten. Hier bewahre ich alles auf, hier ist mein Leben. Daran hat sich noch nie jemand gestört.«

Das ehrende Angedenken an die Werft ist gewissermaßen Domingos Teixeiras Lebensphilosophie. Es war dieses 1940 gegründete Unternehmen, das ihn, nach seiner Rückkehr aus den ehemaligen portugiesischen Kolonien, in Portugal willkommen hieß, ihm Arbeit, ein Haus, eine Krankenversicherung und seinen drei Kindern eine

Ausbildung gab. Auch seine Tochter hat hier eine Schweißer- und Schlosserlehre gemacht.

Obwohl die Werft ihm nach wie vor 20 000 Euro Lohn schuldet, steht sie immer noch hoch in Domingos' Achtung. Vielleicht nicht das, was einige ihrer Geschäftsführer getan haben; das Unternehmen an sich aber ist für ihn nach wie vor über alle Zweifel erhaben.

Überdies hat Domingos sich nie als Pförtner eines Gebäudes, einer Verwaltung oder eines Familienunternehmens gefühlt. Er war immer der Pförtner einer Idee. Einer glücklichen Zeit, die einem das Gefühl von Würde und Verlässlichkeit und eine Zukunft gab.

Hinter den großen Toren, die er bewachte, lag diese Wirklichkeit: nimmermüde, kraftvolle Betriebsamkeit, die Opferbereitschaft und Solidarität der Arbeiterinnen und Arbeiter und des Firmengründers Carlos Roeder und seiner Erben und Nachfolger.

Seinen Posten aufzugeben, hieße, eine Welt aufzugeben und zu verleugnen, die er sein Leben lang bewacht hat. Der hektischen Betriebsamkeit der Werft den Rücken zu kehren, wäre für ihn schlimmer als der Tod. Und tatsächlich hat diese Betriebsamkeit nie aufgehört, nur ist sie jetzt von anderer Art und anderem Wesen, und auch die Protagonisten haben gewechselt.

In São Jacinto haben die Strände eine andere Dimension als irgendwo sonst an der portugiesischen Küste. Sie sind riesig und leer, setzen sich in endlosen Reihen von Dünen weiter fort, als der Blick reicht. Im Naturpark *Reserva Nacional das Dunas de S. Jacinto* gelegen, bilden sie mit ihren Pinienhainen und der Ria eine ganz eigene wilde, geheimnisvolle Welt.

Durch Baumstämme, Stücke von Netzen und Muscheln markierte Pfade führen vom Ufersaum der Ria zu den Sandstränden. Etwa zwanzig Minuten lang geht man durch den Wald, zwischen Büschen und gekrümmten Bäumen hindurch, über ein dichtes Bett aus zerbröselten Trüffeln und aufgelöstem, sonnenverbranntem Küstenhumus.

Die Dünen gehen fließend in den Sandstrand über, und die ganze weiße Unendlichkeit scheint in einem warmen, bläulich getönten Nebel zu schweben.

Das Meer dagegen ist Furcht einflößend. Die Wellen laufen nicht in eine Richtung, folgen keiner vorhersehbaren Ordnung, sondern sind anarchisch, kreuzen sich, rollen übereinander hinweg, brechen sich aneinander.

Das Tosen des Meeres kommt nicht von der Wasseroberfläche, bricht nicht aus dem hervor, was man sieht, sondern aus der Tiefe. Es entsteht im Sand selbst, lässt alles erbeben und explodieren wie ein Vulkan aus Wind und Gischt.

*

Nach São Jacinto gelangt man über eine Straße, die auf einer schmalen Landzunge dem Verlauf der Ria folgt. Bei Ovar biege ich in Richtung Furadouro von der N 109 ab, auf der ich Porto verlassen habe und die mich an den Stränden von Madalena, Francelos, Miramar, Espinho, Esmoriz und Cortegaça vorbei hierher geführt hat. Jeder dieser Strände hat seinen ganz eigenen Charakter mit den lang gestreckten Dünen, den vom Nordwind gepeitschten Büschen, den Strandwegen aus Holzbohlen, die über den Sand führen.

Espinho ist ein Sonderfall. Es ist eine unserer Städte am Meer, wie Póvoa de Varzim, Vila do Conde oder Figueira da Foz. Ein altes Seebad mit einem einzigartigen gesellschaftlichen Leben. Der portugiesische Dichter Ramalho Ortigão erzählt in seinem Buch *As Praias de Portugal* (Die Strände Portugals) vom Club von Espinho, in dem sich Mitte des 19. Jahrhunderts die Badegäste trafen. Nicht nur die Männer, wie in den englischen Clubs üblich, sondern – und zwar gleich nach dem morgendlichen Beisammensein, zwischen zwölf und fünfzehn Uhr – auch die Damen, die gleichberechtigt an den Gesprächen, der Zeitungslektüre und den Klavierkonzerten teilhatten. Zuletzt waren es hundert weibliche Clubmitglieder. »Einige von ihnen sind tatsächlich nicht mehr als die ehrwürdigen Gattinnen eines Händlers aus Penafiel oder eines Geldwechslers aus Porto, wohingegen man bei anderen mehr oder weniger sicher sein kann, dass es sich um Personen von Rang und Adel handelt.«

Andere typische Gestalten der Fauna von Espinho waren die Dichter. »Gut erzogene junge Männer, die den Mond und die Dichtkunst verehren und die, da die *Lusiaden*, das klassische portugiesische Nationalepos, nun einmal geschrieben sind, die unbeschäftigte Muse mit Bädern im Meer, Klavierstücken oder ein paar Tassen Schwarztee mit Milch und dem dazugehörigen Toast unterhalten.«

Die Seebäder waren die Bühne für die Prachtentfaltung des bürgerlichen Sommerurlaubs im 19. Jahrhundert. An anderen, ruhigeren Stränden entstand, ausgehend von den Badeorten, ein aristokratischer Kult der Sommerfrische, bei dem man die Ruhe genoss und sich ärztlich behandeln ließ. Die baumbestandenen und von Herrenhäusern flankierten Alleen von Miramar oder Francelos haben als vornehme Oasen überdauert. Bis heute findet sich in der Avenida dos Sanatórios von Francelos das Gebäude der 1930 errichteten Klinik Heliântia, die so konstruiert war, dass die Patienten möglichst viele Sonnenstrahlen abbekamen, denen heilende Wirkung nachgesagt wurde. Das Gebäude steht unter Denkmalschutz und beherbergt gegenwärtig die Steuer- und Finanzhochschule Instituto de Estudos Superiores Financeiros e Fiscais.

An all diesen Stränden lebt der leicht exzentrische Charme vergangener Zeiten fort, eine Reinheit in Luft und Licht, eine melancholische Harmonie zwischen menschlichen und natürlichen Elementen. Was man von der Landstraße, die sie verbindet, nicht behaupten kann.

Das Meer ist immer nah, aber außer Sichtweite. Die N 109 ist ein Albtraum aus Ampeln, Staus, Appartementblocks, kitschigen Ein- und Mehrfamilienhäusern, Läden, Verkaufsständen und Büros.

Die Gegend zwischen Gaia und Furadouro, zwischen den längsten Tentakeln der Lagune von Aveiro und den Sandstränden von Torreira und São Jacinto, ist faszinierend. Aber man kann sie nicht befahren.

Eine Wüste ohne Gesetz und ohne Norm,
Denn stets verweht der launenhafte Wind
die Straßen, bis sie nicht mehr sind,
bis keine Spur mehr übrig ist und keine Form,

schrieb Libério.

★

In der Bar des Orbitur-Campingplatzes von São Jacinto läuft der Fernseher. Der Campingplatzbetreiber und seine Angestellten betrachten ungläubig die Bilder von überlaufenen Stränden, Restaurants und Terrassen, die in einem Bericht des Senders TVI über den wachsenden Tourismus an der Algarve zu sehen sind. In welchem Land ist das denn? Die Zahl der Touristen ist im Vergleich zum Vorjahr stark gestiegen, sagt der Bericht. Und führt Statistiken, die Zahl der Grenzübertritte an verschiedenen Punkten und die Belegungsquoten von Hotels und Pensionen an.

Wenn man sich hier umsieht, erblickt man zwei Wohnmobile und drei oder vier Zelte. Es stimmt: Der Campingplatz hat kein Restaurant und kein Schwimmbad. Dafür liegt er in einem weitläufigen Pinienhain zwischen Ria und Strand, und mitten durch die Vegetation des Naturparks hindurch führt ein Weg direkt ans Meer. Der ideale Ausgangspunkt also für alle, die Vögel beobachten, die Natur genießen, an unberührten Stränden baden, angeln, wind- oder kitesurfen wollen. Aber wo sind die?

Die Landschaft ab Furadouro über die Landzunge, die zwischen

Torreira und dem Strand von Monte Branco liegt und sich dann längs der Ria und des Kanals von Ovar bis hin zu den Lagunen von Gafanha da Nazaré und Ílhavo erstreckt, ist von unvergleichlicher Schönheit. Sie ist einzigartig und abwechslungsreich, lieblich und anmutig. Aber es gibt so gut wie keinen Tourismus.

Statistisch gesehen, ist die Zahl ausländischer Besucher in Portugal gestiegen. Aber diese Besucher zieht es im Wesentlichen nach Lissabon, Porto und an die Algarve. Im Rest des Landes herrscht Leere, selbst frühere Touristenhochburgen sind inzwischen fast verwaist. Die Einzigen, die für etwas Leben sorgen, sind portugiesische Sommergäste und spanische Wochenendurlauberinnen und -urlauber oder Gastarbeiter, die in den Ferien in die Heimat zurückkehren.

»Es gibt schon viele Touristen, aber das sind fast alles Low-Budget-Reisende, die nichts ausgeben wollen«, sagt João Gomes, der Betreiber des Campingplatzes von São Jacinto. In den letzten Jahren war er gezwungen, Personal zu entlassen und, anders als früher, im Winter zu schließen. »Selbst hier auf dem Campingplatz, wo es relativ günstig ist, habe ich erlebt, dass Leute an der Rezeption gefragt haben, wie viel es kostet, und dann weggegangen sind, weil es ihnen zu teuer war.«

Der Strand von São Jacinto, einer der schönsten des ganzen Landes, ist praktisch ausgestorben. Die Bar in den Dünen, die eine Konzession für den Strandbetrieb hatte, hat in den letzten zwei Jahren nicht aufgemacht. Während der Badesaison sind die Betreiber verpflichtet, eine gewisse Infrastruktur aufrechtzuerhalten und unter anderem zwei Rettungsschwimmer anzustellen, aber das lohnt sich nicht, weil kaum Badegäste kommen.

»Wir haben zwei Probleme: zum einen das Naturschutzgebiet mit seinen vielen Beschränkungen und zum anderen die Fähre«, sagt Raul Valentim, der Betreiber der Ondas Bar am Strand von São Jacinto. »Es existiert keine direkte Straßenverbindung von Aveiro hierher, weil es keine Brücke gibt. Und die Fähre ist teuer [fünfzehn Euro für

Hin- und Rückfahrt]. Die letzte fährt um kurz nach zehn Uhr abends, und so kann niemand hier in Ruhe zu Abend essen.«

João Nabais, Geschäftsführer des Restaurants O Terminal, glaubt nicht daran, dass jemals eine Brücke über die Ria gebaut wird. »Wo soll die denn anfangen? In Gafanha, bei Aveiro? Das würde die Behörde des Naturparks niemals erlauben. Die Brücke ist und bleibt ein Traum.«

Sein Restaurant liegt an der im letzten Monat neu eröffneten Uferpromenade von São Jacinto. Die Promenade ist ein von der EU gefördertes Polis-Litoral-Projekt im Rahmen der »Neuordnung und Aufwertung der Ria von Aveiro« und umfasst eine Neubepflasterung des Uferbereichs, einen Jachthafen etc.

»Ich hoffe, dass die neue Infrastruktur mehr Leute herbringt«, sagt João Nabais, aber er klingt nicht sehr überzeugt. »Früher kamen viele Touristen aus Frankreich. Dann blieben sie weg, und jetzt kommen sie langsam wieder, aber bisher nur wenige. Nur am Wochenende ist hier viel los. Im Winter hat alles zu. Wir können überleben, solange einige unserer Lieferanten gutwillig und verständnisvoll genug sind, uns die Zahlung bis zum Sommer zu stunden.«

Solange es keine Brücke gibt, um die Abgeschiedenheit der Region zu beenden, müsste die Fähre günstiger, moderner und schneller sein. »Es wäre besser, wenn das Boot kleiner wäre, aber häufiger fahren würde.«

São Jacinto ist eine vergessene Gegend, sagt der Unternehmer. »Abgesehen von Torreira, das als ›die Algarve des Nordens‹ bekannt ist, ist hier tote Hose. Die Region ist touristisch sehr wenig erschlossen. Die gesamte Förderung konzentriert sich auf den Streifen zwischen Costa Nova und Figueira da Foz. Wir sind für den Tourismus der arme Verwandte.«

Luís Figueiredo, Eventmanager aus der Gegend um Coimbra, ist erstaunt über das fehlende Gastgewerbe in der Region. »Es gibt kein einziges Hotel, keine Ferienappartements. Nichts, was die Leute anlocken könnte. Wie sollen sie denn hierherkommen? Niemand kennt diese Gegend. Nicht einmal ich, der ich aus Coimbra komme, bin jemals zuvor hier gewesen.«

Luís Figueiredo wollte in der Region Aveiro ein Sommerfestival ausrichten. Er wandte sich an die Stadtverwaltung, und dort empfahl man ihm São Jacinto. Also machte er sich an die Arbeit, aber das war alles andere als einfach. Das Tugafest, »das portugiesischste Fest Portugals«, war für den 19. bis 23. August geplant. Am Strand von São Jacinto sollten zwei Bühnen errichtet werden, auf denen die Volksmusiker Quim Barreiros und José Cid, die Fadosängerin Ana Moura, der deutsch-portugiesische Entertainer Herman José und die Rockband Xutos & Pontapés auftreten würden. Aber erst zwei Wochen vor Beginn wurde es bekannt gegeben.

»Dieses Festival mit seinen portugiesischen Künstlerinnen und Künstlern ist in erster Linie für die Gastarbeiter gedacht«, erklärt Figueiredo. »Im Gegensatz zu anderen Sommerfestivals wollen wir das Portugiesische betonen. Wir rechnen mit etwa 50 000 Besucherinnen und Besuchern, schließlich haben wir die namhaftesten Künstlerinnen und Künstler des Landes im Programm.«

Aber er gibt zu, dass es schon ein Erfolg wäre, wenn nur halb so viele Teilnehmende kämen. Das Festival kostet Eintritt, »und die Leute sind an Feste gewöhnt, die von den Stadtverwaltungen organisiert und finanziert werden und deshalb kostenlos sind. Beinahe hätten wir keinen Kunsthandwerkermarkt bekommen, weil die Kunsthandwerkerinnen und -handwerker normalerweise von der Stadt subventioniert werden. Als ich ihnen erklärte, dass sie hier nichts verdienen würden, haben sie abgesagt.«

Noch dazu findet kurz vor dem Tugafest ein Konzert von Tony Carreira statt, bei dem der Eintritt umsonst ist. »Es ist schwierig, im regionalen Bereich, der am Tropf der Subventionen hängt, etwas zu initiieren und durchzuführen.« Eine Woche vor dem geplanten Termin wird das Tugafest abgesagt.

Bei Ebbe wimmelt es in der Ria schon um sieben Uhr morgens von Menschen. Auf der Straße von Torreira nach São Jacinto und am gegenüberliegenden Ufer, am Kai von Bestida, sieht man Hunderte Gestalten bis zur Hüfte im Wasser stehen, Netze und Rechen in der Hand, um Venusmuscheln zu ernten.

Rui, seine Frau und sein Sohn haben ihr eigenes Gebiet unweit der Brücke, über die man auf die Landstraße nach Estarreja kommt. Hier gibt es viele Sandbänke und Schlammlöcher, die sie mit bloßen Händen durchwühlen. »Ich hätte nie gedacht, dass ich das noch einmal machen müsste. Es ist ein furchtbar hartes Leben. Mein Sohn hilft mir nur im Sommer«, sagt Rui. Er war in einem Restaurant angestellt, das zugemacht hat. »Wir tun das hier, weil es in der Gegend keine andere Arbeit gibt.«

Rui und seine Familie sammeln höchstens zehn Kilo Muscheln am Tag, die sie dann für drei Euro pro Kilo an einen Zwischenhändler verkaufen. Sie sind eine von vielen Familien, die Tag für Tag von sieben Uhr morgens bis zum Einsetzen der Flut um die Mittagszeit hier arbeiten.

»Ich sammle nur für mich, für eine Fischsuppe«, sagt João, der auf Kabeljaufangschiffen gearbeitet hat, bis er in Rente ging. Seine Methode ist viel rudimentärer: Er hält Ausschau nach einer beinahe unmerklichen Kuhle im Sand, steckt den Zeigefinger hinein und gräbt, wenn seine Intuition ihn nicht getäuscht hat, eine Muschel aus. Fast immer ist es eine »japanische«, eine Spezies mit gefleckter Schale, die seit einigen Jahren in der Ria zu finden ist. Mit mehr Glück erwischt er eine »Schwarze« oder sogar eine »Königin«, die einen höheren Verkaufspreis erzielt.

Er erzählt, dass die Zwischenhändler, die alle Muscheln aufkaufen, sie nach Spanien weiterverkaufen. Wie die Muschelernte ist auch der Handel ohne eine spezielle Lizenz illegal. Alle Muschelsucher, die man in der Ria sieht, arbeiten illegal. Manchmal taucht überraschend die Polizei auf der Straße von Bestida auf und verhaftet viele von ihnen. Aber selbst für den, der Strafe zahlt, lohnt sich die Tätigkeit, erklärt João und verschwindet dann eilig zu seinem Moped, das auf der Straße am Ufer der Ria parkt.

»Mit denen will ich nicht reden«, sagt er. Die Leute, vor denen er flieht, sind Roma, eine große Gruppe, die sich dem Ufer nähert. In Gruppen von zehn bis fünfzehn Leuten »fegen« sie große Flächen der Ria. Sie benutzen Rechen, Netze und andere verbotene Werkzeuge und kontrollieren, so sagt João, die besten Gebiete.

»Heute war ein durchschnittlicher Tag. Wir haben an die dreißig Kilo gesammelt«, berichtet Alexandre, ein junger Rom, Teil einer Sechsergruppe, während er die Ausbeute des Tages in Körbe schüttet, die dicht an dicht auf der Ladefläche eines Pick-ups stehen. »Unsere ganze Familie lebt von den Muscheln. Man wird nicht reich davon, aber andere Arbeit gibt es nicht.«

Rui, der seinen zwölfjährigen Sohn huckepack aus dem Wasser trägt, versichert mir, dass es in der ganzen Region keine andere Möglichkeit gibt, seinen Lebensunterhalt zu verdienen, als durch das Sammeln von Muscheln in der Ria. »Man könnte sagen, dass heutzutage die ganze Gegend von Murteira bis São Jacinto von der Venusmuschel lebt.«

Und so lebte die kleine Fischergemeinde
In Hütten aus Stroh und fischte in flachen Kähnen
in den gewaltigen salzigen Wassern der Ria,
mit großem Geschick und harter Arbeit,

schrieb Libério.

★

Entlang der Straße reiht sich ein geschlossenes Restaurant an das andere. Ein Sommerferienlager, das jahrzehntelang Kinder aus dem ganzen Land beherbergte und fünfzig Leuten der Region Arbeit bot, hat vor zwei Jahren ebenfalls zugemacht. »Diese Gegend ist tot. Hier gibt es nichts«, sagt João, der Campingplatzbetreiber.

★

2006 schloss die Werft von São Jacinto, mit ihren 70 000 Quadratmetern am Ausläufer der Ria gelegen, der den Kanal von São Jacinto bis Ovar bildet, und mit direktem Zugang zur Hafeneinfahrt von Aveiro, für immer ihre Pforten. Carlos Roeder, ein in Deutschland ausgebildeter Ingenieur, hatte das Unternehmen mitten im Zweiten Weltkrieg gegründet.

> *Die Werft von São Jacinto verdient*
> *Unsern Respekt und den in allen Landen,*
> *Denn die Werke, die hier mit Fleiß und Hingabe entstanden,*
> *mögen mit der Zeit vergehen,*
> *doch bleiben stets in der Erinnerung bestehen,*

schrieb Libério.

★

Aber erst nach 1945 wurden auf der Werft dank der neuen Technologie des Elektroschweißens die Schiffe *Caramulo* und *Nereus* gebaut und danach viele andere, von Trawlern über hochseetüchtige Thunfischfangschiffe bis hin zu Eisbrechern und Cacilheiros, den Fähren, die Lissabon mit dem Südufer des Tejo verbinden.

Während der Diktatur hatte die Werft einen schweren Stand; da ihr Gründer und Inhaber Carlos Roeder dem System kritisch gegenüberstand, wurde sie zugunsten anderer, vom Staat bevorzugter Unternehmen benachteiligt. Trotzdem war sie dank des taktischen Geschicks ihrer Geschäftsleitung und ihrer sozialen Bedeutung in der Region erfolgreich: Roeder hatte eine Stiftung gegründet, um sicherzustellen, dass seine Arbeiterinnen und Arbeiter eine Gesundheitsversorgung, regelmäßige Mahlzeiten, eine Unterkunft und eine Ausbildung für sich und ihre Kinder bekamen.

Es gab Zugang zu Bildung und vieles andere eben
Es begann das Wachstum, das die Isolation verhindert hatte
Der Fortschritt kam mit allem, was er sonst noch Gutes brachte
Und weckte Hoffnung auf neue Ideale und ein neues Leben,

schrieb Libério.

Um die Wende zum 21. Jahrhundert führten die Konkurrenz aus Asien und schlechte Geschäftsführung zum allmählichen Verfall und schließlich zum Konkurs. »Da Roeder ledig und kinderlos war, vermachte er die Werft in seinem Testament seinen besten Mitarbeitern João dos Santos, Jorge Pestana, Henrique Motela und Vale Guimarães«, erzählt Domingos Teixeira, der Pförtner.

»Solange die noch am Leben waren, lief alles gut. Erst mit ihren Kindern ging es bergab. Wenn die neue Reifen für ihr Auto brauchten, kauften sie keine Reifen, sondern ein neues Auto. Als die Tochter von einem von ihnen zum Studieren nach Lissabon ging, hat er ihr nicht ein Zimmer gemietet, sondern eine Wohnung gekauft.«

Die Werft ging pleite; es folgten Schulden, Pfändungen, Tricksereien. Domingos erzählt, das Finanzamt habe alles zum Schleuderpreis versteigert, um wenigstens einen Teil seines Geldes zu bekommen. »Der Schrotthändler Godinho hat dabei das beste Geschäft gemacht. Der kam hierher und hat gekauft, was er kriegen konnte. Eine Maschine, die 120 Millionen Escudos wert war, hat er für 120 000 gekauft, dazu noch 43 Tonnen Schiffsstahl für 40 000 Escudos.«

Als das vorbei war, kamen die Plünderer. Männer aus der Umgebung fuhren mit Kombis vor dem leer stehenden Gebäude vor und sackten alles ein, was nicht niet- und nagelfest war. »Anfangs gab es einen Wachmann, der aufpassen sollte, aber weil sie ihn nicht bezahlt haben, hat er nichts dagegen unternommen.« Und auch er, der Pförtner Domingos, blieb untätig und sah zu, wie alles gestohlen wurde, was im Gebäudekomplex zurückgeblieben war, Möbel und Maschinen, Material und Unterlagen.

»Es waren Leute, die ich kannte, Leute aus der Gegend, die arbeitslos waren und Geld für ihre Familien brauchten. Sie haben alles mitgenommen, aber mein Haus haben sie nicht angerührt.«

Wie üblich, wenn die Aasgeier anrücken, gab es unterschiedliche Phasen der Plünderung, parallel zu den Phasen der Krise in der Region. Nachdem die leichteren Güter verschwunden waren, rollten die Lastwagen an, die Stahl, Holz und Steine abtransportierten. »Sie haben einen 1500 Kilo schweren Safe mitgenommen, den haben sie mit einem Kran auf den Laster gehoben«, erinnert sich Domingos, der alles beobachtet hat – von der Tür seines Hauses aus.

Als es so aussah, als gäbe es nichts mehr mitzunehmen, rückten sie mit Hämmern und Pickeln an, um Wände und Decken einzureißen und die gesamten Innenräume zu durchkämmen. Und um Ziegel und Steine mitzunehmen. Die Wände haben Löcher, so groß wie Bombenkrater. Zuletzt waren nur noch die Eisenträger übrig. »Da kamen sie mit Schweißbrennern und Masken und haben alles in Teile zerlegt. Die haben sie dann hinten an Lastwagen gehängt und die Straße hinuntergeschleift.«

Inzwischen ist das Gebäude dermaßen zerstört und verfallen, erzählt Domingos, dass es schon als Kulisse für mehrere Horrorfilme gedient hat. Die in São Jacinto stationierte Militäreinheit übt hier den Häuserkampf.

Trotz alledem hat Domingos sein Haus nie verlassen. Von der Werft ist nichts geblieben außer dem Pförtner, der zugleich ihr Zeuge und ihr Geschichtsschreiber ist. »Aber derjenige, der am meisten über die Werft wusste, weil er über sie geforscht hat, war Senhor Libério. Er ist tot, aber er hat ein Buch geschrieben«, empfiehlt mir Domingos.

*

Die Witwe von Libério Pereira, die siebenundsiebzigjährige Maria José da Cunha, lebt in einer Wohnung unweit der Werft, zusammen mit ihren beiden Enkeln, die beide arbeitslos sind. »Heute vor einem Jahr ist er gestorben«, erzählt sie. Ihr Mann arbeitete als Maschinendreher auf der Werft, wo er auch seinen Beruf erlernt hatte. Zusammen mit seinem Vater war er aus Figueira da Foz hierhergezogen, als dieser eine Anstellung bei der Marine fand. Die Eltern von Maria José kamen aus Aradas und hatten eine Bäckerei, die unter anderem die Militärbasis belieferte. Ihr Großvater mütterlicherseits war in die Gegend gekommen, um als Krebsfänger zu arbeiten, eine verbreitete Tätigkeit in der Ria, bis man die Muscheln entdeckte.

Arbeit, Wohlstand, Bildung – all das verdankt die Familie der Werft von São Jacinto und der Roeder-Stiftung. Aus Dankbarkeit verfassten Libério und seine Frau Lieder und Theaterstücke, die sie an der örtlichen Schule aufführten. Und Libério schrieb ein Buch in Gedichtform über São Jacinto und die Werft. Eine Art Epos, das im Rathaus verkauft wurde und ganze drei Auflagen erlebte.

Voller Wehmut endet diese Geschichte aus meiner Heimat
Wo ich aufgewachsen bin, gelernt und geliebt habe und die ich
*   von Herzen liebe.*
Und dass ich hier nicht geboren bin, ist reiner Zufall,
Denn hier hat sich mein ganzes Leben abgespielt,

schloss Libério.

Figueira da Foz

Seebäder und Literatur

Eine Reise entlang der portugiesischen Westküste gehört zu den großartigsten Reisen, die man in Europa machen kann. Es ist eine Reise voller Träume und Überraschungen, wie ein Gedicht.

Die Vielfalt Portugals zeigt sich, wenn man es der Länge nach durchfährt. Die Küste ist eine Abfolge von Kumulationspunkten der Gischt der gewaltigen Ströme, die die Iberische Halbinsel durchqueren, um schließlich in Form von Bernstein, Perlen oder Tränen im Atlantik zu münden.

Jeder Strand ist viel mehr als nur er selbst. Er repräsentiert Hunderte Kilometer Binnenland und alle, die, auch wenn sie weit weg wohnen, sagen können und wollen: »Dies ist mein Strand.«

Deshalb ist jede Szenerie vollendet, abgerundet, perfekt und dennoch eine Projektion, ein Traum. Sie folgen so dicht aufeinander, dass einem schwindelig wird.

Hinter São Jacinto kann man (mit dem Motorrad oder Auto) auf der alten Fähre *Cale de Aveiro* den Kanal überqueren. Man kommt bei der Festungsanlage Forte da Barra heraus und folgt von dort aus der Estrada Florestal bis zum Strand von Mira und weiter nach Quiaios, Buarcos und zuletzt Figueira da Foz. Zwischen Mira und Tocha verläuft die Straße durch einen Pinienhain, der die Dünenlandschaft bis zum – beinahe immer menschenleeren – Strand bedeckt. Das Meer sieht man von hier aus allerdings nicht. Will man wirklich erleben, wie es ist, über den Ozean zu fliegen, muss man hinter den Dünen von Cantanhede und Quiaios nach Westen abbiegen und auf der Rua do Farol Novo in Richtung Praia de Quiaios und Serra da Boa Viagem fahren. Von dort geht es weiter bis Buarcos, wo man wieder auf die N 109 stößt, der man bis Figueira folgt.

Das Meer ist allgegenwärtig, wenn auch lautlos und fern, es ruht in opakem, glitzerndem Blau. Vorbei sind die unterschiedlichen Farbtöne der Ria von Aveiro. Hier ist alles sauber und schlicht, weniger intim, aber seltsamerweise angenehmer und greifbarer.

Figueira ist die Stadt am Meer schlechthin. Kein Touristenort und auch kein Fischerdorf, sondern eine richtige Stadt, deren Mittelpunkt das Meer ist. Mit ihren breiten, von den Hügeln der Serra da Boa Viagem geschützten Sandstränden ist sie ein traditionelles Seebad, einer der ersten Orte, an den die Leute zur Sommerfrische und zum Vergnügen kamen. Die Stadt entstand in der Renaissance, als sie, wie so viele andere Orte an der Küste, dem großen nationalen Vorhaben dienen sollte. In der Mündung des Mondego – die zu diesem Zweck vertieft wurde – luden die Schiffe Heinrichs des Seefahrers Brot und Mais, die sie dann nach Ceuta brachten, die erste portugiesische Eroberung auf afrikanischem Boden.

Den portugiesischen Entdeckungsfahrten verdankt Figueira da Foz also seine Existenz, aber erst in der Mitte des 18. Jahrhunderts wurde die Stadt zu einem großen Fischerei- und Werfthafen. Gegen Ende desselben Jahrhunderts wandelte sie sich zu dem bedeutenden Badeort, der sie im 19. Jahrhundert war.

Ramalho fand sie gewöhnlich und heruntergekommen und machte dafür die Studenten aus Coimbra verantwortlich, die er verabscheute und die, seiner Meinung nach, die Stadt überrannten. »Durchgefallene Studenten, unverbesserliche alte Bummler, unrasiert, mit schuppigen Haaren, eingefallenen, düsteren Gesichtern, schmutzigen Zähnen und Fingernägeln und abgetretenen Schuhen gehen an einem vorüber. Der Saum ihrer zerrissenen, fleckigen Mäntel schleift über den mit Papierfetzen übersäten Asphalt, während sie an ihren Zigaretten saugen.«

Aber er beschreibt auch die beiden Clubs, in denen »die Damen regelmäßig Konzerte und Bälle veranstalten«. Und er fährt in seinem Reisebericht *Die Strände Portugals* fort: »Eine der Hauptbeschäftigungen dieses Seebads ist die *Soirée*, und sollten die Badegäste jemals das Interesse an diesem Ort verlieren, so gewiss nicht, weil es an Kontertänzen fehlte.« Später analysiert er dann die soziale Herkunft der Besucher zu unterschiedlichen Zeiten: »In Figueira gibt es zwei verschiedene Schichten von Badegästen. Ende September reisen die Familien aus Coimbra und einige der Lissabonner Familien ab, und es kommen die Bauern aus Beira, um sich nach der Ernte von der Feldarbeit zu erholen.«

Hundert Jahre später erlebt der Schriftsteller Jaime Cortesão Figueira auf seinem Höhepunkt als Vergnügungsort einer kosmopolitischen Boheme. »Die exzellenten klimatischen Bedingungen – unter anderem die heliotherapeutischen Eigenschaften –, der feine Sand, die ausgezeichneten Hotels, das Schwimmbad und die wunderbare Kombination von Gebirge und Meer haben Figueira zum besten unter den vielen guten Seebädern Portugals gemacht, das auch von internationalen Besuchern geschätzt wird«, schreibt er in *Portugal – Land und Leute*. »Tatsächlich besitzt Figueira den Vorteil, Strand und Stadt zugleich zu sein. Eine Stadt im besten Sinne des Wortes, mit großartigen bürgerlichen, literarischen und humanistischen Traditionen.«

Schon vor ihm hatte der aus Figueira gebürtige Dichter und Pädagoge João de Barros bemerkt, dass die Stadt ihren Bewohnerinnen wie ihren Besuchern eine gewisse Feierlichkeit abverlangt, »weil man der Natur, die einen umgibt, ebenbürtig und im Einklang mit ihr sein will«.

Cortesão bestätigt dies, indem er sagt, dass »das internationale Flair des Seebads eine gewisse Sorgfalt bei der Wahl der Kleidung und ein gewisses weltmännisches Auftreten zur Folge hat«.

So ist Figueira noch heute. Die Menschen machen sich fein, um abends in der Rua dos Casinos zu flanieren, einen Kaffee im Caravela oder ein Bier im Tubarão zu trinken oder im Teimoso eine Paella zu essen. Und genau darin, in dieser Mischung aus städtischem Ambiente und Strandatmosphäre, schwingt etwas von einem Lebensstil mit, der eigentlich erst später an der Bahnlinie von Estoril und an der Algarve entstand und bis heute die portugiesische Lebensweise an der Küste prägt. In dieser Hinsicht hat das, was wir uns heute unter Strandleben vorstellen, vielleicht in Figueira seinen Ursprung.

Von der Mitte des 19. bis zur Mitte des 20. Jahrhunderts versuchten die Familien der Oberschicht und die wohlhabenden Bürger, einen ganzen Monat oder wenigstens vierzehn Tage am Strand zu verbringen, denn das galt als gesund. Die Ärzte empfahlen Sonne und Bäder im Meer, Salz und Jod für Kinder, Alte, Kranke und alle, die Kraft für ein neues Arbeitsjahr schöpfen wollten.

Die Angewohnheit, Badeurlaub zu machen, entstand aus dieser Mode, aber sie hat sie überlebt. Die Leute gehen weiterhin an den Strand, auch wenn sie ihn nicht mehr als Sanatorium betrachten. Sie wissen, dass der lange Aufenthalt in der Sonne Hautkrankheiten verursacht, dass die Feuchtigkeit den Knochen nicht guttut und Jod nicht das Wunderelixier ist, für das es einst gehalten wurde. Aber sie gehen immer noch an den Strand, immer mehr und immer öfter, bleiben die ganze Saison oder nur ein paar Stunden.

Knapp achtzig Prozent der portugiesischen Bevölkerung leben an der Küste, und so beschränkt sich ein Besuch am Meer nicht länger auf den Urlaub. Wann immer die Sonne scheint, können wir das ganze Jahr über am Strand zu Mittag essen oder Kaffee trinken, und der Strand ist nicht länger einfach nur eine Sandfläche, sondern besteht aus Terrassen, Restaurants, Strandbars und Promenaden.

Das Strandleben ist in eine neue Phase eingetreten, etwas völlig anderes als die Sommerfrische, die man aufgrund ärztlicher Verordnung antrat, als das harte Leben der Fischer, die Handels- und Entdeckungsfahrten. Und auch wenn diese in verschiedenen Dimensionen zeitgleich nebeneinander existieren, scheinen sie sich doch nie zu überschneiden.

Nicht einmal der Literatur scheint es gelungen zu sein, sie zusammenzubringen und ein Gesamtbild des Verhältnisses des Menschen zum Meer zu zeichnen, obwohl dieses entscheidend dafür ist, wie sich die portugiesische Identität definiert.

★

In seinem Buch beschäftigt sich Ramalho Ortigão mit den Sommergästen; die einheimische Bevölkerung erwähnt er kaum. Die meisten Seiten von *Die Strände Portugals*, das übrigens den Untertitel *Ein Führer für Badegäste und Reisende* trägt, sind mit wissenschaftlichen Ratschlägen für Bäder und eine gesunde Lebensweise gefüllt.

»Die heilende Kraft des Meeres, die die Kranken in den Seebädern suchen, entfaltet sich durch drei unterschiedliche Elemente: die Seeluft, das Salzwasser zur inneren Anwendung und das Baden im Meer«, schreibt Ramalho. »Die Seeluft wirkt stärkend auf schwache, träge, apathische Menschen mit lymphatischer Konstitution. (...) Vor allem in der Kindheit, wenn die Entwicklung des Organismus durch mangelnde Kraft oder eine schwierige Konvaleszenz verzögert ist, erweist sich Meerwasser als außergewöhnlich heilsam.«

Als Getränk »ist Meerwasser bedauerlicherweise bis auf den heutigen Tag von portugiesischen Ärzten wenig erforscht (...). In der inneren Anwendung kann Meerwasser entweder als belebendes oder als reinigendes Mittel zum Einsatz kommen. Zur Abführung sollten zwei bis vier Gläser verabreicht werden. Als belebendes Mittel ist es sehr viel schwächer und unter Berücksichtigung dessen einzusetzen, was der Magen verträgt. Alle großen deutschen Ärzte verweisen auf die medizinischen Eigenschaften von Meerwasser bei der Behandlung lymphatischer und skrofulöser Patienten. Die englischen Ärzte verabreichen es überwiegend als Abführmittel. Mehrere französische Ärzte, unter ihnen die Herren Gardet und Rocca, kennen und empfehlen die belebende und abführende Wirkung des Meerwassers. Bei Kindern, die von Würmern befallen sind, erweist es sich als außerordentlich hilfreich. Meerwasser kann von großem therapeutischem Nutzen bei den Gewohnheiten der weiblichen Toilette, bei Erkrankungen der Gebärmutter und anderen Fällen sein.«

Die Bäder wiederum sind »unter zwei verschiedenen Aspekten zu betrachten: als hydrotherapeutische Anwendung und als medizinisches Bad«.

Und über diese Behandlungen hinaus »gibt es da noch das Sandbad als Anwendung, die besonders bei Kindern sehr nützlich ist, das Luftbad, die Ernährung mit Meeresfrüchten etc.«. Dann folgen seitenweise Abhandlungen über die verschiedenen Arten, ein Bad im Meer zu nehmen, darüber, wann und wie man ins Wasser und wieder hinaus gehen sollte, wie man sich nach dem Bad abreiben sollte, über die »hygienischen Vorsichtsmaßnahmen«, was zu tun ist bei Frösteln, Gesichtsblässe oder eingeschlafenen Händen und Füßen, bei schlechter Durchblutung, anderen Anzeichen für Blutstau und sonstigen Malaisen, was Frauen mit Meerwasser tun sollen, wenn sie allein sind, und so weiter.

Fünfzig Jahre später schrieb ein anderer Autor über dieselben Orte aus einer völlig anderen Perspektive. In seinem Roman *Die Fischer* widmet Raul Brandão seine Aufmerksamkeit endlich den Küstenbewohnerinnen und -bewohnern und ignoriert die Horden von Sommerfrischlern und Badegästen vollkommen. Die Gebräuche, die Fangtechniken, die Armut und die Mentalität der Fischer von Mira, Nazaré, Caparica, Sesimbra oder Olhão werden mit wunderbarer künstlerischer Sensibilität beschrieben. Aber – so behauptet der bedeutende portugiesische Denker António Sérgio – mit schwacher gesellschaftlicher Sensibilität. Raul Brandãos Schilderung der Landschaften, Farben und Stimmungen ist großartig, aber die wirtschaftlichen und soziokulturellen Aspekte eines Lebens in Abhängigkeit vom Meer hat er vergessen. Er zeichnete vor allem »Strände und Panoramen«, die Fischer »betrachtete er von außen«, schreibt der Sozialist Sérgio in seinen Essays.

Trotz allem sind *Die Fischer* und *Die Strände Portugals* die beiden Bücher, die man auf einer Reise entlang der portugiesischen Küste im Rucksack haben sollte – unter anderem deshalb, weil es sonst nicht viel Auswahl gibt. Ein Großteil unserer Literatur beschreibt die Welt der Bauern und zeichnet ein Bild des Landes, das mit der heutigen Wirklichkeit nicht mehr viel zu tun hat.

Die Tatsache, dass das Meer nicht die Neugier der Schriftsteller weckte, verwunderte schon Raul Brandão. »Erstens ist die Szenerie großartig – aber eintönig ...«, war sein Versuch einer Erklärung, »... und zweitens sind die Menschen zweifellos voller Poesie – aber schlicht. Das raue, düstere, schmerzliche Leben der Armen ist wie das Leben der Erde, über die wir gehen: groß, unerkannt, einfach und stumm. Es gibt keine Attitüden, keine ausgedehnten romantischen Schmerzen, die man ausschöpfen könnte: Es ist eine Rinne voller tiefer Gefühle – ein Strom aus Tränen.«

Natürlich hat das Meer in der Literatur nie gefehlt. Die Barkarolen und Meeresgedichte, die mittelalterlichen Troubadoure, die in galicisch-portugiesischer Sprache schrieben, wählten das Meer als Schauplatz ihrer Liebeslieder. *Wogen des Meeres von Vigo / habt ihr nicht meinen Freund gesehen? / Ach je, werde ich ihn bald wiedersehen? / Wogen der aufgewühlten See / habt ihr nicht meinen Geliebten gesehen? / Ach je, werde ich ihn bald wiedersehen?*

Es ist das Meer der Literatur vor den Entdeckungsfahrten, das Meer von Land aus betrachtet. Bei Camões, der in den *Lusiaden* die portugiesischen Entdeckungsfahrten besang, wird das Meer von den Karavellen aus betrachtet und bei Fernão Mendes Pinto, der in seiner *Peregrinação* von der Entdeckung Japans durch die Portugiesen berichtete, von den fernen Orten aus, an die es ihn getragen hatte.

Also packen wir zu Ramalho und Brandão noch den *Cancioneiro* von Garcia de Resende, die erste portugiesische Liedersammlung von 1516, in die Taschen des Motorrads, die *Lusiaden*, die *Peregrinação*, die *História Trágico-Marítima* – Bernardo Gomes de Britos Bericht über tragische Schiffbrüche aus dem 18. Jahrhundert – und Fernando Pessoas Gedichtsammlung *Mensagem*. Da bleibt sogar noch Platz für einen schmalen Lyrikband der Dichterin Sophia de Mello Breyner Andresen.

Lesen am Strand

Jeder wahre Leser weiß, dass es unmöglich ist, am Strand zu lesen. Man findet einfach keine passende Position: Liegt man auf dem Bauch, muss man nach zehn Minuten aufgeben, weil einem die Ellbogen wehtun; auf dem Rücken schafft man es nicht, die Arme länger als fünf Minuten in die Luft zu strecken; legt man sich auf die Seite, hat man nach nur drei Minuten das Gefühl, sich die Schulter zu quetschen.

Ganz zu schweigen vom Licht – diesen jungfräulichen Sonnenstrahlen, die aus dem Ozonloch auf die weiße Seite prallen. Es tut mir leid: Es geht einfach nicht, da brauchen wir uns nichts vorzumachen. Die romantische Vorstellung, den Strandurlaub mit der Lektüre von Romanen zu verbringen, scheitert an der Wirklichkeit. Ich habe mich schon damit abgefunden. Aber der Mann dort drüben noch nicht.

Er glaubt an die Kraft einer Schimäre. An die Möglichkeit einer Liebe voller Kompromisse zwischen Kultur und Umwelt, an den Einklang mit der Natur mithilfe der Technik. Dieser Mann hat das getan, was ich nie gewagt habe: Er hat sich die entsprechende Ausrüstung besorgt.

Er kommt an, klappt seinen bequemen Stuhl mit Armlehnen auf (eine davon mit Becherhalter versehen), rammt einen prächtigen Sonnenschirm in den Sand, stellt einen kleinen Klapptisch auf und setzt sich zu guter Letzt ein optisches Wunderwerk auf die Nase: eine Lesebrille, vor die getönte Gläser geklemmt sind.

Als er nach mehreren Stunden konzentrierten Lesens das vorletzte Kapitel seines dicken historischen Romans beendet, steht der schmächtige, bleiche Sommerurlauber auf, streckt das Kreuz durch und geht triumphalen Schrittes und ohne die Brille abzusetzen, ans Wasser. Stilvoll taucht er unter – und als er wieder auftaucht, bemerken viele Badegäste, dass die Brille weg ist.

Der Mann mag um die fünfzig sein und trägt die Haare an den Seiten lang und über den Schädel gekämmt, um seine Glatze zu verdecken – ein Versuch, den der Tauchgang zunichtegemacht hat. Wie er so dasteht, die Füße im Wasser, ein Lächeln auf den Lippen, die behaarte Brust von Algen geziert, braucht er eine Weile, bis er bemerkt, was geschehen ist. Dann aber ist er untröstlich. Die Brille sei sehr teuer und die einzige, die er habe, jammert er und wankt auf den Rettungsschwimmer zu, um ihm sein Leid zu klagen.

Der junge Mann lauscht ihm ungläubig, aber hilfsbereit. Eine Brille mitten im Atlantischen Ozean finden? Das ist Irrsinn. Aber als er versteht, dass es in gewisser Weise darum geht, ein Leben zu retten, begibt er sich ins Wasser. Bis zur Hüfte im Meer, die Füße im Schlamm vergraben, macht er sich an die unmögliche Mission.

Vom Strand aus sehen ihm die Leute zu, anfangs mit beiläufigem Interesse, nach und nach mit echter Neugier. Die Geschichte der verlorenen Brille spricht sich rasch herum. An einem überfüllten Strand mitten im August gibt es nicht viel zu tun. Das erklärt vielleicht, was nun geschieht: Dutzende, Hunderte Badegäste steigen ins Wasser, um nach der Brille Ausschau zu halten. Der ganze Strand beteiligt sich an der Suche, obwohl jeder weiß, dass es vergebliche Liebesmüh ist. Jung und Alt hören auf, Federball zu spielen und Sandburgen zu bauen. Jetzt besteht der Zeitvertreib darin, die Brille des Mannes zu suchen, der am Strand lesen wollte. Es war, als hätte das Meer ihm das Instrument seiner Vermessenheit vom Gesicht gerissen.

Die Suche dauert bis in den späten Nachmittag. Alle lachen und scherzen, niemand nimmt die Sache wirklich ernst. Bis auf ihn. Der Mann, der am Strand lesen wollte, glaubt an ein Wunder.

Und dann stößt plötzlich jemand einen Schrei aus und hebt den Arm. Allgemeine Verblüffung. Da ist sie! Die Brille ist gefunden. Unverzüglich wird sie ihrem Eigentümer ausgehändigt. Begafft von der Menge, setzt sich der Mann die Brille auf die Nase, schenkt allen ein breites, dankbares Lächeln und nimmt das letzte Kapitel seines Buches in Angriff.

Estrada Atlântica

Nachdem man die Brücke über den Mondego überquert hat, folgt man ein paar Kilometer lang der N 109 in Richtung Leiria, dann biegt man rechts auf die Estrada Atlântica ab. Und hier, auf der Fahrt durch Pedrógão, Vieira, São Pedro de Moel, Nazaré, gleitet man tatsächlich über das Blau.

Zwischen São Martinho do Porto und Foz do Arelho gibt es eine weitere Estrada Atlântica, gewissermaßen die Fortsetzung der ersten. Aber danach wird es schwer, der Küstenlinie zu folgen. Am besten nimmt man die A 8 oder wenigstens die N 8, um die Lagune von Óbidos zu umrunden und dann bei der Halbinsel von Peniche und Baleal herauszukommen. Wenn man auf der Straße in Richtung Caldas da Rainha aus Foz do Arelho herausfährt, kann man die Ruine dessen sehen, was jahrelang die größte und belebteste Diskothek in ganz Westportugal war: das Green Hill. Unterwegs trifft man immer wieder auf zerfallene, verlassene, zerstörte Schuppen, Überreste sommerlichen Nachtlebens.

Hinter Peniche wird die Strecke berauschend. Es ist nicht länger eine Panoramastraße wie bei Quiaios oder an der Costa de Lavos hinter Figueira und auch keine künstliche Touristenroute. Vielmehr verschmelzen hier Felder und Meer zu einer Gesamtheit, in deren natürliches Gleichgewicht sich die Siedlungen harmonisch einfügen.

Das Geheimnis dieser Eintracht heißt N 247. Sie führt uns in Kurven und Schleifen, dem Flug einer Möwe gleich, bis in den Orbit der Strände von Consolação, São Bernardino und Santa Cruz und von da weiter nach Ericeira, Sintra und Cascais.

Die 50 Kilometer zwischen Peniche und Ericeira sind eine ganz eigene Welt. Eine Gegend voller Stürme und Nebel, voller Bauern und Surfer, voller Dörfer, sanfter Hügel, Steilklippen über dem Meer und grüner Halbinseln. Während es in anderen Regionen scheint, als wären Strände ein rares Gut, zu knapp bemessen für den sommerlichen Ansturm der Bewohnerinnen und Bewohner der umliegenden Städte, gibt es sie hier im Überfluss, sie ruhen und warten. Unmöglich, alle Strände zu entdecken, sich ihre Namen zu merken. Manche sind nicht mehr als eine hölzerne Bar über der Felsenküste, andere eine Bachmündung oder eine quecksilberne Lagune zwischen von der Ebbe freigelegten Felsen.

Hier, wie überall im Land, hat jeder Strand seinen eigenen Charakter, der ein breites Spektrum umfasst, aber nie melancholisch ist wie die Küsten der Bretagne, Cornwalls oder sogar Asturiens. In Portugal ist der Strand ein Fest. Wir suchen ihn auf, um uns zu verwandeln, um so zu tun, als würden wir ein intensives, verschwenderisches, freies Leben führen, um für ein paar Stunden – oder Tage – glücklich zu sein.

Der Strand ist das Beste an uns. Er enthüllt das strahlendste Gesicht unseres Wesens. Wie die Gischt unsichtbarer Wellen, die vom Land ins Meer rollen.

Kapitel 2

Das Meer
ist eine Stadt

Vieira de Leiria

Die geheime Formel der Familie Tomé Feteira

Der dreiundsiebzigjährige Fernando Manuel Moreira Fonte werkelt im Garten am Haus seines Sohnes, direkt vor den verlassenen Hallen der Feilenfabrik União Tomé Feteira Lda. »Der Anblick erschüttert mich jedes Mal aufs Neue«, sagt er.

Die Rede ist von einer Reihe hellgelber Hallen, die völlig heruntergekommen aussehen: Die Scheiben der kleinen Fenster sind zerbrochen, überall wuchert Unkraut. »Hineingehen? Das brächte ich nicht übers Herz. Das Ganze besichtigen wie einen verlassenen Friedhof? Das muss furchtbar sein.« Fernando ist nie mehr dort gewesen und auch nur noch selten am Tor vorbeigegangen, seit er vor siebzehn Jahren aufgehört hat, in der Feilenfabrik zu arbeiten.

Mit dreizehn steckten sie ihn in die Fabrik, damit er von der Straße wegkam. Er hatte die Schule beendet und spielte den ganzen Tag mit den anderen Jungen im Pinienwald, und das galt als gefährlich. Sein Vater, ebenfalls seit frühester Jugend Arbeiter in der Feilenfabrik, traf die Entscheidung. Fernando landete in der Abteilung für die sogenannten Hämmerchen, wo Dreikantfeilen zum Schärfen von Fuchsschwänzen hergestellt wurden. »Wir bearbeiteten sie mit Meißeln aus Atomstahl«, erklärt er. »Später waren die Meißel dann aus Schnellarbeitsstahl, der hart wie Diamant ist. Ich habe sieben Escudos pro Tag verdient. Es gab drei Sorten von Feilen: *Clarinho*, die besten und begehrtesten, *Coroa* und *Vinte*, die schwächsten.«

Die *Clarinhos* wurden anfangs unter einem eigenen Markennamen der Firma Joaquim Tomé Feteira vertrieben, nämlich als *Cabeça de Boi* (Ochsenkopf) – was jedem, der genauer hinsah, zumindest teilweise das Geheimnis der Familie Tomé Feteira hätte verraten können. Später arbeitete Fernando dann in der Abteilung, in der dieses Geheimnis den größten Stellenwert hatte: in der Härterei. »Dort gab es riesige Eisenkugeln, die achtundvierzig Stunden lang in einem Tiegel rollten.« In diesem Prozess wurden die Komponenten jener wundersamen, hochgeheimen Verbindung zu Staub zermahlen, die den Feilen von Tomé Feteira ihre unzerstörbare Härte verlieh.

Die geheime Formel für dieses harte Material war beinahe zwei Jahrhunderte lang im Besitz der Familie; sie gewährleistete den Tomé Feteiras die Vorherrschaft in der Feilenindustrie, dank ihr wuchsen sie, schalteten alle kleineren Konkurrenten aus und erlangten zuletzt in der Gegend um Vieira de Leiria die gesellschaftliche, kulturelle und politische Vorherrschaft. Und der Ursprung ihres Imperiums, das sich im Laufe der Zeit immer weiterentwickeln und verzweigen sollte (zum Beispiel in das internationale Unternehmen von Lúcio Tomé Feteira), war die Schmiede.

Und dennoch war es kein Tomé Feteira, der die Formel erfand. Laut Aussage mehrerer Historiker, die sich mit dem Fall beschäftigt haben, war der Erfinder ein Franzose, der 1810 mit den letzten napoleonischen Truppen unter André Massena in Portugal einmarschiert und anschließend geblieben war. Und dieser Überlebende der Schlacht um die Verteidigungslinie Linhas de Torres war es wahrscheinlich, der einem Portugiesen aus Vieira de Leiria, António Luiz, die Formel für den Härteprozess verriet.

Zu dieser Zeit war Leiria mit seinen Pinienwäldern das Zentrum verschiedener Sektoren des Holz verarbeitenden Gewerbes. Das war seit den Entdeckungsfahrten so gewesen, als hier Schiffe gebaut wurden, doch jetzt, nach der französischen Invasion, war das Holz für die Werften des Königreichs noch begehrter.

Die Holzindustrie aber benötigt Äxte, Sägen und andere Metall-werkzeuge ebenso wie Feilen zum Schärfen dieser. So kam António Luiz, der Besitzer der geheimen Formel, auf die Idee, eine Manufak-tur zu eröffnen, die Äxte, Hämmer, Unterlegscheiben und Feilen her-stellte. Der Ort war ideal, nicht nur, weil die Nachfrage groß war, sondern auch, weil es keinen Mangel an Holz gab, um die Schmelz-öfen der Schmiede zu befeuern.

Vor seinem Tod übergab António Luiz das Unternehmen an seine drei Söhne und die vier Lehrlinge der Werkstatt. Einer dieser Lehr-linge hieß Joaquim Tomé und eröffnete später seinen eigenen Be-trieb, in dem er alle seine Söhne anstellte.

Jahre später entstanden in der Region zahllose weitere Werkstät-ten für Äxte und Feilen. Konsultiert man die Register jener Zeit, sieht man, dass die meisten Inhaber Tomé, Feteira, Tomé Feteira oder Luiz Vieira hießen. Es sind die Nachkommen von António Luiz und Joaquim Tomé, das heißt die Familien, die die Formel besaßen.

Joaquim Tomé Feteira, der Sohn von Joaquim Tomé und Angélica Feteira, arbeitete im Unternehmen seines Vaters und gründete spä-ter, wahrscheinlich um 1860 herum, die Schmiede der Tomés.

Die Luiz Vieiras wurden, wie die meisten anderen Werkstätten, zuletzt von der Schmiede der Tomés geschluckt. 1919 wurde diese Schmiede dann in die Feilenfabrik União Tomé Feteira umgewan-delt. Eigentümer waren die vier ältesten Söhne Joaquim Tomé Fe-teiras: Raul, Francisco, Albano und João. 1931 überließ Raul seinen Anteil dem jüngsten Bruder, Lúcio Tomé Feteira. Später überschrieb dann Francisco seinen Anteil Albano und João. Zuletzt verkaufte auch Lúcio alles an João, um sich Geschäften im Ausland zuzuwen-den. Als Folge dieser Transaktionen lag die Fabrik in ihren goldenen Jahren, als die Industrie dank der Einführung des Stahls, des staat-lichen Protektionismus und zweier Weltkriege boomte und Feilen für die Waffenproduktion unabdingbar waren, in den Händen von Albano und João.

Fernando Fonte, der 1950 mit dreizehn Jahren in der Fabrik anfing, erinnert sich gut an die beiden Brüder. »João war derjenige, der den Ton angab. Er war immer da und wirklich an den Feilen interessiert. Albano interessierte sich für andere Dinge. Er kam nur in die Fabrik, um die Arbeiter zu kontrollieren. Um nachzusehen, ob alle an ihrem Platz waren. Wenn er kam, wurden wir immer nervös. Er tauchte überraschend auf, aber wir wussten immer gleich, dass er da war – wegen des Parfüms, das er benutzte. Das war so stark, dass wir strammstanden, sobald er den Hof betrat, damit er uns bloß nicht bei einem Fehler erwischte.«

In den Monografien über die Firma wird Albano als Vertriebsleiter und João als »Zauberer im Labor« bezeichnet, »der den väterlichen Schatz an technologischem Wissen bewahrte«. Soll heißen, die Formel.

Heute, da die Gebrüder Tomé Feteira die Firma an ein österreichisches Unternehmen verkauft haben, darf man das Geheimnis ruhig verraten. Die »Hornstoß« genannte Mischung bestand aus drei Ingredienzien: Kohlenstaub, Asche und zermahlenem Rinderhorn. Letzteres erhielt man, indem man das Horn verbrannte und dann in einem Tiegel zu Staub zermahlte. Es enthielt Kohlenstoff, der verhinderte, dass die Zähne der Feile abbrachen, wenn man sie zum Härten ins Wasser tauchte. Mit »Hornstoß« getränkt, kam die Feile bei einer Temperatur von 740 °C in einem mit flüssigem Blei, Steinsalz, Soda und Hornpulver gefüllten Tiegel in den Schmelzofen. So wurden die Feilen von Tomé Feteira gehärtet, und dieses Geheimnis gewährleistete die Macht der Familie und ihre Vorherrschaft – im Guten wie im Schlechten – über die gesamte Bevölkerung.

*

Der duftende Albano hegte zwei Leidenschaften, die nur entfernt etwas mit der Feilenherstellung zu tun hatten: Frauen und die Unterdrückung seiner Arbeiter. »Das Einzige, was er in der Fabrik tat, war, die Arbeiter zu überwachen und diejenigen zu verfolgen, die Kommunisten waren oder zu widersprechen wagten«, erinnert sich ein weiterer Fabrikarbeiter.

Albano war Mitglied der Legião Portuguesa, der Freiwilligen-Miliz des Estado Novo, und hatte viele Freunde im Regime. »Er gab sich gerne als Wohltäter, aber wir wussten, dass er die Arbeiter an die PIDE, die Geheimpolizei, verriet.« Manchmal kam es im Zusammenhang mit Arbeiteraufständen in der nahe gelegenen Kreisstadt Marinha Grande zu Massenverhaftungen in der Fabrik, andere Male erstickte die Polizei jeden Aufruhr im Keim.

Gleichzeitig war Albano ein Romantiker. Einen Großteil seiner Zeit widmete er den Frauen. Vor allem denen anderer Männer. Mehreren ledigen Frauen richtete er eine Wohnung ein, und für Witwen hatte er eine besondere Schwäche. »Aber am meisten hatte er es auf Verheiratete abgesehen«, erzählt der Fabrikarbeiter. »Er hat viele Familien zerstört. Andere haben nichts unternommen, weil sie Angst vor ihm hatten.«

In dieser Hinsicht war Lúcio nicht besser als sein Bruder. Aber er war klug genug, ins Ausland zu gehen. »Er wollte nicht hierbleiben, um nicht seinen Brüdern ins Gehege zu kommen«, erklärt Joaquim Vidal Tomé, siebenundfünfzig, Bürgermeister von Vieira de Leiria. »Deren Geschäfte genügten seinem Ehrgeiz nicht.«

Lúcio, der jüngste der Brüder, war vom Vater, dem alten Joaquim Tomé Feteira, dazu erzogen worden, nach Höherem zu streben. Der Vater zwang den Sohn, barfuß zu gehen und kalte Bäder im Fluss und im Meer zu nehmen, um sich abzuhärten wie die Feilen. Er brachte ihm früh Lesen und Schreiben bei und schickte ihn aufs Gymnasium. »Er war der einzige der Brüder, der studierte«, erzählt der Bürgermeister. »Deshalb musste er hier weg.«

Zwar wurde er nach seiner Rückkehr Gesellschafter seiner Brüder, zuvor aber ging er mit nur einundzwanzig Jahren nach Angola, damals noch portugiesische Kolonie, wo er als Finanzbeamter arbeitete, und anschließend nach Belgisch-Kongo, wo er an verschiedenen Unternehmen beteiligt war. Er heiratete Maria Adelaide, die Tochter eines Glasfabrikanten, und gründete, nachdem er seine Anteile an der Feilenfabrik verkauft hatte, mithilfe seines Schwiegervaters eine Glashütte namens Covina. Danach expandierte er mit großem Erfolg in verschiedene Branchen und Länder. Ende der Fünfzigerjahre galt er als einer der reichsten Männer der Welt.

In Vieira de Leiria lebten die Menschen unterdessen im Elend. Den Tomé Feteiras gehörte nicht nur die Fabrik, in der ein Großteil der Bevölkerung beschäftigt war (zu Fernando Fontes Zeiten gab es mehr als 1900 Arbeiter), sondern auch viel Land und viele Häuser im Ort.

Wer konnte, emigrierte. 1962 wollte ein Freund Fernando überreden, heimlich nach Frankreich zu gehen. Aber das hätte 15 000 Escudos gekostet, und die besaß Fernando nicht. »Ich habe doch gerade erst geheiratet, ich habe kein Geld«, sagte Fernando seinem Freund. Zu dieser Zeit sparte er jeden Tostão (zehn Tostão entsprachen einem Escudo) zusammen, den er als Prämie bekam. Um die Produktion anzuregen, zahlten die Feteira-Brüder nämlich vier Tostões für jedes Dutzend Feilen, das ein Arbeiter zusätzlich produzierte. Unter großen Mühen brachte Fernando pro Woche dreißig zusätzliche Escudos zusammen, von denen er Möbel kaufte und die Miete für das Haus bezahlte, das den Fabrikbesitzern gehörte.

Später stellte er einen offiziellen Ausreiseantrag, doch der wurde abgelehnt. Im Nachhinein erfuhr er, dass die PIDE bei Albano Feteira Erkundigungen über ihn eingezogen hatte und der ihn nicht gehen lassen wollte, »weil ich ein guter Arbeiter war«, wie er sagt.

Als die Nelkenrevolution ausbrach, revoltierten die Arbeiter. Ein Arbeiterrat entführte Albano aus seiner eigenen Fabrik und übernahm die Kontrolle über das Unternehmen. Im Chaos der folgenden Monate versuchten die Tomé Feteiras, einen Großteil ihres Besitzes loszuschlagen. Fernando Fonte kaufte ihnen das Haus, in dem er heute lebt, für lächerliche 220 000 Escudos ab.

*

»Lúcio Feteira hat immer viel für diese Gegend getan«, sagt der Bürgermeister. »Und er besaß einen ausgeprägten Familiensinn. Deshalb tragen alle Einrichtungen, die er gegründet oder finanziert hat, auf seine Bitte hin die Namen von Familienangehörigen.« Das gilt für den Kindergarten, die Feuerwehr, das Gemeindehaus und die öffentliche Bibliothek. Und er hat in seinem Testament verfügt, dass ein beachtlicher Teil seines Gesamterbes in eine Stiftung einfließt, die ihren Sitz in der Quinta da Carvalheira hat (einem Herrenhaus neben der Fabrik, das Lúcio gehörte). Sie untersteht dem Gemeinderat und dient der Förderung sozialer und kultureller Einrichtungen in Vieira de Leiria. Man weiß noch nicht, über wie viel Geld die Stiftung verfügen wird, weil der Gesamtwert des Vermögens noch nicht geschätzt ist. Aber man geht davon aus, dass die Gemeinde (der Lúcio einst als Bürgermeister vorstand) mehr als einhundert Millionen Euro erhalten könnte, die sie zum Wohle der Bevölkerung einsetzen kann.

Der Prozess stockt, weil der Rechtsstreit, in den Lúcios Tochter Olímpia und seine Sekretärin und Geliebte Rosalinda Ribeiro verstrickt waren, noch lief, als Ribeiro im Dezember 2009 in Rio de Janeiro ermordet wurde. Die Ermittlungen der brasilianischen Polizei zu diesem Verbrechen, das Lúcio Tomés Erbe in ganz Portugal in die Schlagzeilen brachte, sind noch nicht abgeschlossen.

»Senhor Lúcio war sehr verärgert darüber, wie die Einwohner von Vieira sich nach der Nelkenrevolution seiner Familie gegenüber verhielten«, erklärt Joaquim Vidal Tomé. Aber er war wieder versöhnt, als die (von ihm mitbegründete) Bibliothek bei einem seiner Heimatbesuche zu seinen Ehren ein Fest veranstaltete. Die Volkstanzgruppe der Fischfrauen von Vieira tanzte um ihn herum, und der Magnat weinte vor Rührung. Anschließend erhielt die Bibliothek eine monatliche Zuwendung von fünfhundert Euro. Als er vor zehn Jahren starb, geriet die öffentliche Bibliothek wieder in die roten Zahlen, und jetzt wartet sie sehnsüchtig auf den Ausgang des Gerichtsverfahrens, um einen Teil von Lúcios Millionen zu erhalten. »Aber diese Mordgeschichte wird alles noch länger verzögern«, fürchtet der Bürgermeister.

Abhängigkeit und Aufbegehren. Davon war das Verhältnis zwischen Vieira de Leiria und der Familie Tomé Feteira immer geprägt. »Ich weiß, dass sie uns wie Sklaven behandelt haben«, sagt Fernando Fonte. »Aber der Anblick dieser Hallen erschüttert mich jedes Mal aufs Neue. Die Fabrik war wirklich großartig, alles hat funktioniert. Sie war mein Leben.«

Peniche

Das Meer ist nicht wild

Es gibt Gegenden, die einen erahnen lassen, dass andere Dimensionen existieren. Man fährt nicht über eine Straße, durch eine Landschaft, sondern gleitet auf einer imaginären Welle dahin, einem Film, der die Sinne durchdringt und verwirrt.

Diese Wege entlang der Küste haben etwas Unwandelbares, Endgültiges, sind in der Ewigkeit verhaftet. Ein Zauber packt uns, enthebt uns dem Moment, lässt alles um uns herum erlöschen und den Horizont neu erstrahlen. Er verflüssigt sich, wird zu einem blauen Tunnel, der uns ansaugt und vorantreibt wie eine vom Wind beflügelte Drehtür.

Von der Schwerkraft angezogen, befinden wir uns im freien Fall, der von einem dichten, flüssigen, lauen, durchsichtigen Vorhang abgefedert wird; es ist, als hätte uns vor langer Zeit ein Tsunami langsam und unmerklich in eine Unterwasserlandschaft voller Riffe gezogen.

Die Surfer, die in Nazaré die Riesenwelle reiten, wissen, dass unter ihrem Brett ein Abgrund gähnt. Man erkennt es an der Dramatik ihrer Gesten, an der feierlichen Intensität, mit der sie sämtliche Vorbereitungen treffen. An der Kennerschaft und Intuition, mit der sie zu Werke gehen, an der ganzheitlichen Sensibilität. Es ist nicht nur eine Welle – es sind die entfesselten Kräfte der unterseeischen Gebirgspässe, des mächtigen Stroms, der in fünf Kilometern Tiefe und, von der Iberischen Tiefsee-Ebene ausgehend, mehr als 200 Kilometer lang landeinwärts den gesamten Nazaré-Canyon durchzieht.

Die dreißig Meter hohe Welle ist eine Polarisation, ein Aufeinanderprallen von Hochseestürmen und tektonischen Lawinen. Und gleichzeitig ist sie nichts. Sie ist Wasser, unsichtbare Energie, ein Berg aus Gischt, auf dem man surfen kann.

Die Landstraße ist ähnlich unwirklich. Das Konkrete und das Imaginäre sind nicht zu unterscheiden, weil sie der gleichen Sphäre des Vertrauten angehören. Ein intimer Raum, den wir seit jeher bewohnen.

Auf der Fahrt über diese Straßen besuchen wir ehemalige Schlupfwinkel, Bootsschuppen, rostige Anker, ausgetrocknete Muschelbänke, vergrabene Fässer, verlassene Ankerplätze, Überreste von Netzen, Leinen, Kabel, Krebsschalen, Thunfischgräten, Leuchttürme, Festungen, Piratenkaschemmen, Höhlen von Abenteurern, Fischerdörfer.

Das Meer ist nicht wild. Selbst hier, an der Steilküste von Peniche, auf den schwarzen, steinernen Vorgebirgen des Cabo Carvoeiro – des Köhlerkaps –, auf den von den Wellen ausgehöhlten, zerfressenen Klippen der Halbinsel von Baleal, wirkt alles menschlich. Je furchteinflößender, desto menschlicher. Wir sind zu Hause. Wir besuchen unser Herrschaftsgebiet. Das Meer ist eine Stadt. Manchmal eine Stadt, die in Trümmern liegt.

*

Luís und Lídia Pereira sind ein vom Glück begünstigtes Paar. Beide haben Arbeit, noch dazu in Peniche – er als Fischer, sie in einer Konservenfabrik –, und wohnen umsonst, da ihnen die Fabrik vor vielen Jahren das Haus überlassen hat. In Krisenzeiten wie diesen kommt Luís, sechsundvierzig, Fischer, seit er vierzehn war, auf zwei- bis dreihundert Euro Lohn im Monat. Die Fischer haben kein festes Einkommen. Sie erhalten einen, anderthalb oder zwei Anteile an dem *Monte Maior* genannten Fang, je nachdem, ob sie *moços* (Schiffsjunge), *camaradas* (Maat), *contramestres* (Obermaat) oder *mestres* (Kapitän) sind. Fangen sie nichts, bringen sie nichts nach Hause. Lídia, dreiundvierzig, arbeitet seit fünfundzwanzig Jahren in der Fabrik und verdient 350 Euro. Die beiden haben zwei Kinder. Das Auto und die Möbel zahlen sie in Raten ab. In Peniche hat nicht jeder so viel Glück. Die Krise ist von Jahr zu Jahr schlimmer geworden, weil die Fischer nichts mehr fangen, weil es keinen Fisch mehr gibt oder der Fisch sich nicht mehr verkaufen lässt. Alle sind sich einig, dass die Fischerei am Ende ist. Aber in eine andere Branche zu wechseln, ist schwer – die Fischerorte sind geschlossene Gemeinschaften, es gibt keine wirtschaftliche Betätigung, die nicht irgendwie mit dem Fischfang in Verbindung stünde. Und wenn es keinen Fisch gibt, geraten alle in die Krise. Viele Familien leiden Hunger, aber keiner will es zugeben. Aus Stolz. Fischer sind mutig und unabhängig. »Das ist kein Stolz mehr, sondern Scham«, sagt mir einer von ihnen im Hafen von Peniche. Ein anderer erzählt mir, dass seine Frau arbeitslos ist und seit sechs Monaten nichts mehr verdient. Ein weiterer berichtet, dass er, um zu überleben, tagsüber auf dem Bau und nachts als Fischer arbeitet. Er hat gelernt, nicht zu schlafen. Es gibt ein unausgesprochenes Netzwerk gegenseitiger Hilfe. Manche Geschäfte in Peniche schreiben an und verlassen sich darauf, dass die Fischer zahlen, sobald sie etwas fangen. Die Kirche verteilt Essen und Kleidung an die Ärmsten. Sie gehen nachts hin oder an den Tagen, an denen Gottesdienst ist, damit niemand merkt, warum sie kommen.

Lídia und Luís leben in einem Viertel voller winziger Häuser, von denen eines aussieht wie das andere. Es sind die früheren Stallungen des ehemaligen Besitzers der Konservenfabrik. In den Städten, die vom Fischfang leben, lassen sich die Viertel der Fischer leicht ausmachen: Es sind die ärmsten. Lídia zeigt mir die wenigen Konservendosen, die sie mit nach Hause nehmen darf, um mir zu erklären, dass die Fabrik ihre Sardinen lieber in Russland und Spanien kauft als bei den einheimischen Fischern. Deshalb verdient Luís so wenig, obwohl er Nacht für Nacht hinausfährt. Vor ein paar Tagen hat er sich an der Rolle der Deckswinde verletzt, mit der das Netz eingeholt wird. Um ein Haar hätte sie ihn zerquetscht. Im Haus nebenan, das genauso aussieht wie das von Luís und Lídia, leben Lídias Eltern, Elvira, die wie ihre Tochter in der Konservenfabrik gearbeitet hat, seit sie sechzehn war, und João dos Santos, der den Spitznamen *Quarenta* (Vierzig) trägt. João Quarenta, neunundsiebzig, Fischer, seit er siebzehn war, erzählt, dass auch er einmal ins Zahnrad der Deckswinde geraten ist. »Es hat mir den Bauch aufgerissen, aber der Arzt hat die Wunde mit einem Fahrradschlauch geschlossen.« Er wird wütend, wenn er hört, dass die Fischerei heutzutage in der Krise stecke. »Zu meiner Zeit, als wir hungern mussten und die Fische auf dem Rücken schleppten – das war eine Krise.« Dann zeigt er mir seine Hände, die immer noch voller Schwielen sind, und berichtet stolz vom Elend der Fischer in den Vierziger- und Fünfzigerjahren. »Ich bin Analphabet, aber meinen Namen, den Namen meiner Mutter und den meines Vaters konnte ich schreiben.« Einen Augenblick lang mustert er mich schweigend, wie er da so sitzt mit seiner Mütze, dem karierten Hemd und einer müden Traurigkeit im Blick. »Na ja, wie man den Namen meines Vaters und meiner Mutter schreibt, habe ich vergessen.«

Berlenga

Das Lachen der Möwen

Berlenga ist eine richtige Insel, stolz und unabhängig. Nicht nur ein dicht vor dem Festland gelegenes Stück Erde, sondern ein Territorium mit einem eigenen Leben, mit eigenen Bergen, Wegen, Grotten und Stränden. Im Gegensatz zu anderen kontinentalen Inseln wirkt hier das Festland, von der Insel aus betrachtet, weiter entfernt als die Insel vom Land aus, das des Öfteren einfach vom Nebel verschluckt wird, dem Gesichtskreis entrückt, damit die Insel für sich allein sein kann.

Manchmal sieht man nur ein paar der kleinen Inseln des Archipels, die Estelas und die Farilhões, was einem ermöglicht, sich vorzustellen, man befände sich in der Metropole eines geheimnisvollen, stolzen Landes mitten im Meer.

Hierherzugelangen ist nicht leicht. Die Überfahrt dauert eine Stunde – die sich anfühlt wie zwei oder drei. Die See ist immer so rau, dass ein Besatzungsmitglied der *Cabo Avelar Pessoa* (benannt nach einem legendären Helden von Berlenga) Spuckbeutel an die mehr als 150 Passagiere verteilt. Das lässt die Insel ebenfalls weiter entfernt erscheinen. Auch nach der Umrundung des Kaps der Stürme (wie das Kap der Guten Hoffnung ursprünglich hieß) hat man das Gefühl, in einer anderen Welt gelandet zu sein.

Und genau das ist Berlenga: eine Welt, die sich selbst genügt. Einmal angekommen, vergisst man, woher man kam, und erklärt sich für unabhängig. Zeit und Raum verformen sich, schmiegen sich an einen an. Die Landschaft gleicht keinem Ort auf dem Festland. Das Wasser ist grün, die Landfläche dunkel, zackig und schroff. Ein seltsames Phänomen, hervorgerufen durch Form und Dichte des Gesteins, bewirkt, dass alle Stimmen immer dumpf klingen und doch zugleich ein Echo hervorrufen. Etwas, das von einer weit entfernt stehenden Person gesagt wird, ist deutlicher zu verstehen als das, was jemand sagt, der unmittelbar neben einem steht. Man fühlt sich unwirklich, schwebend, als stünde hier niemand so ganz mit beiden Beinen auf dem Boden. Außer Marieta und ihrem Mann Veríssimo, die im Fischerviertel leben.

Selbst jetzt im Sommer, da die Insel voller Leute ist, übertönt kein menschlicher Laut das Geschrei der Möwen. Sie beherrschen die Insel, hängen in der Luft über den kleinen Buchten, nisten zu Tausenden in den Felsklippen wie ein unabsehbares Heer. Hier kann niemand sie zum Schweigen bringen. Sie triumphieren über alles, flüchten niemals, ja, fast scheint es, als krächzten sie noch lauter, wenn ein Mensch sich ihnen nähert.

Ihr unablässiges, vielfältiges Krächzen erinnert mal an Schreie, mal an Bellen; aber hat man einmal erkannt, dass es wie Lachen klingt, wird man den Vergleich nicht mehr los. Von nun an begleitet einen, wohin man auch geht, auf der ganzen Insel das spöttische Lachen der Möwen.

Es gibt zwei Möglichkeiten, die Insel zu erkunden: mit dem Boot oder zu Fuß. Letzteres bedeutet klettern. Die Boote fahren die Buchten, Strände und Grotten an und bringen einen zuletzt zum Fort São João Baptista, das auf einer Vorinsel gelegen und über eine Brücke mit der Hauptinsel verbunden ist. Zu Fuß geht man am Restaurant und der Bar unterhalb des aus knapp dreißig Häusern bestehenden ehemaligen Fischerviertels vorbei, dann weiter zum Campingplatz, zum Leuchtturm und schließlich zum Fort.

Das Fort São João Baptista, ein Bauwerk aus dem 17. Jahrhundert,

das ursprünglich ein Kloster war, ist jetzt eine Art Gemeinschaftsraum für Berlenga-Fans. Man erzählt sich, es sei hier gewesen, wo im
Jahr 1666 ein gewisser Korporal Avelar Pessoa, zusammen mit den
sechsundzwanzig Soldaten, die die Besatzung des Forts stellten, hel-
denhaft den Angriff einer aus zwanzig Schiffen bestehenden spanischen Armada abgewehrt habe.

Heute liegt die Befehlsgewalt offenbar bei Rogério Leitão, einem
fünfundvierzigjährigen Fischer aus Peniche, der die Aktivitäten ko-
ordiniert. Dabei läuft trotz des großen Andrangs alles reibungslos.
Die Leute betreten das Fort, begeben sich in die Küche, grillen ihre
Sardinen und setzen sich dann an die Tische in den Höfen oder sammeln sich bei den Zinnen.

Die Associação dos Amigos da Berlenga, der Freundschaftsverein
von Berlenga, betreibt seit 1976 die Nutzung des Gebäudes, das jedem,
der kommt, offensteht. Die Instandhaltung des Forts wird durch die
Vermietung der zweiundzwanzig Zimmer finanziert, die von Juni
bis September genutzt werden können und immer ausgebucht sind.

»Vor der Nelkenrevolution war das hier eine Luxusherberge«, erzählt Rogério. »Der portugiesische Diktator Salazar kam mit Freunden hierher, die die Unterwasserjagd liebten.« 1971 wurde das exklu-
sive Resort geschlossen und nach dem 25. April 1974 vom Volk besetzt. Der Fischer Rui Gonçalves, Rogérios Vater, war der Erste, der
eine gemeinschaftliche Nutzung der Räumlichkeiten organisierte.
»Manche Leute kommen seit über dreißig Jahren jedes Jahr hierher«,
erzählt mir Ruis Nachfolger. Irgendwann eröffnete sogar eine Bar,
aber dann kam das Amt für Lebensmittelkontrolle und schloss sie
wieder.

Die UNESCO hat den Berlenga-Archipel in die Liste der Biosphä-
renreservate aufgenommen; dieser Status könnte noch mehr Touristen anlocken, gleichzeitig aber auch dafür sorgen, dass mehr Mittel
zum Schutz der Pflanzen, Fische und Wildvögel dieses einzigartigen
Habitats bereitgestellt werden. Abgesehen vom Leuchtturmwärter

– ein Posten, der immer besetzt ist, den sich aber mehrere Personen teilen – lebt heute nur ein Ehepaar das ganze Jahr über auf Berlenga: Marieta und Veríssimo Soares. Sie halten alles in Schuss, sorgen für Sauberkeit, betreiben den Campingplatz, warten die elektrischen Anlagen, kümmern sich um die Sanitäreinrichtungen und die Verteilung des Trinkwassers.

Die beiden leben seit sechsundzwanzig Jahren auf der Insel. Früher war Veríssimo Büroangestellter, und Marieta arbeitete in einer Fischfiletierfabrik. Als die schloss, sahen sie keine andere Möglichkeit, als hierherzukommen; ihre fünf Kinder blieben allein auf dem Festland zurück, die älteren mussten sich um die jüngeren kümmern. Marieta, neunundfünfzig, verdient fünfhundert Euro im Monat, ihr Mann, der als Müllmann angestellt ist, ein wenig mehr. Sie putzt die Toiletten, die einzigen auf der Insel, die während des Sommers von Tausenden Besuchern benutzt werden. Er schaltet das Licht ein und aus, öffnet und schließt die Wasserhähne der Zisterne und der Meerwasserleitung. Aus den Wasserhähnen des Restaurants sowie der Bäder in den Häusern des Fischerviertels, von denen einige in Privatbesitz sind, fließt Salzwasser.

Das Haus der Soares ist winzig. Es hat ein Schlafzimmer und eine Küche mit einem Esstisch und einem großen Poster des Sängers Beto an der Wand.

»Im Winter hat hier alles zu«, erzählt Marieta, an deren Brust ein Button mit dem Bild eines blauäugigen, langhaarigen Mannes und der Aufschrift »Beto para sempre« (»Für immer Beto«) prangt. »Der Schiffsverkehr wird im September eingestellt. Dann kommt niemand mehr, und wir sind allein. Allein mit dem Wind und den Wellen. Das ist schön. Ich liebe es, hier zu sein. Ich liebe die Ruhe.«

Anfangs war es schwer. Dann gewöhnte sie sich daran. Jetzt braucht sie die Insel, die nicht enden wollende Einsamkeit des Winters, um sich ganz zu fühlen. In dieser Zeit gibt es nicht viel zu tun. Sie geht gerne fischen, fängt Tintenfische mit Kunstködern, oder sitzt zu Hause und liest die Zeitungen und Zeitschriften, die die Touristen den Sommer über dagelassen haben. Bedächtig, Zeile um Zeile, nimmt sie sämtliche Nachrichten in *Caras* oder dem *Correio da Manhã* auseinander, auch wenn sie schon Monate alt sind. Die Zeit auf der Insel vergeht ungleichmäßig. Die Welt hier ist eine Miniatur, deshalb ist alles riesig. *Ih ih ih*, schreien die Möwen. *Iac, iac, iac*, lachen sie wie irre.

★

Im Mai letzten Jahres kam ein Boot der Küstenwache, um ihr die Nachricht zu überbringen. Mit an Bord waren ein Beamter der Stadtverwaltung von Peniche, ein Arzt und noch ein paar Männer, die Marieta nicht kannte. Sie rückten nicht gleich mit der Sprache heraus, sondern standen in betretenem Schweigen herum, bis alles von den schwarzen Klippen, dem Unheil verkündenden Gelächter und dem widerlichen Gestank nach toten Möwen erfüllt war.

★

Jeden Morgen um sechs steht Marieta auf, um zu putzen. Aber der Aufwand ist zu groß für einen einzelnen Menschen. So sammelt zum Beispiel niemand die toten Vögel auf, die auf den mit Flechten bewachsenen Felsplateaus verwesen. Die Kadaver sind überall, einige schon vertrocknet, andere vollständig erhalten; mit ausgebreiteten Flügeln liegen sie auf dem Rücken, als wären sie in der Luft gestorben und anschließend vom Himmel gefallen, oder mit zerschmetterter Brust auf dem Bauch, als hätten sie das Gefühl für Entfernungen oder die Kontrolle über ihren Flug verloren und wären einfach gegen einen Stein geprallt.

★

Die Männer vom Boot baten das Ehepaar, sie zum Festland zu begleiten. Mitten auf See sagten sie ihnen dann, Beto sei verunglückt. Dann war von einem Hirnschlag die Rede. Marieta dachte, sie werde ihrem Sohn einen Tee kochen, und dann wäre alles wieder in Ordnung.

»Beto hat sogar Aufnahmen mit Rita Guerra gemacht«, sagt sie. »Er war sehr berühmt.« Der Beweis dafür, dass es Naturtalente auch unter fünf Kindern geben kann, die allein groß werden mussten, während ihre Eltern einsam auf einer Insel hausten, um ihren Lebensunterhalt zu verdienen.

Eine der Töchter überbrachte ihr schließlich die Nachricht: »Mutter, unser Beto ist in Caldas da Rainha gestorben.«

Seit dieser Nachricht hat die Reinemachefrau von Berlenga keinen einzigen Winter mehr auf der Insel verbracht. Sie ist zuversichtlich, dass es im nächsten Winter wieder möglich sein wird. »Die Insel hilft. Diesen Winter werden wir über unseren Kummer hinwegkommen. Das hoffe ich zumindest, aber ein bisschen Angst habe ich noch.«

Santa Cruz

Die letzte Nacht der Living Opera

Carlos Fortuna, vierundsechzig, blaue Augen, sitzt an der Praia Formosa in Santa Cruz in einem prächtigen, hundert Jahre alten Haus. Durch das Fenster sieht man den Felsen von Guincho, einen eindrucksvollen, im Wasser ruhenden Megalith, und hört das Geschrei der im Sand spielenden Kinder.

Eine Frau geht an dem Gebäude vorüber, bleibt stehen, während Mann und Kinder mit Sonnenschirmen, Handtüchern und Taschen bepackt weiter in Richtung Strand ziehen. »Vor zwanzig Jahren war ich jedes Wochenende hier«, sagt sie. »Das war das Beste an meinen Ferien. Und es war die beste Zeit meines Lebens.« Ihr Mann Carlos, fünfundvierzig, aufgewachsen in der Gegend von Viseu, bleibt ein Stück weiter vorne stehen, ein wenig verwirrt über das Strahlen in den Augen seiner Frau Joana, achtunddreißig. »Das war die beste Diskothek in ganz Westportugal«, sagt sie. Sie sieht aus, als könne sie kaum glauben, dass sie wirklich hier steht, an diesem Ort, am Eingang zur Living Opera, deren Pforten jetzt geschlossen sind. »Wir haben getanzt, bis es hell wurde, dann sind wir an den Strand gegangen.«

Carlos Fortuna eröffnete die Living Opera 1983 nach seiner Rückkehr aus Belgien, wohin er vor dem Kolonialkrieg »geflohen« war. In den Siebzigern hatte er in Brüssel gelebt und war dort häufig zu Gast in einem Pub namens Drug Opera gewesen, der in der Nähe der

Grand-Place lag. Und diesen kleinen, rustikalen, ganz mit Holz verkleideten Club hatte er im Sinn, als er nach einem Namen für seine neue Unternehmung suchte.

Zuvor war er in Torres Vedras Inhaber eine Musikalienhandlung und vier Jahre lang Gitarrist in der Band Atlântida der berühmten portugiesischen Sängerin Lena d'Água gewesen. Aber die Achtziger waren die Glanzzeit der großen Diskotheken. Vor allem der Stranddiscos.

»Als wir die Living Opera aufmachten, gab es nichts Vergleichbares. Die Beleuchtung und die mit den Bildern von Filmstars und berühmten Künstlern geschmückten Wände schufen ein einmaliges, sehr ansprechendes Ambiente«, sagt Carlos. Er pachtete das alte Gebäude, das ein Wohnhaus gewesen war, und baute es vollkommen um; es gab zwei Stockwerke mit Zentralheizung, zwei Tanzflächen und fünf Bars.

Der erste DJ war Luís Perdigão, der gerne New Wave, Rock, Funk und Disco Sound auflegte und eine Leidenschaft für Elektronik und Sound Systems hegte. Er hätte die Living Opera gern selbst betrieben, aber Fortuna, der damals schon einen anderen Teilhaber hatte, setzte sich durch. Dennoch arbeiteten die beiden seither beim Licht- und Tonaufbau, bei der Auswahl des Musikprogramms und der Organisation von Festen und Themenabenden zusammen.

Zweiunddreißig Jahre lang betrieb Carlos Fortuna ununterbrochen die Living Opera. Seinen Berechnungen nach gibt es keine andere Diskothek in Portugal, die so viele Jahre hintereinander vom selben Besitzer geführt wurde. Und es waren glanzvolle Jahre.

Das Haus bietet Platz für fünfhundert Gäste, aber in den Sommernächten tummelten sich hier im Durchschnitt an die tausend Menschen. »In Torres Vedras gab es eine Diskothek, das Túnel, das in den Winternächten führend war, aber im Sommer war die Living Opera Königin. Die Leute kamen von überallher, sogar aus Lissabon, aus dem ganzen Land, weil sie von der Living gehört hatten«, erinnert sich Carlos. »Als ich 1983 anfing, war Portugal in einer Wirtschafts-krise und benötigte die Unterstützung des Internationalen Wäh-rungsfonds. Dann kamen die Jahre des Rauschs, in denen das Geld nur so hereinströmte. Allerdings habe ich auch schon vier Krisen er-lebt. Aber ich habe sie alle überstanden.«

Von Juni bis September hatte er jede Nacht volles Haus. Und jede Nacht gab es einen anderen Themenabend, ein anderes Fest. Mitt-wochs war Schaumfest. »Die Leute hatten einen Rucksack mit Wä-sche zum Wechseln dabei, weil sie alle nass wurden.« An anderen Abenden gab es das Black-and-White-Fest, dann wieder das Fest des Halbdunkels, bei dem alle Lichter gelöscht wurden. Die Gäste be-kamen am Eingang kleine Taschenlampen ausgehändigt und waren damit die einzigen Lichtquellen auf dem Gelände. Wenn man jeman-den besser sehen wollte, musste man ihn anleuchten. »Das war ein unglaublicher Effekt mit all den tanzenden Leuten und Hunderten sich bewegenden Taschenlampen.«

Manchmal in diesen »wilden Jahren« luden Carlos und Luís Künst-ler ein, Tanz- und Performancegruppen, Bands wie die von Rui Velo-so oder sogar Samantha Fox. »Ehrlich gesagt habe ich jahrelang gute Geschäfte gemacht. Ganze Generationen haben hier getanzt, und die Living hat sie geprägt.«

Für die jungen Leute gehörten Stranddiscos zu den Ferien einfach dazu, ein Sommer ohne sie war kein Sommer. Musik hören, tanzen, Leute kennenlernen, der ganze Kult um diese verrauchten Lokale, in denen sich die Menschen drängten, die Musik dröhnte und die Lich-ter einen blendeten und in die man manchmal gar nicht hineinkam, weil sie von launenhaften, wählerischen Türstehern bewacht wur-den – das alles machte den Mythos des Sommers aus.

Das Gefühl, dass die Urlaubszeit die beste Zeit des Jahres war, machte die Diskotheken zu wahren Tempeln, Orten, an denen man aus sich herausgehen konnte und alles, was man erlebte, legendär war. Und Carlos Fortuna gefiel sich in der Rolle als Zeremonienmeister, als Mönch im Tempel der Musik. Vielleicht wurde er süchtig danach, denn als das Geschäft vor zehn Jahren den Bach hinunterging, schaffte er es nicht, realistisch zu sein und aufzuhören.

»Ich hätte den Laden vor zehn Jahren dichtmachen sollen. So, wie ich zuvor viel Geld verdient hatte, habe ich seitdem viel Geld verloren«, sagt er. Die Vorstellung von einem gelungenen Abend am Strand wandelte sich. Zahlreiche Bars öffneten, dann kam die Krise, und mit ihr hatten die Leute für gewisse Dinge kein Geld und keine Geduld mehr.

Was den Diskotheken aber in letzter Zeit den Todesstoß versetzt hat, war nach Carlos Fortunas Ansicht »das Gesetz zur Liberalisierung der Öffnungszeiten. Früher mussten die Bars um drei Uhr nachts schließen, und die Discos durften bis um sechs Uhr morgens offen bleiben. Jetzt dürfen die Bars genauso spät schließen wie die Diskotheken, und die Leute bleiben dort, weil es billiger und entspannter ist, man kann mit dem Glas in der Hand rein- und rausgehen oder sich einfach dort aufhalten, ohne etwas zu konsumieren. Schuld an diesem Gesetz ist der Wirtschaftsminister, Pires de Lima, der die Interessen der Veranstalter nicht berücksichtigt hat. Sehr seltsam. Ich kann es mir nur so erklären, dass dahinter die Lobby der Bierbrauer steckt, für die der Minister früher gearbeitet hat. Aber das ist nur meine persönliche Meinung.«

Eine Diskothek zu betreiben, ist aufwendig, weil eine Vielzahl gesetzlicher Vorschriften zu beachten ist. Man muss einen Sicherheitsdienst, Türsteher, Behindertentoiletten und vieles mehr vorweisen. Bars unterliegen nicht den gleichen Verpflichtungen, dürfen aber über vergleichbare Soundanlagen, DJs und Tanzflächen verfügen und bis spät in die Nacht geöffnet bleiben. So haben sie im Wettbewerb ganz klar die Nase vorn.

»Dazu kommt noch das Phänomen der ›DJ-Superstars‹«, erklärt Luís Perdigão, der sich für die letzte Nacht der Living Opera mit seinem Freund zusammengetan hat. »Die DJs sind allgemein bekannt.

Sie sind Idole. Die Leute kommen nur, wenn sie den DJ kennen und wenn er gut ist. Und ein guter DJ kassiert acht- bis zehntausend Euro pro Nacht. Das war nicht mehr tragbar. Eine Diskothek kann das nicht bezahlen, und so gehen die DJs zu Festivals, subventionierten Festen und so weiter.«

Auch die Sommerfestivals machen den Diskotheken Konkurrenz. Die Leute geben das Geld, das sie für Musik übrig haben, auf diesen Veranstaltungen aus, die den ganzen Sommer über stattfinden; für die Disco bleibt da nichts mehr übrig. Umso mehr, als man nicht mehr in die Disco gehen muss, um Musik zu hören. Anfangs, so erinnert sich Carlos, machte genau das den Unterschied. Und Luís erinnert sich an die Schallplatten, die seine Mutter ihm von ihren Auslandsreisen mitbrachte, oder an die LPs, die er von Carlos Fortuna aus Belgien bekam.

»Das hat die Leute angelockt«, erklärt Carlos. »Aber das ging nur, weil alle mehr oder weniger den gleichen Geschmack hatten. Heutzutage zerfallen die Jugendlichen in zu viele unterschiedliche Gruppierungen. Man kann es nicht mehr allen recht machen. Wenn ich einen Techno-DJ anbringe, bleiben viele Leute weg.«

Und zu guter Letzt haben auch die Diskotheken selbst mit ihrer Entscheidung, Orte zum Tanzen und nicht zum Musikhören zu sein (wie sie es ursprünglich einmal waren), ihr eigenes Grab geschaufelt. Die Tanzmusik wurde eintönig und uninteressant. Keiner nennt sie mehr Musik, sie heißt jetzt »Sound«. Und das genügt nicht mehr, um die Leute in einen geschlossenen Raum zu locken, in dem es Türsteher gibt und die Getränke teurer sind als in einer normalen Bar.

Es gibt Festivals für jeden Geschmack, und den Rest des Jahres über finden Dorffeste statt, die nicht mehr nur für die Einheimischen und die Emigranten interessant sind, die ihren Sommerurlaub in der Heimat verbringen. »Die Organisatoren in den Gemeinden sind klug, sie haben verstanden, dass sie auch ein anderes Publikum gewinnen können«, erklärt Luís. »Jetzt gibt es auf jedem Dorffest eine Bühne für die jungen Leute, auf der andere Musik gespielt wird, und einen Getränkeausschank. Und das funktioniert. Die Jugendlichen gehen lieber auf diese Feste als in die Disco.«

»Die Diskotheken sterben allmählich aus«, bestätigt Carlos Fortuna traurig. »Die Leute kommen nicht mehr. Die Welt hat sich verändert. Früher war das hier wichtig. Die Leute haben sich zurechtgemacht, um auszugehen. Heute interessiert das keinen mehr. Wir müssen uns damit abfinden. Früher stand hier draußen um Mitternacht eine lange Schlange von Gästen, die reinwollten. Ganz egal, ob wir etwas Besonderes zu bieten hatten oder nicht. Die Leute kamen sowieso. Heute ist es sehr schwierig, hier an einem Wochenende hundert Personen zusammenzubekommen.«

Letzten Juli hat Carlos versucht, mithilfe der alten Formeln den Laden noch mal aufzumachen. Es gab eine Ladies' Night, ein Fest des Halbdunkels, ein Schaumfest. Kaum jemand ist gekommen. »Die Leute haben keine Lust mehr auf so was. Sie wollen keinen Stress. Sie wollen nicht nass werden. Zum Schaumfest kamen nicht mal hundert Gäste.«

Seit Beginn der Krise hat Luís Perdigão seinen Aktionsradius erweitert. In den letzten dreißig Jahren hat er in mehr als fünfhundert Diskotheken die Musikanlagen aufgebaut, darunter in den größten des Landes wie dem Kremlin, dem Kapital und dem Urban Beach in Lissabon. Jetzt ist er nach Angola gegangen und hat dort in luxuriösen Megadiscos, wo er gesehen hat, »wie ein Typ in einer Nacht zwei Champagnerflaschen à fünftausend Euro geköpft hat«, und in Privathäusern die besten Ton-, Licht- und Videoanlagen installiert. Außerdem hat er sich auf Smart-Home-Installationen spezialisiert, also auf die Vernetzung sämtlicher Mediengeräte und elektronischen Systeme eines Hauses, sodass sie über das Smartphone bedient werden können.

Carlos hat nicht umgesattelt. Die Living Opera war sein Ein und Alles. Mit einer kleinen Werbeagentur hält er sich mühsam über Wasser. Er hat zu viel Energie in die Living Opera gesteckt; jetzt weiß er nicht, was er sonst im Nachtleben machen könnte. Er hat keine Lust mehr. »Ich bin schon so viele Jahre im Geschäft, dass ich nichts mehr davon verstehe«, sagt er. »Ich glaube, es wird nie wieder Diskotheken geben. Vielleicht kommt irgendwann etwas anderes, Lokale, die sich nicht mehr Diskotheken nennen. Oder vielleicht ist alles zyklisch, und die Discos kommen wieder in Mode. Aber nein, das glaube ich nicht. Geschlossene Räume, in die man geht, um zu tanzen, wird es nie mehr geben, so viel ist klar.«

Also hat Carlos Fortuna sich entschieden, die Living Opera zu schließen. Aber nach einem Gespräch mit Luís Perdigão haben die beiden beschlossen, noch ein letztes Abschiedsfest zu geben. Sie haben es »Remember Living Forever« genannt. Schließungsfest. Am Freitag, den 14. August, soll es stattfinden. Die beiden haben eine Facebook-Seite erstellt, Freunde, Verflossene und ehemalige Gäste per SMS eingeladen.

Viele haben zugesagt, neue Unterstützerseiten entstanden, und plötzlich »ging das Ganze viral«, sagt Luís. Es regnete Nachrichten mit Hilfsangeboten, im ganzen Land verabredeten sich Leute, um gemeinsam am Freitagabend nach Santa Cruz zu fahren. Ein regelrechtes Nostalgiefieber brach aus, eine Sehnsucht nach der Jugend – oder vielleicht wurden auch nur alle von einer Woge des Mitleids und der Solidarität mit der Living Opera und ihrem Besitzer erfasst.

Luís ist euphorisch. Er versichert, dass schon mehr als tausend Leute fest zugesagt haben. Carlos kann es nicht fassen. Er hat im besten Falle mit zweihundert Leuten gerechnet. Jetzt macht er sich Sorgen. »Ich habe nicht genügend Getränke. Und nicht genug Personal. Wir müssen noch mehr Leute einstellen.« Er hat Angst, dass das Ganze sich als Luftschloss erweist und er Geld für nichts ausgibt. Aber er will die Leute auch nicht enttäuschen, sollten wirklich Hunderte oder gar Tausende kommen.

Freitag, 14. August: die letzte Nacht der Living Opera. Das Gebäude mit den blauen Säulen und fliederfarbenen Wänden wird verkauft und soll zu einer Luxusresidenz werden, die stolz über dem Meer und dem Felsen von Guincho thront. Luís Perdigão wird weiter für Millionäre in Angola arbeiten. Und Carlos Fortuna? Was wird er in den Sommernächten von Santa Cruz tun, wenn er zum letzten Mal die Türen seiner Oper hinter sich zugeschlagen hat?

Kapitel 3

Eine stetig zurückweichende Fata Morgana

Wer sich auf den Weg macht, fährt in Richtung Süden

Man kann diese Reise auf zweierlei Weise machen: von Caminha nach Monte Gordo oder von Monte Gordo nach Caminha. Mir kam es so vor, als hätte ich völlig freie Wahl. Aber dann machten die Leute mir klar, dass das nicht stimmt. Es sei seltsam, von Süden nach Norden zu fahren. Aus irgendeinem Grund sei es normal, im Minho anzufangen und an der Algarve aufzuhören, heißt es. Aus irgendeinem Grund fährt man in Portugal, wenn man sich auf den Weg macht, in Richtung Süden.

Ich weiß nicht, ob diese Logik auf den üblichen Urlaubsreisen fußt, ob sie sich an der Richtung orientiert, die die Migrantenströme in den letzten Jahrzehnten genommen haben, oder ein Nachhall der Reconquista ist, aber es hat in der Tat etwas Befreiendes, in Richtung Süden zu fahren.

Während man vorankommt, fühlt sich jede Etappe wie ein Sieg an, wie ein Aufstieg in höhere, reinere Sphären. Man fühlt sich unbeschwerter, es ist, als fiele eine Last von einem ab, je weiter man nach Süden vordringt, und doch ist dieser Süden nichts weiter als eine stetig zurückweichende Fata Morgana. Immer empfindet man das, was als Nächstes kommt, als eine Art Entschädigung.

Alle hundert Kilometer eröffnet sich ein neuer Kreis voller eigener, unverwechselbarer Merkmale und Kennzeichen, auch wenn dies natürlich eine Illusion ist, der relativen geografischen Lage und der

Richtung geschuldet, aus der man kommt. Und darum hat man ab Santa Cruz das Gefühl, im Süden angekommen zu sein. Die Landschaft verändert sich, sie wird karger und flacher, das Licht wird heller.

Fährt man auf der N 247 an der Felsenküste von Ribamar und Ericeira entlang, hat man hingegen das Gefühl, sich in einer Übergangszone zu befinden, einem Sondergebiet, nicht unähnlich einer Oase, das – seltsamerweise gerade durch den Bruch – die Pinienwälder und Dünen des Nordens mit den weiten Sandflächen des Südens verbindet. Hier ist das Land, anders als fast überall sonst an der portugiesischen Küste, bis ans Meer grün. Bewirtschaftete Äcker liegen direkt neben Stränden, ein dichtes, frisches Pflanzenbett bedeckt die Rücken der Klippen, bis diese unvermittelt ins Meer stürzen, ohne dass Dünen oder mit Trockenpflanzen bewachsene Gebiete dazwischenlägen; es ist, als hätte das Meer eben erst die Küste erreicht. Mehr als an die sonstige portugiesische Küste fühlt man sich an die galicischen Rias Altas oder an die kontrastreichen Farben der feuchten kantabrischen Küste erinnert.

Auf diesen Wegen hoch über dem Meer, auf denen man meint, mit ausgebreiteten Armen die Maisfelder und zugleich das Wasser berühren zu können, hat man das Gefühl, unterschiedlichen Welten anzugehören, das Festland und das Meer, Europa und den Atlantik mit all ihren unmerklichen, unverbrüchlichen Verbindungen zu verstehen.

Die Serra de Sintra erschafft und umschließt diese nebelverhangene Welt, grenzt sie als kleinen Norden gegen den Süden der Bahnlinie von Estoril ab. Die Trennungslinie bildet das Cabo da Roca. Die Strände von Adraga und Azenhas de Mar, die Praia Grande und die Praia das Maçãs sowie Ericeira und alle Badeorte nördlich der Serra sind feucht und windig, ihre Sommertage sind frühmorgens in dichten Nebel gehüllt.

Folgt man dem Lauf der Ribeira und verlässt die N 247 in Richtung der Strände von Sintra, um über die Estrada da Montanha zum Cabo da Roca und von da aus durch die Dörfer Azóia und Atalaia bis zum Strand von Guincho und weiter nach Cascais zu fahren, lässt sich der klimatische Wechsel fast mit bloßem Auge beobachten. Hinter Malveira da Serra fährt man oft aus einer Wolke heraus, und es ist, als landete man auf einer Fläche, die ihr ganz eigenes Licht hat. Blickt man dann zurück, hängt eine Aura aus Dunst über dem Gebirge, eine örtlich begrenzte, dicke Wolke; man gibt Gas und fährt entschlossen in Richtung Süden.

Die Marginal, die Küstenstraße, die Cascais mit Lissabon verbindet, ist mit ihren überfüllten Strandbars, ihren Luxushotels und Millionen-Euro-Appartements ein Universum für sich. Auch das trägt dazu bei, dass wir diese feuchte, neblige Gegend als weiteren »Norden« wahrnehmen, im Unterschied zum heißen, trockenen »Süden« der Costa da Caparica, von Meco und Sesimbra.

Bei diesen subjektiven Überlegungen fungiert die Serra da Arrábida als Gegenstück zur Serra de Sintra. Erinnert diese an die gotische Atmosphäre Nordeuropas, so ist jene ganz Mittelmeer, Griechenland und Palästina.

Lissabon

Die Argonauten der Flussmündung

João Santos springt auf das Lotsenboot. Soeben hat er die *BBC Maine* in die Einfahrt der Tejomündung gelotst, jetzt wird er auf ein noch größeres Schiff steigen. Noch ist die *Puelo*, 304 Meter lang und 40 Meter breit, 12,3 Meter Tiefgang und über 700 Tonnen schwer, am Horizont kaum auszumachen, aber auf dem Bildschirm des VTS-Turms (VTS steht für Vessel Tracking System) in Algés ist sie schon vor einer Stunde als kleines Symbol zwischen Koordinaten und Isobaren, zwischen Wind- und Tiefenanzeigen aufgetaucht. Die Operatoren im Turm haben bereits die per Radar übermittelten Informationen überprüft, die in orangefarbenen Punkten auf dem Monitor erscheinen, ebenso wie die Daten, die im automatischen Identifikationssystem registriert sind, das die »Black Box« des Schiffs verwendet. Und sie haben über Funk mit dem Kapitän der *Puelo* gesprochen, als er den Hafen von Dschidda in Saudi-Arabien verließ.

»Good evening. This is the *Iduna*«, ertönt es aus der Funkanlage des Turms. Es ist der Kapitän eines Frachters, der soeben am Kai von Alcântara ablegt. Er will wissen, wie er an dem Schiff vorbeikommt, das gerade anlegen will, an der *BBC Maine*. »I think you should pass red to red«, schlägt Mário Oliveira, Offizier der Handelsmarine und VTS-Operator, vom Turm aus vor. Das heißt, dass das erste Schiff dem zweiten ausweichen muss, sodass sie Backbord an Backbord aneinander vorbeifahren. »Red to red, captain.«

Mário Oliveira ist vierunddreißig und verheiratet. Drei seiner vierunddreißig Lebensjahre hat er auf Handelsschiffen verbracht, drei weitere an Land im Hafen von Setúbal; nun ist er seit vier Jahren hier, in dem vom Architekten Gonçalo Byrne entworfenen Kontrollturm mit der gläsernen Spitze, der schräg über den Fluss ragt. »Ich sitze lieber hier auf dem Präsentierteller«, sagt er. »Hier«, wo selbst die Toilettenwände durchsichtig sind. »Hier hat man die beste Aussicht von ganz Lissabon«, fügt Eduardo Santos hinzu, Sicherheitschef und Hafenbetriebsleiter.

»Red to red.« Es ist dunkel geworden. Der Kapitän der *Iduna* bestätigt die Anweisungen. Das Symbol der *Puelo* durchquert die Bucht von Cascais und nähert sich der Hafeneinfahrt. Die Operatoren rufen die Daten des Schiffs ab. Es hat eine Ladekapazität von sechstausend TEUS (Twenty-foot Equivalent Units, Zwanzig-Fuß-Standardcontainer), fährt unter liberischer Handelsflagge und hat Gefahrgut geladen: Phosphorsäure und andere meldepflichtige ätzende Substanzen. Route: Schanghai, Ningbo, Yantian, Hongkong, Port Klang, Dschidda, Lissabon.

*

Das Boot legt von der *BBC Maine* ab und nähert sich der *Puelo*, die schon am Leuchtturm von Bugio vorbei ist. Ich befinde mich an Bord des kleinen, zerbrechlichen Schiffs, in Begleitung von João Santos, einundvierzig, seit zehn Jahren Lotse. Wie alle dreiunddreißig Lotsen des Hafens war er früher Kapitän. Anschließend machte er eine sechsmonatige Fachschulung, doch die war nicht das Entscheidende. Wer Hafenlotse werden will, muss nicht nur ein ausgezeichneter Kapitän gewesen sein, sondern braucht auch Kaltblütigkeit, Reaktionsvermögen und Improvisationstalent. Und er muss die Flussmündung kennen wie seine eigene Westentasche. Die sich stetig verändernden Untiefen, die wechselnden Winde, die nie ganz genau vorhersehbare

Tide, vor allem aber die Veränderungen in der Strömung, die Signale, die Sprache des Flusses und des Meers. Die aus Vila Franca, Cacilhas, Barreiro oder Montijo kommenden Strömungen können von einem Moment zum nächsten ihre Stärke verdoppeln und vor allem im Winter Strudel und Soge bilden.

Heute ist das Wasser aufgewühlt, und von Osten weht ein schneidend kalter Wind. Das Boot nähert sich der *Puelo*, die in den rauen Wassern der Mündung wartet, aber immer mit einer Geschwindigkeit von fünfzehn Knoten fährt. Plötzlich taucht das kolossale Heck der *Puelo* aus der Nacht auf. Eine massive dunkelblaue Wand, still und bedrohlich, mitten im Meer. *Puelo, Monrovia* steht an ihrem oberen Rand geschrieben. Das Boot umkreist das Ungetüm, geht längsseits zu ihm und passt sich seiner Geschwindigkeit an, tanzt auf den Wellen, berührt fast die dunkle, kalte Wand, von der jetzt eine Strickleiter herabfällt. Der Lotse, ausgestattet mit einer Schwimmweste, eine Wollmütze auf dem Kopf, erklimmt sie, ich folge ihm. Ein Mitglied der spärlichen Besatzung erwartet ihn schon, um ihn mit dem Aufzug zum Steuerungssystem auf der Kommandobrücke zu bringen. Kapitän Mariusz Narkiewicz begrüßt João Santos. Der Manövriervorgang kann beginnen.

*

Mariusz Narkiewicz, zweiundvierzig, weißes, kurzärmeliges Hemd, verheiratet, zwei Söhne von acht und sechs. Fünf Monate im Jahr ist er zu Hause, im polnischen Gdynia, die anderen sieben auf See. Seine Frau kennt das; sie ist Tochter eines Seemanns.

João Santos beginnt, Anweisungen für die Einfahrt des Schiffes zu erteilen. Kein Schiff läuft in die Flussmündung ein, ohne einen Hafenlotsen an Bord zu haben. Einige benötigen nur Anweisungen, fahren aber aus eigener Kraft, wie zum Beispiel die meisten Kreuzfahrtschiffe, die relativ leicht und mit Querstrahlrudern ausgestattet sind, sodass sie dem Lauf des Tejo problemlos folgen können. Ein Schiff wie die *Puelo*, das größte und schwerste, das je den Hafen von Lissabon angelaufen hat, braucht die Hilfe von mindestens zwei Schleppern.

Vor Belém warten bereits die *Lisboa* und die *Montevil*, zwei starke Schlepper des dänischen Unternehmens Svitzer. João Santos stellt den Kanal Nummer zwölf für den Funkkontakt mit ihnen ein. »Ich reduziere die Geschwindigkeit«, verkündet er den Kapitänen der beiden Schlepper, die sich der jetzt nur noch mit 11,4 Knoten fahrenden *Puelo* nähern, der eine dem Bug, der andere dem Heck.

»Ich habe Herzklopfen, wenn ich das Kommando über ein Schiff wie dieses übernehme«, sagt der Lotse zu mir. »Es kann immer etwas schiefgehen.« Die *Puelo* fährt auf die Brücke des 25. April zu. Ein Fehler in den Berechnungen oder eine Nachlässigkeit bei den Anweisungen, und die mehrere Tausend Tonnen schwere Masse kracht gegen einen Pfeiler und beschädigt die Brücke. Durch seine gewaltige Größe bietet das Schiff dem Wind so viel Angriffsfläche, dass er es, sollte er auffrischen, vom Kurs abbringen könnte. Und aufgrund seines ungeheuren Gewichts wird es vor allem von seiner eigenen Trägheit vorangetrieben. Würden die Motoren ausfallen, würde das Schiff von ganz allein noch stundenlang weitergleiten, bis es zum Stehen kommt.

Die *Montevil* hält mit großer Geschwindigkeit direkt auf den blauen, mit Containern beladenen Riesen zu. Sie wird am Bug »anspannen«, die *Lisboa* am Heck. Über der Fahrbahn der Brücke steigt der Vollmond auf. In der Flussmitte, da, wo der Tejo am tiefsten ist, gleitet die schwarze Masse der *Puelo* zwischen den Brückenpfeilern hindurch.

Die *Montevil* wirft eine Wurfleine und anschließend einen »Vorläufer«, mit dem das Schleppseil zum Schiff hinaufgezogen wird. »*Montevil* angespannt«, verkündet ihr Kapitän. Die *Lisboa* folgt ihrem Beispiel. Der Lotse hat entschieden, den Kai über Backbord anzulaufen, weil Ebbe ist. Bei auflaufendem Wasser, das immer früher kommen kann als vorgesehen, müsste er es über Steuerbord anlaufen, und das erfordert komplizierte Manöver. »Die Gezeiten sind sehr stark, und die Schiffe müssen in der Fahrrinne anlegen«, erklärt Vitorino Casimiro, Kapitän eines dritten Schleppers, der *Montebelo*, der die Operation begleitet. Vitorino Casimiro, sechsundfünfzig Jahre alt, Schlepperkapitän, seit er dreiundvierzig ist. Drei Jahre jünger als die kleine *Montebelo* mit ihrem 2000 PS starken Motor und einem Verbrauch von 250 Litern Treibstoff pro Stunde. Wie die anderen Kapitäne hält sich auch Casimiro etwas darauf zugute, ein »Ass am Steuerruder« der Schlepper zu sein.

Der 3000 PS starke Motor der *Montevil* zieht jetzt auf Kommando von João Santos die *Puelo* mit voller Kraft in Richtung Kai. »Noch ein winziges Stück«, sagt er. Am Heck des Frachters laufen die Motoren der *Lisboa* auf Hochtouren, um ihn zu bremsen. Schwarze Rauchschwaden quellen aus ihrem kleinen Schornstein.

»Richtung Kai! Richtung Kai!«, hört man den Lotsen rufen. Die *Puelo* fährt noch mit sechs Knoten. Es ist zehn Uhr abends. »Noch fünfzig Meter.« Das ist die Stimme des Operators an Land. »Noch fünfundzwanzig.« An Land, auf dem Kai Rocha do Conde de Óbidos, markieren zwei Fahrzeuge mit eingeschalteten Blinkern die genaue Stelle, an der die *Puelo* anlegen muss. »Zwanzig Meter.« Die Containerbrücken sind schon in Position gebracht, um das Schiff zu entladen, und die Sattelzüge stehen bereit, um die Container zu den Lagerparks oder den Logistikplattformen zu bringen, von wo aus sie den Weg zu ihrem endgültigen Ziel antreten. Die Festmacher, die für ein ausschließlich auf diese Tätigkeit spezialisiertes Privatunternehmen arbeiten, bereiten die Leinen und Trossen vor, mit denen das Schiff während seiner etwa vierzehnstündigen Liegezeit an der Kaimauer vertäut ist.

Die *Lisboa* spannt vom Heck ab und fährt zur Mitte des Frachters, drückt ihre Nase in seine Seite und beginnt, den stählernen Koloss förmlich gegen die Kaimauer zu drücken, wobei sie einen Riesenradau macht und Qualmwolken ausstößt. An den Kaimauern türmen sich die Wellen, und die Schlepper tanzen auf und ab, drehen sich hin und her.

An der Vorderseite des Frachters zieht die *Montevil* mit heulenden Motoren, bis sie schräg liegt und das Wasser aufwühlt wie ein Quirl. Fast sieht es aus, als würde sie es aus dem Flussbett schleudern wollen, alles ist in Aufruhr.

Die *Puelo* hat 82 000 PS, produziert von zehn Zylindern à 98 Kubik mit je drei Einspritzpumpen, die eine Hauptschraube von neun Metern Durchmesser antreiben. Der Motor ist vollständig computergesteuert und füllt einen endlos scheinenden Raum von der Größe einer Fabrik. »Eine völlig neue Erfindung«, erklärt der Chefingenieur des Frachters, Marek Kuligowski, der in Kopenhagen eine Fortbildung speziell für diesen Motor besucht hat. »Oder besser gesagt: Er ist noch mitten in der Entwicklung. Die Techniker der Marke sind ständig an Bord, um Tests durchzuführen und Änderungen vorzunehmen.«

Marek Kuligowski, vierundvierzig Jahre alt, davon achtzehn auf See verbracht, ist ein Hüne mit blauen Augen und kantigem Gesicht, gebürtig aus Gdansk in Polen und geschieden. Er ist vor der Bürokratie an Land geflohen. Aber sie hat ihn eingeholt. »Seit dem 11. September gibt es nirgendwo mehr Bürokratie als auf See. Ständig muss man Papiere ausfüllen, Genehmigungen beantragen, Dokumente unterzeichnen. Im Grunde genommen bräuchte ich eine Sekretärin. Für meine eigentlichen Aufgaben bleibt keine Zeit.« Eine dieser Aufgaben besteht darin, dafür zu sorgen, dass der Motor nicht mit der Geschwindigkeit läuft, für die er ausgelegt ist, und das ist alles andere als einfach. »Es ist gefährlich. Dieser Motor sollte mit 25 Knoten laufen, er ist einer der schnellsten weltweit. Wenn wir die Geschwindigkeit auf 22 Knoten reduzieren, gibt es Probleme. Im Tank, in dem sich der schwere, 147 Grad heiße Schiffsdiesel befindet, sammeln sich gefährliche Gase und Ablagerungen. Das Ganze könnte sich entzünden.«

Aber so lauten nun mal die Anweisungen aufgrund der internationalen Krise. Eine Reisegeschwindigkeit von 22 Knoten spart dermaßen viel Treibstoff, dass es sich lohnt, selbst wenn die Fahrt so acht Tage länger dauert. Die Reederei, die CSAV Norasia mit Sitz in Chile, setzt noch ein weiteres Schiff mit der gleichen Ladekapazität ein, erklärt mir der Kapitän in seiner Kajüte, deren Wände mit einem Bild des Hamburger Hafens und einem anderen der chilenischen Stadt Valparaiso geschmückt sind.

Aber es gibt Ausnahmen von dieser Regel, und er, Mariusz Narkiewicz, ist als Kapitän befugt, sie anzuwenden. Er tut das, wenn er an der somalischen Küste vorbeifährt, wegen der Piraten. »Es ist sehr gefährlich dort. Wir nutzen den von Kriegsschiffen geschaffenen und bewachten Sicherheitskorridor. Aber in den zweieinhalb Tagen, in denen wir durch den Golf von Aden fahren, fahren wir mit Höchstgeschwindigkeit.« Wenn sie überfallen werden, geben sie die Fracht widerstandslos heraus. »Die Piraten nehmen die Schiffe unter Beschuss. In dreißig Prozent der Fälle sind sie erfolgreich. Aber die Besatzungen lassen sie in Frieden«, erklärt Mariusz.

*

In vierzig Metern Höhe sitzt Nuno Esteves ganz allein in der winzigen, durchsichtigen Kabine einer Containerbrücke.

Laut der Lissabonner Hafenverwaltung sind im Hafen direkt oder indirekt an die 38 000 Menschen beschäftigt. Trotzdem ist an den Terminals niemand zu sehen. Kein Gedränge von Hafenarbeitern, Schiffsbesatzungen und Vorarbeitern, wie man es erwarten könnte. Das Containerterminal von Alcântara, in dem 350 000 Container umgeschlagen werden, mehr als an jedem anderen Terminal im Hafen, ist eine Einöde. Und nicht einmal die Ankunft eines Kolosses wie der

Puelo sorgt dafür, dass sie sich belebt. Die gesamte Crew der *Puelo* besteht aus fünfundzwanzig Mann und gehört damit zu den größten Besatzungen eines Frachtschiffs. Es sind ausschließlich Techniker und Verwaltungspersonal, und die meiste Zeit über halten die Männer sich in ihren Kabinen und auf der Kommandobrücke auf. Über das Schiff bewegen sie sich kaum, unter anderem deshalb, weil der gesamte Raum von der Fracht belegt ist.

Monatelang fährt dieses 300 Meter lange Schiff, die neun Stockwerke beladen mit Containern voller Lebensmittel, Kleidung, Haushaltsgeräte und mit allem anderen, was unseren Alltag ausmacht, merkwürdig einsam über die Ozeane.

»Höher hinaus geht es nicht«, sagt Nuno Esteves, aber damit meint er nicht die Tatsache, dass er sich in vierzig Metern Höhe befindet. Was er sagen will, ist, dass er die Spitze der Karriereleiter bei Liscont erreicht hat, dem Unternehmen, für das er arbeitet und das das Terminal betreibt.

Die Containerbrücke ist nichts für Leute, die nicht schwindelfrei sind. Sie ist ein an Land stehender Kran, dessen fünfzig Meter langer Arm auf den Fluss hinausragt, um die Container aus den Schiffen zu holen. Die Kabine des Kranführers gleitet an diesem Arm vor und zurück, fährt auf und ab und bewegt sich über Achsen, Antriebswellen und Ausleger in alle Richtungen.

Esteves sitzt breitbeinig und vornübergebeugt in der Kabine und blickt durch den durchsichtigen Fußboden nach unten. Mit den Händen umfasst er die beiden Joysticks zwischen Dutzenden von Knöpfen, mit denen er die Brücke bedient. Die Kabine bietet kaum genug Platz für uns beide, und so muss ich mich in eine Ecke kauern. Bewegt Esteves den Kran in Richtung Fluss, fährt mit der Kabine, in der er sitzt, auch der sogenannte Spreader aus, der mithilfe von Kabeln gesenkt und gehoben werden kann, um die Container zu greifen.

»Verdammt, Arménio, der hier hat kein Twistlock!« Jemand auf der Gangway des Schiffes erteilt über Funk Anweisungen, welche Container entladen werden können. Nachdem die »Twistlock« genannten Verschlüsse gelöst sind, mit denen die Container untereinander und am Schiff befestigt sind, wird der Spreader an die Breite des Containers angepasst. Wenn die oberen Stockwerke entladen sind, entfernt der Kran die vierzig Tonnen schwere Abdeckung des Laderaums, um an die Container in den unteren Stockwerken heranzukommen. Ein Arbeiter notiert auf einem Laptop die Nummern der ein- und ausgehenden Container, ihren Stellplatz auf dem Schiff und in den Ladeparks, in denen sie auf ihren Weitertransport warten.

Nuno Esteves arbeitet sich rasch bis zur Mitte des Schiffs vor. Er lässt den Spreader über einem Container herab. Wenn das grüne Licht zur Bestätigung aufleuchtet, dass die Twists des Spreaders und des Containers ineinandergegriffen haben, betätigt er den Knopf mit der Aufschrift *Twist Lock*, und der Verschluss rastet ein. Er hebt den Container gute zwanzig Meter in die Höhe und fährt das ganze System so schnell zurück, dass die ganze Brücke fürchterlich wackelt, bis der Container über dem bereits am Kai wartenden Lastwagen steht. Der Spreader wird abgesenkt, grünes Licht, *Twist Unlock*, der Lastwagen fährt an, der Spreader wird wieder hinaufgefahren, die Kabine saust am Kranausleger zurück, als flöge sie über den Fluss, um den nächsten Container zu greifen.

Drei Containerbrücken wie diese sind damit beschäftigt, die *Puelo* zu entladen, seit sie gegen Mitternacht angelegt hat, und sie werden bis etwa ein Uhr mittags weitermachen, und zwar ohne Pause. Die Liegezeit im Hafen ist zu teuer, als dass es sich irgendjemand leisten könnte, auch nur eine Minute darüber nachzudenken, was zu tun ist.

Der Plan zum Be- und Entladen des Schiffes wird vollständig am Computer erstellt und kontrolliert, und sämtliche Operationen werden von Maschinen durchgeführt, bis auf das Anbringen und Entfernen der Twistlocks an den Containern. Diese und andere Tätigkeiten (wie zum Beispiel in anderen Häfen das Säubern der Tanks der

Öltanker) werden von ungelernten Arbeitern erledigt, die über eine Zeitarbeitsfirma zu Liscont kommen. Aber diese Arbeiter werden normalerweise mit einem Fahrzeug hergebracht, wenn die Arbeiten anstehen, und anschließend wieder abgeholt. Die restliche Zeit sieht man im Terminal nichts außer seltsamen Maschinen und hört nichts außer den verzerrten Stimmen aus den Funksprechanlagen.

Die Angestellten der Liscont bedienen die Computer, fahren Lkws, manövrieren Gabelstapler und Kräne. Nach dem Betriebsleiter, Tiago Perdigão, sind die Containerkranführer innerhalb der Firma die Bestqualifizierten.

Nuno Esteves, zweiunddreißig, seit acht Jahren im Hafen und seit fünf bei Liscont beschäftigt, dachte schon am ersten Tag: »Irgendwann will ich eine dieser Maschinen bedienen können.« Nicht jeder ist für diese Aufgabe geeignet. Sie erfordert Ruhe, Geduld, Intuition, Verantwortungsgefühl und Präzision. Nicht alle Schiffe liegen so still wie die *Puelo*. Ein kleines Schiff kann einen in einer stürmischen Nacht zur Verzweiflung treiben. Nuno hat bei Liscont einen Lehrgang gemacht und am Simulator geübt. Aber er hat schon als kleiner Junge gerne mit der Playstation gespielt, und dies hier ist fast dasselbe – mit dem Unterschied, dass, wenn er hier einen Fehler macht, er ein Schiff beschädigen, einen Container ins Wasser fallen lassen kann oder sogar der Containerkran umstürzen könnte, was Nunos sicherer Tod wäre. Und für das Unternehmen einen Schaden von sechs Millionen Euro bedeuten würde.

★

João Santos springt wieder auf das Lotsenboot. Dieses Mal wird er helfen, ein Schiff ohne Schlepper zu manövrieren. Und ich bin wieder dabei. Das Boot nähert sich der *Serena*, mit einer Länge von 290 Metern, 3800 Passagieren und einer Crew von 1090 Personen eines der großen Kreuzfahrtschiffe der italienischen Schifffahrtsgesellschaft Costa Cruises. João klettert die kurze Leiter hinauf, die ihn an Bord dieses schwimmenden, in der eisigen Nacht hell erleuchteten Palasts bringt. Er durchquert mit Teppichböden ausgelegte, samtverkleidete Korridore, vorbei an britischen Passagieren und philippinischen Schiffsstewardessen, betritt den Aufzug und fährt hoch zur Brücke, einem riesigen, rundum verglasten Raum voller raffinierter elektronischer Geräte, der in Dunkelheit und Stille getaucht ist. Er geht auf Kapitän Paolo Benini zu, die beiden begrüßen sich, und João beginnt, Anweisungen zu erteilen. »Wir fahren links an dem Schiff dort vorbei, weil es beidrehen wird«, sagt der Portugiese, und der Italiener übersetzt das in eine Anweisung an seine Leute: »Zehn Grad Steuerbord.« Vor uns liegt die Brücke, zwei Schiffe in Gegenrichtung, weiter vorne die Biegung des Tejo. »Fünf Grad.« Das Schiff gleitet voran, ohne Schlepper zu benötigen, getrieben von seinen acht Schrauben und zwei Steuerrudern. Es »nähert sich dem Stein«, langsam, aber präzise, dreht nach Joãos Anweisung nach und nach bei. »Das Ganze hat etwas Künstlerisches«, wird er mir später sagen. »Etwas, was man nicht lehren kann. Manchmal ist ein Manöver genau geplant, und dann muss man alles ändern.« Wenn der Flussgrund schlammig ist, reagiert das Schiff anders. Wenn der Pegelstand niedriger ist, gehorcht das Schiff dem Steuerruder nicht. »Dann ist es, als würde man auf Schlittschuhen durch Butter fahren.« Manchmal funktioniert die Steuerung nicht. »Das kann hier ab und zu schon ganz schön aufregend werden.«

Am Ziel angekommen, dreht sich die gewaltige schwimmende Stadt unmerklich um neunzig Grad. Sie liegt schon genau parallel zum Kai, als die ersten Köpfe auf den Balkonen der fünftausend Euro teuren Luxussuiten auftauchen. Die Stimme des Operators an Land sagt zu João: »Zehn Meter. Fünf Meter. Zwei Meter.« Die Landungsbrücke wird ausgefahren.

»Good evening, ladies and gentlemen. Welcome to Lisbon«, tönt es aus den Lautsprechern. Die ersten Passagiere verlassen das Schiff.

Sie sehen sich um: Vor ihnen liegt eine riesige Einöde aus Beton, gesäumt von Containern. Beim Verlassen der Anlegestelle werden sie, nach und nach, von inoffiziellen Taxifahrern angesprochen, die ihnen Rundfahrten für achtzig Euro anbieten, von Verkäuferinnen, die den Hahn von Barcelos feilbieten, von Busunternehmen, die ihnen eine Fahrt nach Sintra vorschlagen. Die Luxusreisenden (allesamt sechzig und älter) fühlen sich dermaßen bedrängt, dass die meisten von ihnen keines der Angebote wahrnehmen und ratlos vor dem Viadukt von Alcântara stehen bleiben. Einige kehren aufs Schiff zurück.

Eine Demonstration der Hafenarbeiter

João Alves, besser bekannt als *João do Esfola*, »João, der Häuter«, spricht kurz mit einem skandinavischen Hafenarbeiter, der groß und quadratisch ist wie ein Container. Dann fährt er zum Flughafen, um die Belgier abzuholen und ins Hotel zu bringen. Den ganzen Tag über kommen Leute aus dem Ausland, um an der Demonstration teilzunehmen. Spanier, Franzosen, Finnen, Norweger, Schweden, Zyprer. Alles in allem an die hundert Gewerkschaftsführer.

Der Schwede hat eine Frau auf den Arm tätowiert. »Das ist eine Krankenschwester, eine Freundin von mir«, erklärt er mir. Fast alle hier haben Tätowierungen vorzuweisen. Die der Älteren zeigen Haken, Ketten, Taue und andere Arbeitsgeräte der Stauer.

»Wir lieben unsere Arbeit«, sagt João Alves. »Keiner von uns will etwas anderes machen. Die Jungs, die hier anfangen, gehen nie wieder weg.« Diese Liebe zum Beruf versucht João do Esfola mit mehreren Metaphern zu erklären und entscheidet sich schließlich für die mit den Frauen. »Es ist wie die Liebe zu einer Frau«, sagt er. Allerdings mit einem Unterschied: »Das hier ist für immer.«

Dafür, dass sie in einem Kampf stecken, von dem keiner weiß, wie lange er dauern wird, dass sie Streiks und Demonstrationen gegen ein Gesetz organisieren, das im Parlament sowieso durchkommen wird, herrscht am Lissabonner Sitz der Gewerkschaft der Hafenarbeiter für Mittel- und Südportugal eine seltsame Fröhlichkeit.

So sei die Stimmung hier immer, versichern mir die Gewerk-schaftsmitglieder. Und noch besser ist sie, wenn es Konflikte mit den Arbeitgebern und der Regierung gibt. Die Hafenarbeiter sind von Natur aus kämpferisch. »Es sind allesamt Aufschneider«, sagt João do Esfola, »sie brüsten sich gerne damit, die Besten zu sein, jeder von ihnen will die Nummer eins sein. Ständig machen sie sich Konkur-renz, selbst bei der Arbeit. Wenn zwei Mannschaften nebeneinan-der arbeiten, beleidigen sie einander die ganze Zeit: ›Du da drüben, wenn du heute im Bett geblieben wärest, hätte der Boss mehr Geld mit dir verdient.‹«

Sie wetteifern untereinander und zwischen den Mannschaften, ja sogar zwischen Jung und Alt, wer am produktivsten und stärks-ten ist. »Wenn sie Hundert-Kilo-Säcke tragen, sagen die Alten im-mer: ›Das ist doch gar nichts. Ihr hättet mal sehen sollen, wie es frü-her war. Da haben wir nur Zweihundert-Kilo-Säcke geschleppt.‹«

Auch Gestik und Sprache wirken angriffslustig. »Wir machen viel Krach, und es stimmt, dass wir gerne mal ein paar Böller werfen, aber das ist alles. Wir bewerfen die Polizei nicht mit Steinen«, sagt José Gaspar, ein weiterer Gewerkschaftsführer. Und João Alves er-gänzt, dass die Schimpfwörter, mit denen sie einander ständig titu-lieren, nicht beleidigend gemeint sind. Im Gegenteil.

Er erinnert sich, wie sein eigener Vater ihn von einem Kran herab zu sich rief: »Komm mal her, Hurensohn.« Und er antwortete: »Ja, Vater.«

João kommt aus einer Familie von Hafenarbeitern. Seinen Spitz-namen do Esfola verdankt er seinem Großvater, der an den Tagen, an denen er im Hafen keine Arbeit fand, Tiere häutete. Die Arbeit im Hafen reichte nicht zum Leben. Man musste jeden Tag zum Cais do Sodré gehen und dort sein Glück versuchen. Um halb sieben Uhr morgens versammelten sich an die fünftausend Arbeiter zur »Zäh-lung«. Einige bekamen Arbeit, andere nicht. So machte es Joãos Großvater ein Leben lang, bis im Hafen ein vierzig Tonnen schwerer Stein auf ihn fiel und ihn tötete. Aber seine drei Söhne arbeiteten weiterhin im Hafen. Einer von ihnen wurde bei einem Zyklon von Bord eines Schiffes gefegt und ertrank. João, der heute siebenundfünfzig ist, erinnert sich noch gut an Onkel Joaquim, der vor mehr als vierzig Jahren starb. Und er erinnert sich an seinen Vater, der zu dieser Zeit schon an Streiks beteiligt war. Einmal, zu Beginn der Sechzigerjahre, kam die Polizei, um einen verbotenen Streik zu beenden, und griff das Gewerkschaftsbüro an, das sich damals schon in der Rua do Alecrim in denselben Räumlichkeiten befand wie heute. João weiß noch, wie er mit seinem Vater die Straße hinauf fliehen musste.

*

Vor Kurzem hat die Gewerkschaft auf Grundlage eines Fotos aus den Dreißigerjahren ein Bild aus Azulejos anfertigen lassen. Gezeigt ist eine Menschenmenge auf dem Platz vor dem Cais do Sodré. Es sind die Tausenden von Hafenarbeitern, die Tag für Tag zur »Zählung« kamen. »Das war ein Sammelpunkt für Einwanderer aus anderen Teilen Portugals. Die Leute kamen aus dem Norden und sogar aus Galicien.« Viele der Männer stammten jedoch auch aus Lissabon, zum Beispiel aus der Alfama, einem der ärmsten Viertel der Stadt. Wie die Familie von João.

Die Bosse kamen vorbei und wählten aus, wen sie wollten. Die meisten »Männer von der Straße«, wie sie genannt wurden, kehrten ohne Arbeit nach Hause zurück. »Manchmal hatte mein Vater über Monate hinweg nur an einem einzigen Tag Arbeit.«

Als irgendwann alle dieser prekär Beschäftigten eine Krankenversicherung hatten, kam es zu Verzweiflungstaten: Die Männer amputierten sich einen Finger, um von der Versicherung zwei Monatslöhne zu bekommen. João do Esfola erinnert sich an Männer, die ihre Hand absichtlich an den Rand der Ladeluke legten und dann

den bleischweren Deckel darauffallen ließen, der einen Finger ab-
trennte.

Erst nach zahllosen – häufig gewaltsam unterdrückten – Streiks
gaben die Arbeitgeber nach, und das System wurde geändert. Fortan durfte die Gewerkschaft per Dekret die Arbeiter selbst aussuchen,
sodass die Männer nicht mehr auf der Straße standen. In einem alten
Hundezwinger wurde die Casa do Conto, das »Zählhaus«, eingerich-
tet. »Sie haben die Hunde rausgenommen und stattdessen die Hafenarbeiter reingesetzt«, erzählt João. »Wir nannten es das ›Hundehaus‹.«

Die Regierung verpflichtete die Gewerkschaft aber auch, Sträf-
linge nach ihrer Haftentlassung einzustellen, und so setzte sich die
Gruppe der Hafenarbeiter nach und nach vor allem aus ehemaligen
Kriminellen, Einwanderern aus dem Norden und »Männern von der
Straße« aus den Armenvierteln Lissabons zusammen. Sie galten als
eine Horde aggressiver, ungehobelter Kerle – ein Bild, das bis heute
besteht.

Jeder Arbeiter musste der Gewerkschaft beitreten. Es wurde eine
Datei angelegt, nach der die ältesten Mitglieder bei der Arbeitsaus-
wahl bevorzugt wurden. Darüber hinaus gab es die Ersatzmänner,
die zum Einsatz kamen, wenn es besonders viel zu tun gab. Hatte ein
»Mann von der Straße« es bis zum Ersatzmann geschafft, konnte er
darauf hoffen, irgendwann zu den Bevorzugten zu gehören. Es war
der erste Ansatz zum derzeitigen System.

1980 beschloss die Regierung die Einrichtung eines »Koordinati-
onszentrums für Hafenarbeit«, an dem die Gewerkschaft, die betrof-
fenen Unternehmen und die Regierung selbst beteiligt waren und
das fortan die Auswahl der Arbeiter übernahm. Aber mit dem Einzug der Container in den Arbeitsalltag des Hafens 1982 änderte sich
alles. Das Personal wurde reduziert, das gesamte System umstruktu-
riert. Zweitausend Arbeiter wurden in Zwangsrente geschickt. 1989
erfolgte der vorzeitige Ruhestand für alle über vierzig. Und 1992
wurden nochmals über tausend Arbeiter mit einer Abfindung von

siebzehn Millionen Escudos entlassen. Damals handelte die Gewerkschaft den aktuellen Kollektivvertrag aus, der gewisse Vorrechte für die Arbeiter beinhaltet, die bei ETP angestellt sind, der Firma, die die Hafenarbeit vermittelt.

»Dieses neue Gesetz gefährdet de facto unsere Arbeitsplätze«, sagt José Gaspar, zweiunddreißig. Die Regierung verspricht, dass das nicht der Fall sein wird, aber er glaubt ihnen nicht. »Wenn die meisten Tätigkeiten von unqualifizierten Zeitarbeitern ausgeführt werden können, die den Mindestlohn bekommen – welchen Grund hätten die Bosse dann, uns zu behalten?«

João glaubt den Beteuerungen ebenfalls nicht, und auch sonst tut das hier in der Gewerkschaft keiner. »Es lohnt sich nicht, mit den Hafenbetreibern Verträge auszuhandeln. Wenn das Gesetz eine sogenannte Liberalisierung ermöglicht, werden sie das früher oder später ausnutzen.«

Deshalb glauben alle, dass es keine andere Möglichkeit gibt, als zu kämpfen. Und sie wollen weiterkämpfen, auch wenn das Gesetz durchkommt. »Wir können den Streik problemlos monatelang durchhalten«, sagt José Gaspar. In einigen Punkten können sie nachgeben. In anderen nicht. Sie haben nichts dagegen, die vielen Überstunden zu reduzieren (es wäre ihnen sogar lieber, sagt José), aber sie werden nicht auf das verzichten, was sie »ihren Bereich« nennen. Das ist eine Liste von Tätigkeiten innerhalb der Hafenarbeiten, die nur sie ausüben können. Die Bedienung der Sattelauflieger, der Gabelstapler, der Schaufellader, der Trailer- oder Drehkräne: Es gibt eine ganze Reihe von Tätigkeiten, die nach dem neuen Gesetz von Zeitarbeitern ausgeübt werden könnten. Und das wäre das Ende der »Privilegien«.

*

Nach dem heute geltenden System werden die Männer automatisch befördert, unabhängig davon, welche Funktion sie ausüben oder ob sie gebraucht werden. Alle vier Jahre steigt ein Hafenarbeiter eine Lohnstufe höher. Innerhalb von siebzehn Jahren gelangt man so von B8 auf B3, die höchste Stufe. Dort beträgt der Monatslohn 2300 Euro, dazu kommen noch Überstunden, die unbegrenzt geleistet werden können. Mit ihnen kann man bis zu 5000 Euro im Monat verdienen. »Aber das ist schwierig, dazu müsste man beinahe ununterbrochen arbeiten«, sagt José. »Das will niemand. Wir arbeiten nur deshalb so viel, weil die Bosse das von uns verlangen. Und deshalb verbringen wir mehr Zeit miteinander als mit unseren Familien.« Das sei einer der Gründe, warum sie so zusammenstehen. »Wir sind wie eine Familie. Und daran sind die Bosse schuld, die uns zwingen, so viele Stunden zu arbeiten.«

Es ist diese Verbundenheit, das Bewusstsein, einem unverzichtbaren Sektor anzugehören, was die unbefristeten Streiks möglich macht. Aber auch die Tatsache, dass die Gewerkschaft viel Geld hat. Die Streikkasse, die es ermöglicht, den Arbeitern den Lohnausfall zu erstatten, gibt es seit Jahrzehnten. Alle zahlen vier Prozent ihres Lohns in diese Kasse ein. Angesichts der zu erwartenden harten Kämpfe wurde der Beitragssatz kürzlich auf 4,5 Prozent angehoben. »Ich habe aus der Streikkasse schon mehr bekommen, als ich eingezahlt habe«, sagt José.

Abgesehen davon werden die Finanzen der Gewerkschaft streng verwaltet. Als João do Esfola, immerhin stellvertretender Gewerkschaftsvorsitzender, die Rechnung für ein Megafon vorlegte, das er gekauft hatte, wurde ihm gesagt, dass niemand ihn um diese Ausgabe gebeten habe. »Nach der Demo kannst du das Megafon behalten«, haben sie zu ihm gesagt. Und ihm den Kaufpreis nicht erstattet.

Fonte da Telha

»Hier ist alles illegal«

Der Weg führt über die Brücke des 25. April; von dort aus gelangt man über Cacilhas und Cova do Vapor (oder, wenn man bequem ist, über die Autobahn) nach Costa da Caparica.

Vom Übergangsbereich Sintra-Cascais einmal abgesehen, bieten alle Strände südlich von Nazaré, vor allem die von Santa Cruz, Ericeira und Caparica, ein Bild des Verfalls. Städtebauliche Planlosigkeit, fehlende Sport- und Freizeitanlagen, behördliche Fahrlässigkeit und hingepfuschte Bauten, wohin man blickt. Was für ein Unterschied zwischen diesen Stränden im Großraum Lissabon und den Stränden von Esposende, Vila do Conde, Francelos, Miramar, Espinho oder Figueira da Foz! Nach der Estrada Atlântica an der Costa de Lavos führt der Weg auf der N247 in Richtung Süden von der Zivilisation in die Barbarei, von der man sich nur frei machen kann, indem man Richtung Norden fährt.

An der Straße von Costa da Caparica nach Fonte da Telha reiht sich ein fantastischer, breiter Sandstrand voller Dünen an den anderen. Da die Gegend unter Naturschutz steht, ist abgesehen von den Strandbars alles unbebaut.

Dafür gibt es den grauenhaften, vom Campingclub Almada betriebenen Campingplatz von Caparica, auf dem sich Tausende Menschen auf Stellplätzen drängen wie in einem Flüchtlingslager – und es gibt die illegale Siedlung von Fonte da Telha.

Mitten im Naturpark von Arribas da Caparica stehen mehrere
Hundert Häuser, Baracken, Wohnwagen, Wellblech- und Ziegelhüt-
ten und sogar Villen mit Swimmingpool. Die Leute besetzen ein
Grundstück und erklären es zu ihrem Eigentum, um es dann später
zu verkaufen, zu tauschen oder zu vergrößern. Manche zäunen ein
Stück Land ein und pfropfen es mit Wohnwagen und Zelten voll, die
sie wochen-, monats- oder jahrweise an Sommertouristen oder neue
Bewohner vermieten, die die Arbeitslosigkeit und die Krise aus anderen Regionen des Landes hierhergetrieben haben.

Nach dem Abriss mehrerer Gebäude 1982 beschlossen die Behörden, die Bewohnerinnen und Bewohner der Siedlung von Fonte da
Telha in Ruhe zu lassen, weil sie nicht wussten, wo sie sie sonst unter-
bringen sollten. António Amorim, Vorsitzender des Nachbarschafts-
vereins von Fonte da Telha und gewissermaßen die höchste inoffi-
zielle Autorität des Viertels, sagt mir, dass für 2017 neue Maßnahmen
für die illegale Siedlung geplant sind, sofern sie mit dem neuen Be-
bauungsplan für das Gebiet vereinbar seien. Bis es so weit ist, bittet
er nur darum, dass die einzige Zugangsstraße asphaltiert wird, damit das »Dorf« nicht ständig in einer Staubwolke leben muss.

»Hier ist alles illegal«, sagt er. »Wir leben mit einem Damokles-
schwert über dem Haupt und haben keinerlei Entscheidungsgewalt.
Jederzeit kann irgendein Minister hier auftauchen und anordnen,
am darauffolgenden Tag alles abzureißen. Aber das hält die Leute
nicht von dem Versuch ab, ihre Häuser und Lebensbedingungen zu
verbessern. Ständig bauen sie um und an, um neue Verwandte und
Freunde unterzubringen, die eine Bleibe benötigen. Aber das sind
keine Leute von außerhalb. Es sind nur die alten Fischerfamilien aus
der Gegend mit ihren Kindern und stetig wachsenden Familien.«

Früher hatte der Nachbarschaftsverein eine gewisse Macht; er
nahm Kontakt zu den Behörden auf, informierte die Medien. Jetzt
verliert er an Bedeutung. »Die Jungen interessieren sich für nichts, sie
setzen sich nicht mit uns zusammen, um die Probleme anzugehen«,

sagt Amorim, zweiundachtzig und Besitzer des riesigen, nach ihm benannten Restaurants, das anfänglich nicht mehr als eine Baracke war. »Wir schaffen es nicht mehr, die Probleme zu lösen. Für das hier gibt es keine Lösung, und schuld daran ist die Verwaltung des Naturschutzgebiets. Diese Bürohengste haben keinerlei Verständnis für das, was hier los ist. Sie interessieren sich nur für die Natur, die Leute sind ihnen völlig egal. Deshalb wird es keine Lösung geben.«

Vor Jahren hat sich ein Bewohner des Viertels, der es zu etwas gebracht hatte, einen gigantischen Palast an den Hang gesetzt, aus dessen Vorderwand die kolossale Skulptur eines Vogels hervorragt. Das war dann offenbar selbst der Stadtverwaltung von Almada, die nie etwas gegen die täglich neu aus dem Boden schießenden Gebäude unternimmt, zu viel: Das Haus wurde beschlagnahmt.

Heute ist davon nichts übrig als eine Ruine aus Backstein und Zement am Meer, geziert von einem gewaltigen Vogel mit ausgebreiteten Schwingen. In kaum einer Gegend Portugals tritt der Kontrast zwischen der Schönheit der Natur und dem menschlichen Elend deutlicher zutage.

Erst ein ganzes Stück weiter gerät alles wieder ins Lot. Man setzt mit der Fähre über die Sadomündung zur Halbinsel von Tróia über, und während man die Costa da Comporta entlangfährt, kehren Ordnung und Schönheit zurück. Die Ausbreitung der Städte ist an den Hängen der Serra da Arrábida zum Halt gekommen, hinter ihr bleiben der Kampf ums Überleben, das Gesetz des Dschungels und der verzweifelte Wettbewerb um knappe Güter zurück, und nun eröffnet sich uns tatsächlich der Weg zum wahren Süden.

Costa da Caparica

Der Eindringling von Zelt 3009

Ich betrete die Rezeption, ziehe eine Nummer, und als ich dran bin, sage ich der jungen Frau am Schalter, dass ich zelten will.

»Nur mit Campingausweis«, entgegnet sie. »Sind Sie Mitglied des CCCA, des Campingclubs des Bezirks Almada?«

Wenn nicht, müsse ich Mitglied bei einem anderen Club werden – Benfica oder Sporting, schlägt sie mir vor –, um den Campingausweis beantragen zu können.

»Und warum nicht beim CCCA direkt?«, schlage ich vor.

Schwierig. Das gehe nur auf Empfehlung eines anderen Mitglieds, das mich allerdings gut kennen müsse. Dann werde der Vorschlag vierzehn Tage lang ausgehängt, und in dieser Zeit könne jedes andere Mitglied gegen meinen Beitritt Einspruch erheben. Sollte es keine Einwände geben, werde das Gesuch an die Vereinsleitung weitergeleitet. Bei passender Gelegenheit werde sich dann der Vorsitzende des Verwaltungsrats mit dem Sekretär zusammensetzen, um die Bitte zu erwägen. Die Entscheidung hänge dann von Faktoren ab wie der Länge der Zugehörigkeit des vorschlagenden Mitglieds, von der Eignung und dem Verhalten eben dieses Mitglieds sowie von einer Einschätzung der Eigenschaften des Kandidaten. Abgesehen davon sei die Aufnahme neuer Mitglieder aufgrund einer Sonderentscheidung der Leitung zwischen dem 1. Juli und dem 12. August sowieso ausgesetzt.

»Ich sehe schon, dass Sie mich auf keinen Fall als Vereinsmitglied haben wollen«, schließe ich.

»Sporting oder Benfica«, rät sie mir wieder mit unbewegter Miene. Ich entscheide mich für den Portugiesischen Automobilclub, über den ich einen Campingausweis erhalte. Anschließend präsentiere ich mich mit diesem kostbaren Dokument auf dem Campingplatz von Caparica. Überraschung: Es gibt keine freien Plätze. Reservieren kann man auch nicht. Man kann nur auf gut Glück vorbeikommen. Nach mehreren vergeblichen Versuchen ist dann endlich ein Platz frei, die Nummer 800. Mir wird gestattet, ihn zu besichtigen. Dabei wird mir klar, warum die Rezeptionistin mit einem Mal so entgegenkommend ist: Sie glaubt, ich würde den Platz hassen und endlich verschwinden. Doch es kommt noch schlimmer: Tatsächlich hasse ich dieses mit schmutzigem Sand bedeckte, verwinkelte Fleckchen Land, das zwischen den Toiletten und drei Wohnwagen eingeklemmt liegt, aber als ich zur Rezeption zurückgehe, um zu sagen, dass ich es nehmen will, ist es bereits vergeben.

Zum Glück habe ich mitbekommen, dass ein französisches Pärchen im einzigen Bereich, der wirklich für Zelte reserviert ist (und vier Zelten Platz bietet), im Aufbruch ist. Ich rede mit ihnen und warte, bis sie ihr Zelt abgebaut haben; dann baue ich mein eigenes an der Stelle auf, ein kleines Iglu für fünfunddreißig Euro. Als ich zur Rezeption gehe, um mich registrieren zu lassen, habe ich bereits Fakten geschaffen. Nachdem ich für zwei Nächte im Voraus bezahlt habe, bekomme ich die Nummer 3009: ein Zelt und eine Person für 7,10 Euro pro Nacht. Nimmt man das Auto dazu, das ich für diese Mission statt des Motorrads genommen habe und das direkt vor dem Zelt steht, kommen noch einmal vier Euro pro Nacht hinzu. Nicht schlecht für eine Residenz direkt am Strand.

Beim Verlassen der Rezeption bemerke ich ein Detail, eine Tafel, an der verschiedene Vordrucke hängen. Einer für den Vorschlag eines neuen Mitglieds, ein anderer für die Anmeldung zu verschiedenen Turnieren und einer … für einen Bauantrag. Bauarbeiten an einem Zelt? Ich beschließe, keine weiteren Fragen zu stellen, und gehe zu meinem Stellplatz.

*

Mein Platz in der sogenannten Grünen Zone liegt direkt neben dem Ausgang zum Strand, schon in den Dünen. Meine erste Amtshandlung als Camper besteht darin, dem Wachmann meinen Benutzerausweis zu zeigen und durch das Tor hinauszugehen, um ein wenig im Meer zu schwimmen. Das Wasser ist lauwarm und kristallklar, und die vielen Badegäste verlieren sich am weiten Sandstrand.

Als ich zurückkomme, zeige ich dem Wachmann wieder meinen Ausweis, dusche und setze mich an den Eingang meines Iglus, um zu beobachten, was auf dem Campingplatz vor sich geht. Das Gelände ist zwölf Hektar groß und von einer hohen, mit Stacheldraht gekrönten Mauer umgeben. Eine lange Straße, die mitten hindurchläuft, verbindet die beiden Seiten des Campingplatzes, die ursprünglich einmal zwei getrennte Plätze waren (bis die Stadtverwaltung von Almada 1980 das Terrain in der Mitte freigab). Zwischen den Fahrspuren liegen grätenförmig angeordnete Parkplätze und entlang der Straße zwei Reihen von fünfundzwanzig riesigen weißen, neu gebauten Bungalows, »Mobile Home« genannte zusätzliche Unterkünfte.

Beiderseits der Straße, die von den Bewohnerinnen und Bewohnern *espinha*, »Gräte«, genannt wird, erstrecken sich zweitausend Stellplätze, die mit identisch aussehenden Wohnwagen mit Vorbau belegt sind, zwischen denen fast überall höchstens ein Meter Abstand herrscht. Die meisten Stellplätze oder »Wohneinheiten« sind auf allen Seiten von anderen Stellplätzen umgeben oder grenzen auf einer Seite an einen *carreiro*, eine gut einen Meter breite Straße. Will also jemand einen Wohnwagen entfernen (was selten vorkommt), kann dies nur mithilfe eines Krans geschehen.

Zu dieser Zeit befinden sich nach Aussage der Verwaltung etwa siebentausend Menschen auf dem Campingplatz, in der überwältigenden Mehrzahl Mitglieder des CCCA, da nur diese Zugang zum Gelände haben – mit Ausnahme der Grünen Zone, in der aber tatsächlich, wie ich feststelle, nur Platz für vier kleine Zelte ist, da der übrige Platz dauerhaft (über Monate und Jahre hinweg) von großen Zelten belegt ist, die Mitgliedern gehören.

Von meinem Beobachtungsposten aus erkenne ich schnell, dass alle Camperinnen und Camper ähnliche Gewohnheiten hegen: Morgens geht man an den Strand; zwischen zwölf und eins kehrt man zum Mittagessen zurück, das drei bis vier Stunden dauert und aus Fisch besteht, zubereitet auf einem Kohlegrill, der am Eingang eines jeden Stellplatzes steht. Anschließend wird Geschirr gespült (meist von den Frauen, die Männer sind fürs Grillen zuständig), dann geht es zurück an den Strand, wenn auch nicht für lange, weil man um halb sechs zurück sein muss, um die Schnecken für den Nachmittagsimbiss zu waschen. Abends wird wieder gegrillt, diesmal Fleisch: Steak, Koteletts, Würstchen oder Entrecôte; später ist es dann Zeit für Häppchen und Party. Beim Mittag- wie auch beim Abendessen sieht man oft zehn bis zwanzig Leute um einen Tisch sitzen, da Freunde und Verwandte sich gegenseitig einladen.

In den Zeiten zwischen den Mahlzeiten wird gespielt – die Jüngeren spielen Volleyball, Basketball und Handball, die älteren Männer Karten, Domino oder Malha, die portugiesische Variante des Boule. Die Frauen kümmern sich um die Pflanzen oder besuchen Kurse in Rhythmischer Gymnastik und Hip-Hop.

Es gibt keinen Mangel an Zeitvertreib auf einem Campingplatz, der über zwei Sportplätze, ein Amphitheater für Lagerfeuer, mehrere Spielplätze, einen Gemeinschaftsraum, Räume mit Billardtischen, Tischfußball und Tischtennisplatten, Gymnastik- und Tanzräume, einen Theaterraum und einen Ballsaal verfügt, auf dem Mountainbike-Rennen und Sueca-Turniere veranstaltet werden (Sueca ist ein in Portugal, Brasilien und Angola sehr beliebtes Kartenspiel) und es Computerkurse für Ältere, eine Bibliothek, ein Jugendzentrum, zwei Restaurants, drei Cafés, drei Supermärkte, eine Metzgerei, ein Fischgeschäft und eine Imbissbude gibt. Alles scheint gut zu laufen, alle sind glücklich, und alle nennen einander *companheiro* – Kollege.

Dennoch fällt mir die große Anzahl von Männern mit Walkie-Talkies auf, die auf dem Campingplatz unterwegs sind. Einige tragen die Uniformen der Security-Firma Vigiexpert, andere Zivil. Und es gibt ein weiteres beunruhigendes Detail: An der Tür zur Herrentoilette hängt eine Mitteilung des Verwaltungsrats, auf der zu lesen steht, jemand habe die Spiegel in der Toilette mit Sätzen verunstaltet, die mit Fäkalien geschrieben waren. Sollte ein *companheiro* diesen oder irgendeinen anderen Akt von Vandalismus beobachten, müsse er die Verantwortlichen anzeigen. Später erfahre ich, dass es sich nach Meinung der Verwaltung nicht um einen Jugendstreich handelt, sondern um eine Protestaktion von Erwachsenen, die der Verwaltung feindlich gesinnt sind.

Trotzdem erscheint mir die Anrede *companheiro* keineswegs als Heuchelei. Die Freundlichkeit, die Toleranz und die wechselseitige Hilfe unter den Camperinnen und Campern sind nicht zu übersehen. An meinem zweiten Abend beschließe ich, mit meinem Auto hinauszufahren. Als ich um kurz nach zehn zurückkomme, steht vor der Einfahrt eine endlose Schlange. »Sämtliche Autoplätze sind belegt«, sagt mir einer der Walkie-Talkie-Männer.

»Aber ich habe für einen Autoplatz bezahlt«, protestiere ich.

»Das ist egal. Wenn die Höchstzahl an Wagen erreicht ist [siebenhundert, wie ich später erfahre], kommt keiner mehr herein. Sie müssen warten, bis jemand rausfährt.«

Ich warte eine Stunde, dann komme ich gerade noch so herein. Denn wer um Punkt Mitternacht nicht drin ist, bleibt draußen. Die Tore werden geschlossen, und man muss am Straßenrand parken. »Tut mir leid, *companheiro*, aber es kommt niemand mehr rein.«

»Okay, *companheiro*, dann bis morgen.« Niemand beschwert sich.

Am nächsten Tag fahre ich nach Lissabon. Ich schlafe zu Hause und kehre tags darauf nicht mit dem Auto, sondern mit dem Fahrrad zum Campingplatz zurück. Fröhlich zeige ich beim Hineingehen meinen Ausweis vor, »Guten Abend, *companheiro*«, und radele zu meinem Zelt. Es ist fünf nach acht. Jemand ruft mir hinterher: »He, absteigen! Es ist nach acht!« Ostentativ sehe ich in die Runde. Überall auf dem Gelände fahren Autos herum. Bis Mitternacht herrscht ständig Verkehr.

»Die Autos dürfen fahren und Fahrräder nicht?«, frage ich ungläubig.

»Anweisungen!«

Ich gehorche. Ich verhalte mich immer wie ein tadelloser *companheiro*, deshalb habe ich das, was anschließend geschieht, nicht verdient.

Da ich nur für zwei Nächte bezahlt habe, gehe ich am dritten Tag zur Rezeption, um für weitere fünf Nächte zu bezahlen. Nicht nötig, befindet der Angestellte. Ich könne die gesamte Summe am Ende bezahlen. Erleichtert kehre ich zu meinem Stellplatz zurück, der unter der sengenden Sonne ein Backofen ist.

»Guten Abend, *companheiro*«, rufe ich dem Portier fröhlich entgegen, als ich zum Strand gehe.

»Seien Sie vorsichtig. Die waren vorhin da, um Ihre Sachen abzubauen«, sagt er. Aber ich verstehe erst, dass er das ernst gemeint hat, als er bei meiner Rückkehr in wahrhaft dramatischem Tonfall verkündet: »Ich habe Anweisung, Ihren Ausweis einzuziehen.«

Ich solle mich unverzüglich zum Sekretariat begeben, wo mir der Ausweis zurückgegeben werde. Obwohl ich keine Ahnung habe, was los ist, gehorche ich, wie immer. Auf halbem Wege biege ich ab, um die Toilette aufzusuchen. Ich bin keine zehn Schritte weit gekommen, als hinter mir ein Wachmann auf einem Fahrrad auftaucht. Er tritt in die Pedale, als gehe es um Leben und Tod.

»Sind Sie der Herr von Zelt 3009? Sie müssen sofort zur Rezeption!«

»Ich bin auf dem Weg dahin, aber ich wollte nur schnell zur Toilette ...«

»Das dürfen Sie nicht. An der Rezeption gibt es auch eine Toilette. Außerdem dürften Sie« (schon war ich kein *companheiro* mehr) »gar nicht mehr hier sein, weil Sie nicht bezahlt haben. Ich habe Anweisung, Sie unverzüglich zur Rezeption zu bringen.«

»Warum werde ich so behandelt? Wer hat Ihnen diese Anweisung erteilt?«

»Ich bin nicht befugt, Ihnen zu sagen, woher die Anweisungen kommen«, sagt der Wachmann. Offenbar fühlt er sich wie ein Geheimagent. »Ich werde Ihnen *unter keinen Umständen* verraten, woher die Anweisungen kommen«, betont er noch einmal, um deutlich zu machen, dass er diese Information selbst unter Folter nicht preisgeben werde.

An der Rezeption erklärt man mir, da ich nur für zwei Nächte bezahlt hätte, dürfe ich mich nicht länger auf dem Campingplatz aufhalten. Man habe nach mir gesucht, und da man mich nicht angetroffen habe, habe man Anweisung erteilt, meine Sachen abzubauen. Das Material dürfe nicht stehen bleiben, wenn der Camper nicht da sei.

Ich frage, ob ich mein »Material« allein lassen dürfe, um an den Strand zu gehen. Das dürfe ich, »aber nur, wenn Sie für alle Nächte bezahlt haben«. Ich führe an, dass ich ja habe bezahlen wollen, aber man glaubt mir erst, als der Angestellte, der mich falsch informiert hat, meine Aussage bestätigt.

Ich zahle und bekomme eine halbherzige Entschuldigung zu hören – aber hat man mich bisher misstrauisch beäugt, so gelte ich jetzt als Eindringling.

Anfangs verstehe ich nicht, welches Verbrechen ich begangen habe. Aber nach und nach stellt sich heraus, warum man mich als Persona non grata betrachtet: Unter den siebentausend Menschen auf diesem Campingplatz bin ich der einzige wahre Camper.

★

Die meisten Familien auf dem Campingplatz von Caparica bestehen aus drei Generationen, wobei die mittlere Generation am schwächsten vertreten ist. Großeltern und Enkel bilden die typischen Gemeinschaften; die einen sind Rentnerinnen und Rentner und die anderen Studierende, die in diesem Land lange Ferien haben – mindestens fünf Monate. Das restliche Jahr über, gesteht mir ein Camper, sind sie an jedem Wochenende hier, das heißt für sie, von Donnerstag bis Dienstag. »Mittwochs gehe ich nach Hause, um nach der Post zu sehen.«

Viele Leute verbringen das ganze Jahr hier. Die Dauercamperinnen und -camper erkennt man an den Böden, mit denen ihre Zelte ausgelegt sind – Ziegel, Fliesen oder Laminat –, an den Pflanzen, die viele Stellplätze schmücken – Büsche, Efeu und sogar Obstbäume –, und an den Möbeln und Haushaltsgeräten, die sie füllen.

Jedes Zelt ist mit Herd, Backofen, Mikrowelle und Kühlschrank ausgestattet, hat einen Fernseher mit Parabolantenne der Anbieter MEO oder Zon, Computer mit WLAN, Heizkörper, Ventilatoren, Sofas, Kommoden, Tische, Betten, Kleiderschränke. In manchen finden sich gläserne Wohnzimmertische, Jugendstillampen oder Kronleuchter, alles zusammengedrängt auf einem Raum, der für eine Ferienwohnung winzig wäre, für ein Zelt aber riesig ist.

Tatsächlich besteht jeder Stellplatz aus einem Wohnwagen mit Vorzelt, das Ganze mit gelbem Tuch überdacht. Im Wohnwagen sind die Schlafzimmer, im Vorzelt das Wohnzimmer; die Küche befindet sich in einem kleinen Extrazelt unter der Überdachung. Manchmal finden sich aber auch im Vorzelt ein oder zwei Schlafzimmer, und im Wohnwagen sind Stockbetten aufgebaut. Außerdem erzählt man sich, einige Camperinnen und Camper hätten den Boden unter dem Zelt aufgegraben, um so ein weiteres Geschoss zu gewinnen, in dem sich der Vorratskeller, die Abstellkammer oder sogar das Schlafzimmer befinden. Es ist mir nicht gelungen, diese Aussage zu bestätigen. Die Campingplatzleitung versicherte mir, es handele sich um eine Legende.

Allerdings konnte ich beobachten, dass einige Wohnwagen doppelt so groß sind wie gewöhnlich. In manchen Fällen kann man sich kaum vorstellen, dass es sich tatsächlich um Wohnwagen handelt – die Räder sind abmontiert, der Boden rundherum ist mit Laminat oder Fliesen ausgelegt, und sie sind so groß wie ein TIR-Lastzug. Dann kann sich der Besitzer oder die Besitzerin den Luxus erlauben, einen Teil des Vorzelts zurückzuschlagen, sodass dieser Raum zur Terrasse wird, jedenfalls, wenn er oder sie glücklich (oder privilegiert) genug ist, im Besitz eines Stellplatzes zu sein, der an eine der Straßen grenzt. Wäre er zwischen Hunderten anderer Stellplätze eingepfercht, zwischen denen kaum ein halber Meter Abstand herrscht, würde man von der Terrasse in das Schlafzimmer des Nachbarn blicken.

Trotzdem ist manchmal in diesen dicht gedrängten »Vierteln« am meisten los, wie zum Beispiel beim Fest im »Carreiro da Alegria« – dem Weg der Fröhlichkeit.

Im Sommer werden auf dem Campingplatz des CCCA jeden Abend Feste geboten. Es gibt Feste in den Restaurants, die sich in Nachtbars verwandeln, im Gemeinschaftsraum, auf den Sportplätzen oder an der Feuerstelle. Dazu bedarf es einer Genehmigung der Verwaltung, die unter der Bedingung erteilt wird, am selben Abend keine zwei Feiern abzuhalten, die einander Konkurrenz machen könnten.

Veranstaltet zum Beispiel das Restaurant Pérola do Oceano eine Tropische Nacht, darf das Restaurant Parque am anderen Ende des Campingplatzes, das von einem anderen Gastwirt betrieben wird, am selben Abend nicht auch ein Fest ausrichten. Vielleicht, um dem negativen Bild, das durch diese Politik der Planwirtschaft entsteht, etwas entgegenzusetzen, arbeitet das Pérola konsequent schwarz.

Will man eine Rechnung haben, muss man den Chef kommen lassen, der einen dann erst mal ordentlich zusammenstaucht.

Aber bei der Organisation des Fests wird an nichts gespart. Die Band, bestehend aus Sänger, Bassist und Keyboarder, hat keine Angst vor einem völlig zusammenhanglosen Repertoire, springt vom Tango zum portugiesischen Schlager, steht mit einem Bein im Bossa Nova und mit dem anderen in einem gänzlich neuartigen Musikgenre, das ich als »spirituellen Slow« bezeichnen würde.

»Muttergottes, erbarme dich unser«, zirpt der Sänger, während sich die Paare eng umschlungen, Bauch an Bauch, über die Tanzfläche schieben, um anschließend mit wedelnden Armen herumzuhopsen und im Chor zu singen: »Wer ist der Vater des Kindes? Was weiß ich, was weiß ich!«

Männer mit Goldkettchen in ärmellosen T-Shirts und Jungen mit Ohrringen, gegeltem Haar und hauchdünnen Koteletten in engen lila Hemden, die mit Mädchen in High Heels und kleinem Schwarzen tanzen, untersetzte ältere Herren in kurzen Hosen und Flipflops, mit umgedrehten weißen Basecaps, an den Tischen Gruppen erwartungsvoller junger Frauen, herumtollende oder Roller fahrende Kinder: ein echtes Dorffest, auf dem die ganze Gemeinschaft bis spät in die Nacht auf den Beinen ist.

Der »Weg der Fröhlichkeit« ist eine Sackgasse, in der man nicht die Arme ausstrecken kann, ohne das Zelt nebenan zu berühren. Aber trotz des beengten Raums haben es die Bewohnerinnen und Bewohner der sechs Zelte beiderseits der Straße irgendwie geschafft, eine Karaoke-Anlage, zwei Tische voller Essen und eine Getränkebar aufzubauen. Alle hüpfen auf der Straße herum und singen *The roof, the roof is on fire.* »Wir sind so um die dreißig Mitglieder aus fünf Familien; der Älteste ist sechsundsechzig, die Jüngste zwei. Sie wurde hier auf dem Campingplatz gezeugt«, erzählt mir Francelina Jacinto, dreiundfünfzig, die »Matriarchin der Straße«. Sie trägt eine Kappe, die ein Smiley ziert, das Symbol des Carreiro da Alegria.

Zur gleichen Zeit findet andernorts ebenfalls ein Fest mit Essen, Getränken, Gitarrenmusik und Kartenspiel statt. Hier feiert »Os Praias«, eine Gruppe ehemaliger Strandfußballer, die sich vor zwanzig Jahren zu einem Verein zusammenschlossen, weil sie fanden, dass sie sich in einer Sache von anderen unterschieden: »Wir haben beim Fußballspielen immer auf Respekt geachtet. Wenn ein Kind oder ein älterer Mensch vorbeiging, haben wir immer das Spiel unterbrochen.« So erklärt mir António Maceria, einer der Vorsitzenden, die Philosophie hinter den Vereinsaktivitäten (die heutzutage in Essen und Trinken bestehen). »Hier gibt es feste Regeln.«

Die Praias, die ebenfalls T-Shirts und alle möglichen anderen Merchandising-Produkte haben bedrucken lassen, zeichnen sich durch ihr fortgeschrittenes Alter und die Abwesenheit von Frauen aus. »Frauen sind nicht erlaubt, schließlich sind wir ein Fußballverein«, erklärt mir Victor Loureiro, ein anderer Vereinsvorsitzender. »Oder haben Sie schon mal Frauen Strandfußball spielen sehen?«

★

Der Campingplatz des CCCA besteht seit zweiundvierzig Jahren, und ein Großteil seiner Nutzerinnen und Nutzer ist seit der ersten Stunde dabei, wie die Familien Terras und Vargas, die schon in der dritten Generation hier sind. Sie haben nebeneinanderliegende Zelte gekauft und bilden inzwischen ein ganzes Viertel. Gegrillt wird abwechselnd bei den Terras und den Vargas oder bei den Kindern. Niemand von ihnen hat vor, jemals hier wegzugehen. »Das hier ist wie eine private Wohnanlage am Strand«, sagt der achtzigjährige Jacinto Terras. Seine Frau Manuela geht nicht gerne an den Strand, schätzt aber das gesellige Beisammensein. Die Familien leben seit Jahrzehnten zusammen, so, wie es früher in den Dörfern war. Die Alten spielen Sueca oder Domino, die Jungen haben hier laufen gelernt, spielen auf der Straße, machen erste Flirtversuche.

Einmal haben sich Jacinto Terras und sein Sohn João darüber unterhalten, ob sie den Campingplatz verlassen würden, wenn sie im Eurolotto eine Million gewännen. Nein. Würden sie nicht.

Es fällt auf, dass die meisten Bewohner des CCCA der unteren Mittelschicht angehören. Der Platz ist günstig. Heutzutage kostet hier ein Stellplatz drei- bis fünftausend Euro. Dazu kommt die Grundstücksmiete, etwa fünfzig Euro im Monat. Das Problem ist, dass man keinen Stellplatz kaufen kann, wenn man nicht Mitglied des CCCA ist. Und selbst für die Mitglieder ist es schwierig, da sich der Platz, im Gegensatz zu ihnen, nicht vermehrt.

Will jemand seinen Stellplatz aufgeben, darf er das darauf befindliche Material verkaufen. Allerdings erwirbt der Käufer oder die Käuferin damit kein Anrecht auf das Grundstück; das kommt in eine Art Ausschreibung, bei der die ältesten Mitglieder bevorzugt werden. Oder diejenigen, die besonders gut mit der Campingplatzleitung befreundet sind, wie böse Zungen behaupten.

Kaufinteressierte werden auf eine Warteliste gesetzt. Wenn ein Stellplatz frei wird, hat der oder die Erste auf der Liste die Wahl. Gefällt der zum Verkauf stehende Platz zum Beispiel nicht, weil man dort erdrückend eng aufeinandersitzt, kann abgelehnt werden. Es bleibt ein Jahr Zeit, sich zu entscheiden, dann geht das Vorrecht verloren.

Es sind komplizierte Regelungen, die für viel Streit und viele Konflikte sorgen. David Carneiro, fünfunddreißig, und Cristina Dias, zweiunddreißig, mit einer vier Monate alten Tochter, haben kürzlich einen hübschen Stellplatz gekauft, nachdem sie jahrelang auf dem Stellplatz von Davids Eltern »gelebt« haben. Ich nutze das Gespräch, um Cristina zu fragen, wie ich ebenfalls einen Stellplatz erwerben könne.

»Unmöglich«, sagt sie. »Wir haben es nur geschafft, weil David in der Verwaltung sitzt und mit gewissen Leuten befreundet ist …«

Sofort fällt ihr David ins Wort: »Ich stehe seit zwei Jahren auf der

Warteliste. Dort habe ich mich eintragen lassen, damit niemand sagen kann, ich hätte den Platz aufgrund von Beziehungen ergattert.«

Der Ansturm auf die Stellplätze ist so groß, dass die Verwaltung nicht dazu kommt, das zu tun, was sie eigentlich tun müsste: die Stellplätze, die nach und nach aufgegeben werden, von der Liste zu streichen, um die Dichte der Zelte auf dem Campingplatz zu verringern.

Laut Gesetz muss der Mindestabstand zwischen den Zelten zwei Meter betragen. Auf diesem Campingplatz wird er aber nach Aussage des Leiters des Verwaltungsrats, Luís Filipe Ramos, auf zwei Dritteln der Fläche nicht eingehalten. Aufgrund der hohen Konzentration von Zelten und Materialien und angesichts der Tatsache, dass alle Bewohnerinnen und Bewohner einen Grill besitzen, den sie täglich benutzen, besteht extrem hohe Brandgefahr. Tatsächlich hat es in den letzten Jahren immer wieder gebrannt, und trotz der vielen Feuerlöscher rechnen alle damit, dass es irgendwann zur Katastrophe kommt.

Die Verwaltung redet sich damit heraus, dass der Campingplatz möglicherweise sowieso in ein weit vom Strand entferntes Gebiet namens Pinhal do Inglês verlegt werden müsse und es sich deshalb nicht lohne, irgendwelche Umbauten vorzunehmen, bevor die Entscheidung gefallen sei.

Tatsächlich sieht das Polis-Projekt für diese Gegend vor, die drei am Strand gelegenen Campingplätze umzusiedeln. Abgesehen von der Beschädigung der Dünen und der fossilen Felsen von Caparica häufen sich die Beschwerden darüber, dass die rund elftausend Mitglieder des CCCA den gesamten Strandbereich für sich beanspruchen, obwohl er eigentlich öffentlich ist.

João Terras und Luís Filipe Ramos, Mitglieder der bereits zum vierten Mal wiedergewählten Verwaltung, sagen, es sei ein Fehler, die Campingplätze zu verlegen. »Wir haben zum Wachstum der Costa da Caparica beigetragen«, führt Luís Filipe Ramos an. »Dies ist keine Hotelgegend. Die Leute wohnen entweder hier oder pendeln jeden Tag zwischen Lissabon und Caparica. Wir sind hier nicht in Miami Beach. Das Wasser ist kalt, und die Sandstrände schrumpfen«, sagt er abwertend und folgert daraus, wenn man die Mitglieder des CCCA vertreibe, werde niemand mehr herkommen.

»Wenn es die Campingplätze nicht mehr gibt, können viele Leute keinen Urlaub am Strand mehr machen«, erklärt der Vorsitzende. Er betrachtet es als seine Aufgabe, dieses Privileg für die elftausend Vereinsmitglieder zu verteidigen. Da ist es ihm herzlich egal, dass das ganze große Areal der restlichen Bevölkerung versperrt bleibt. »Wir müssen uns für unsere Mitglieder einsetzen, die zahlen schließlich die Beiträge.«

Es interessiert ihn auch nicht, dass der Verein im Grunde genommen gar kein Camping mehr betreibt, sondern vielmehr einer großen Anzahl eher armer Leute Strandhäuser zur Verfügung stellt.

»Früher war es furchtbar, es war eine Höllenarbeit, die Zelte auf- und abzubauen«, erinnert sich Francisco Mateus, ein weiteres Mitglied des Vargas-Clans. »Es gab keinen Strom. Wir mussten Petroleumkocher benutzen.«

»Und wenn Sie mehr Raum für echte Camper und Camperinnen schaffen würden?«, frage ich den Vorsitzenden.

»Der Platz reicht schon für unsere Mitglieder kaum aus.«

»Vielleicht sollte man Regeln einführen, die verhindern, dass die Zelte den Großteil des Jahres leer stehen.«

»Je länger der Leerstand, desto rentabler für den Campingplatz, denn er erhält den Monatsbeitrag, ohne dass Kosten für Strom, Wasser und Gas anfallen«, entgegnet João Terras.

Wer Mitglied ist, kann sein Zelt monate- oder sogar jahrelang leer stehen lassen, ohne dass es geräumt wird. Selbst wenn er die Zahlung einstellt, ist es laut Terras »kaum möglich, das Material zu entfernen. Das geht erst nach zahlreichen Verwarnungen und Vorstandssitzungen.«

Nur Zelt Nummer 3009, das dem einzig wahren Camper auf dem ganzen Campingplatz gehört, sollte geräumt werden, weil sein Benutzer ein paar Stunden lang nicht da war.

Für die Vereinsvorsitzenden sind Camperinnen und Camper, die mit dem Zelt auf dem Rücken durch die Gegend ziehen, »für die Campingplätze kein lohnendes Geschäftsmodell. Das gibt es nirgendwo mehr.« Das Modell des CCCA-Campingplatzes repräsentiere »das Camping der Zukunft«.

Klassiker und Romantiker

Die gesamte Biker-Kultur ist durchtränkt von ideologischen Verlockungen.

Sei es, dass die langen, einsamen Reisen auf zwei Rädern zum Nachdenken anregen, sei es, dass keine andere Maschine so sehr mit dem menschlichen Körper verschmilzt, seine Macht und Freiheit vervielfacht, jedenfalls waren Motorräder seit jeher Gegenstand und fruchtbares Thema von Philosophie und Literatur. In seinem berühmten Buch *Zen und die Kunst, ein Motorrad zu warten*, beschreibt Robert Pirsig zwei Lebensphilosophien und vergleicht sie mit zwei verschiedenen Verhaltensweisen von Motorradfahrerinnen und -fahrern. Er erzählt darin von einem Motorradtrip durch Dakota und Montana. Auf dem einen Motorrad fuhr er mit seinem Sohn Chris, auf dem zweiten Roberts Freund John und dessen Ehefrau Sylvia.

Robert kennt sich mit der Mechanik seines Motorrads aus und interessiert sich auch dafür, ganz im Gegensatz zu John und seiner Frau. Die beiden finden, dass die Sorge um Kupplung, Zündunterbrecher, Zündkerzen und Vergaser, Benzin und Öl einem den Spaß an der Reise verdirbt, das Gefühl, den Wind im Gesicht zu spüren, und die Freude an der Landschaft kaputt macht. Robert ärgert das, nicht nur, weil er dadurch für die Wartung beider Motorräder zuständig ist; ihn provoziert auch die Überheblichkeit seines Freundes. John hält technische Kenntnisse für eine niedere Form des Wissens.

Für Robert besteht der Mechanismus seines Motorrads nicht aus Stahl, Gummi, Achsen, Ventilen und Schrauben, sondern aus »Beziehungen, Analysen, Synthesen, abstrakten Deduktionen«. Aus reinem Denken.

In der Geschichte gab es schon immer, so erklärt er seinem Sohn, während die Honda Super Hawk durch die Berge gleitet, zwei unterschiedliche Lebensanschauungen: die romantische und die klassische. »Einer klassischen Anschauung stellt sich die Welt primär als innere Form dar. Einer romantischen Anschauung stellt sie sich primär als unmittelbar wahrnehmbare äußere Erscheinung dar.«

Romantiker schätzen Gefühle und Empfindungen, Klassiker Vernunft und Fakten. »Würde man einem Romantiker eine Maschine oder eine technische Zeichnung oder einen elektronischen Schaltplan zeigen, würde er höchstwahrscheinlich nicht viel Interessantes darin sehen. Es hat für ihn keine Anziehungskraft, weil die Realität, die er sieht, Oberfläche ist. Langweilige, komplizierte Ansammlungen von Namen, Linien und Zahlen. Nichts Interessantes. Würde man jedoch dieselbe Blaupause oder denselben Schaltplan einem klassischen Menschen zeigen oder ihm dieselbe Beschreibung geben, sähe er sich wahrscheinlich die Sache an und wäre dann davon fasziniert.«

Auf dem Motorradsattel treffen beide Anschauungen aufeinander, erklärt Pirsig. »Motorradfahren ist romantisch, Motorradwartung hingegen rein klassisch.«

Die beiden unterschiedlichen Anschauungen, die Wissenschaft und Kunst, Pragmatik und Traum voneinander trennen, sind letztendlich vielleicht gar nicht inkompatibel. Das Verständnis der inneren Form erfüllt den Geist der Künstler und Künstlerinnen mit Kraft und Freiheit.

Diese Dichotomie zeigte sich auch in den Interviews mit mehreren Duos von Motorradbauern, mit denen ich anlässlich einer Reportage über Custombikes und Café Racers in Portugal sprach. Bei der

Maria Riding Company, einer Lissabonner Marke, die Einzelstücke nach alten Modellen fertigt, ist Luís Correia der Klassiker und Rui Alexandre der Romantiker. Der Erste entwirft die Motoren, nimmt sie auseinander und repariert sie. Der Zweite setzt sich auf seine Harley-Davidson, ohne den Reifendruck zu prüfen. »Ich liebe Motorradfahren«, sagt Rui, der bei Maria für das Image der Marke und die Werbung zuständig ist. Luís wiegt nachdenklich den Kopf. »Bei diesen Motorrädern ist es ein Verbrechen, wenn man mit ihnen herumfährt, ohne sie sorgfältig zu pflegen.« Einige ihrer Kundinnen und Kunden, die Café Racers besitzen, sind davon völlig besessen. »Die sind kaum ein paar Meter gefahren, da fangen sie schon an, die Maschine zu putzen und zu wienern.«

All ihren Kunden und Kundinnen bieten sie einen Kurs in Motorradwartung an, in dem sie ihnen zeigen, wie sie ihre Maschinen am besten säubern und schützen, und die Grundlagen der Mechanik vermitteln.

Diese körperliche Nähe zum Gefährt, die es beim Auto nicht gibt, ist wichtig, das Gefühl, eine Maschine zu besitzen und zu beherrschen, die man selbst gebaut und so zu einem Teil des eigenen Körpers gemacht hat, zu einem lebendigen, fühlenden, beinahe menschlichen Wesen.

Luís und Rui leben diese wilde, sinnliche Beziehung zu den Motorrädern. Wenn sie Zeit haben, trommeln sie eine Gruppe von sechs Freunden zusammen, die sich selbst die »Gang des Bösen« nennt, und machen sich mit ihren Custombikes auf den Weg in den Alentejo oder die Serra da Lousã. Letztes Mal waren sie vier Tage lang in denselben Klamotten unterwegs, badeten in Quellen mitten im Wald. Den größten Teil der Zeit verbrachten sie damit, auf einer stillgelegten Flugpiste Rennen zu fahren – ohne Helme.

Die Tradition der Café Racers ist untrennbar mit den Jugendgangs verbunden, vor allem mit den Londoner Rockern der Sechzigerjahre, die in Cafés wie dem berühmten Ace Café herumhingen und sich mit ihren Rivalen prügelten, den Mods, die Motorroller fuhren und Markenklamotten trugen. Die Rocker bevorzugten große Maschinen von Triumph oder BSA, die sie frisierten, damit sie mehr Leistung brachten.

Bei einem Café Racer wurde alles abmontiert, was nicht absolut notwendig war, einschließlich der Blinker und Rückspiegel, dafür wurden stärkere Motoren eingebaut. Es waren Motorräder für Rennen in der Stadt. Die Wettrennen fanden in Gruppen, zwischen zwei Cafés oder gegen die Uhr statt: Die Herausforderung bestand darin, von einem Café zum anderen zu fahren und zurück zu sein, bevor ein auf einer Jukebox ausgewähltes Lied zu Ende war.

Der Begriff Café Racer wurde auch abwertend für all diejenigen Möchtegernrennfahrer verwendet, für die nur das Aussehen ihres Motorrads zählte. Kaffeehaus-Racer eben.

Die Schlägereien zwischen Rockern und Mods in den britischen Seebädern sind Thema mehrerer Filme und markierten den Beginn einer Jugendkultur der Gewalt und des Aufbegehrens.

Die Rocker drehten ihr Haar zu einer Tolle auf und trugen Kleidung, die den edwardischen Stil der Teddy Boys mit dem Outfit der Rockabillys kombinierte. Die starken, schnellen Motorräder, die sie fuhren, symbolisierten den sozialen Aufstieg, den sie vertraten.

Die Geschichte der Motorräder ist untrennbar mit der Geschichte der Popkultur, der Emanzipation der Jugend und der sozialen Revolution verbunden. Im London der Vierzigerjahre entdeckten Gruppen gutbürgerlicher Jugendlicher die Gehröcke mit breitem Revers und die Röhrenhosen der Edwardischen Epoche (der Regierungszeit Eduards VII.) für sich und brachten mit diesem Kleidungsstil ihren Protest gegen die Sparpolitik der Nachkriegszeit zum Ausdruck.

Bald imitierten Jugendliche aus der Unterschicht, die in den Nachtclubs von Soho auf diese »Fauna« trafen, den neuen Trend, um eine gehobene gesellschaftliche Stellung vorzugeben. Aus diesem Stilklau durch die mittellosen Jugendlichen von South London entstanden die Teddy Boys. Aus der Vermischung der Teddy Boys mit den Ausgegrenzten und den Dealern, die in den Arbeitervierteln den Ton angaben – wie den sogenannten Spivs und Cosh Boys –, entwickelten sich wiederum die Rocker, die unterdessen alles an Rock-'n'-Roll-Kultur aufgesaugt hatten, was aus den Vereinigten Staaten kam.

Die Beatles und die Rolling Stones sind ebenso Frucht dieser Kultur wie der Mai '68 und der gesamte Aufstand der Jugend in den Sechzigern.

Es fällt schwer, in der Gang des Bösen der Serra da Lousã die Nachkommen der Rocker von South London zu erkennen, aber vielleicht lässt sich die Rückkehr der Café Racers mit dem Bedürfnis erklären, das Leben zu genießen, sich der Welt wahrhaftiger, freier und natürlicher verbunden zu fühlen, die Kraft und Unschuld der Jugend als politische Ideale wiederzuerlangen.

Vielleicht will man sich, wenn auch unbewusst, diesen Bewegungen verbunden fühlen, die am Grunde der Gesellschaft entstanden, unter den armen Jugendlichen der Arbeiterklasse, denen die Musik und die Motorräder halfen, sich frei zu fühlen und ein aufregenderes Leben zu führen, in dem Freude nicht einfach das Fehlen von Schmerz bedeutet und Freiheit mehr ist, als nur kein Sklave zu sein.

Mit den Fischen leben

Sie nennen ihn *Manso*, »den Sanftmütigen«, und unter den Fischern von Sesimbra ist er so etwas wie eine Legende. Er fing so viel, dass es von ihm hieß, er erschaffe die Fische im Wasser. Sein Schiff, die *Luís Adrião*, die heute auf dem Meeresgrund liegt, nachdem sie unterging und ihren neuen Besitzer mit sich in den Tod riss, brachte immer volle Netze ein. Niemand weiß, wie der alte Manso das zuwege brachte. Es ist ein Rätsel in der Welt der Fischer, die regelmäßig von Wellen des Elends heimgesucht wird.

Die *Luís Adrião* wurde so berühmt, dass sie 1984 ein jüngerer Fischer namens Rui Almeida erwarb, obwohl das Schiff schon sehr alt war und nicht mehr zum Fischfang taugte. Almeida benannte sie um in *Monte Santiago*. Er dachte, das sagenumwobene Boot würde ihm Glück bringen. Sein Plan war, damit Schwarzen Degenfisch zu fangen, bis er genügend Geld beisammenhätte, um ein neues Boot zu bauen. Das gelang ihm auch. Aber 1996, als das neue Boot, das er ebenfalls auf den Namen *Monte Santiago* getauft hatte, schon fertig auf der Werft lag, verunglückte Rui mit dem alten Boot und ertrank.

Diese Geschichte höre ich von Graça, Ruis Witwe, die nach dem Unglück die Leitung der Geschäfte übernahm, vom alten Fernando Teodoro Manso selbst, von dem es heißt, er habe »mit den Fischen gelebt«, und von seinem Sohn Fernando Manso, der mich in seinem neuen Boot, das in Erinnerung an das alte Schiff seines Großvaters und Vaters den Namen *Luís Adrião* trägt, einen Tag und eine Nacht lang mit hinaus auf Hochsee nimmt, um zwischen Sesimbra und Cascais auf Fischfang zu gehen.

Sesimbra

Die »Schmerzen der See«

31. März 1996, acht Uhr abends. Rui Almeida wandert unruhig im Haus umher. Immer wieder späht er aus dem Fenster.

»Fahr heute nicht hinaus«, bittet ihn Graça, als sie das bedrohliche Heulen des Windes hört. Rui ist unentschlossen. Er wartet noch ein bisschen, streckt sich auf dem Bett aus. Carmen, seine dreizehnjährige Tochter, legt sich zu ihm. Wortlos nehmen sie Abschied voneinander. Rui entscheidet sich. Er steht auf, isst einen Teller Erbsensuppe, sein Leibgericht. Anders als sonst kleidet er sich ganz schwarz. Anders als sonst leert er seine Taschen, nimmt sein gesamtes Geld heraus, bevor er das Haus verlässt.

Früher gingen die Frauen der Fischer an den Strand und riefen nach ihren Männern, wenn der »Märzmond« schien, ein außergewöhnlich leuchtender Mond, der, wie die Legende sagt, der See »Schmerzen bereitet«. Aber heutzutage achtet niemand mehr darauf.

Die *Monte Santiago*, vormals *Luís Adrião*, legt um 22 Uhr 22 im Hafen von Sesimbra ab. Noch vor Kurzem hat Kapitän Rui Almeida gesagt: »Es wäre schade, wenn ich jetzt sterben müsste.« Der Mond geht auf. Ein Märzmond.

⋆

In der Welt der Fischer sind die Namen nicht unwiderruflich mit den Dingen verbunden. Sie überleben sie, löschen sie aus, lassen sie in einer Illusion von Unsterblichkeit in Vergessenheit geraten. Die *Luís Adrião*, die mich in diesem Augenblick durch das türkisblaue Wasser von Sesimbra trägt, ist nicht das Boot, mit dem Fernando Teodoro Manso die kühnsten Träume der Fischer von Sesimbra wahr werden ließ, mit dem er jahrzehntelang der »Champion« des Fischfangs war und mehr Wolfsbarsch, Adlerfisch, Sardinen und Spanische Makrelen fing als jeder andere Seemann der Gegend; mit dem er Stürmen trotzte und den Mond beobachtete, um zu sehen, wann er günstig stand; mit dem er Fische im Meer erschuf, wie man ihm nachsagte, damit seine Netze immer voll waren; mit dem er so viele Wunder vollbrachte und so oft ins Schwarze traf, dass es ihm den Spitznamen *Eusébio* eintrug, wie die portugiesische Fußballlegende. Nein. Diese *Luís Adrião* liegt heute auf dem Meeresgrund. Mit einem anderen Namen, den sie ebenfalls abgeben musste, *Monte Santiago*. Am Steuer der neuen *Luís Adrião* steht Kapitän Fernando Manso, aber auch er ist nicht der, der das alte Boot fuhr, sondern sein Sohn, der, wie es Brauch ist, den Vor- und den Nachnamen des alten Fernando Teodoro Manso geerbt hat. Der wiederum hat ihn vom Großvater übernommen, Manuel Manso. An diesem sonnigen, windigen Spätnachmittag steuert er das Boot, den Blick auf einen Punkt gerichtet, den nur er allein sieht, an Cascais vorbei. Solange wir in Sichtweite des Landes sind, der wilden, eindrucksvollen Küste von Sesimbra, ist das Wasser ruhig. Doch kaum haben wir das Cabo Espichel umrundet, wird die See immer rauer, die Wellen schlagen bis aufs Deck, und der Bug des Schiffs taucht tief ein und richtet sich wieder steil auf wie bei einer Achterbahnfahrt.

Die fünfzehn Mann Besatzung bewegen sich so geschickt, als hätten sie festen Boden unter den Füßen. Sie nehmen ihre Posten ein, während Kapitän Manso in seiner Kajüte das GPS einstellt, das ihm die Koordinaten der Stelle durchgibt, an der sie gestern mehrere

Tonnen Sardinen gefangen haben. Stunden später sind wir auf offener See, in der kritischen Zone, und es ist Zeit, das Sonar und die Sonde einzuschalten und auf der Suche nach den Schwärmen auf und ab zu fahren. Die Lautsprecher des Sonars geben in kurzen Abständen ein durchdringendes Geräusch von sich wie das Quaken eines Frosches, während es in einem Radius von mehreren Hundert Metern rund um das Boot den Grund absucht. Dieses Geräusch und die Leuchtanzeige auf dem Bildschirm des Sonars zeigen kleine und große Fischschwärme ebenso an wie das Relief des Meeresbodens. Fast alle Fischkutter sind heutzutage mit dieser Technik ausgestattet, ohne die ein erfolgreicher Fang nicht mehr möglich ist. Trotzdem machen immer noch die Kennerschaft und Intuition des Kapitäns den Unterschied zwischen einem erfolgreichen Boot und den anderen. Fernando Manso erteilt seinem Ersten Offizier, der am Steuer steht, Anweisungen. Aber noch kann er sich nicht dazu entschließen, die Netze auszuwerfen. Die Schwärme sind klein, und der Wellengang ist hoch, was den Erfolg zweifelhaft macht. Stundenlang geht das so, bis Manso beschließt, es zu wagen. Er lässt das Schiff anhalten und das Boot aussetzen, das den Anfang des mehr als einen Kilometer langen Netzes sichert. Dann beschreibt das große Boot einen Kreis und legt dabei das gewaltige Netz aus, das anschließend am Grund zusammengezogen und mithilfe einer Motorwinde hochgezogen wird. Voller Elan gehen die Fischer ans Werk, nehmen ihre Posten ein und verrichten ihre Arbeit blindwütig, wie Maschinen, die Gesichter gegerbt von Salzluft und Kälte, von Schmerz, Entbehrung und Schicksalsergebenheit, aber auch von einer seltsamen Besessenheit. Sie sind Ameisen auf einem Blatt, das auf einem endlosen, wilden Ozean herumwirbelt. Die ungeheuerliche Szenerie verschlingt die Männer, doch weil sie sie nicht wahrnehmen, sind sie ein Teil von ihr. Niemand würde sagen, dass dies ihre tägliche Arbeit ist; vielmehr mutet es an wie ein Kampf, wie ein Heldenepos, wie die Panik, die einen inmitten einer Katastrophe packt. Wenn der

Kreis geschlossen ist, wird das Netz mithilfe der Winde hochgezogen. Während dieses endlos scheinenden Vorgangs stehen die Männer neben dem Motor des »Keschers« bereit, um das Netz zu trocknen, es von Algen und Fischen zu säubern, die sich in den Maschen verfangen haben, es einzuholen und so aufzurollen, dass es gleich wieder verwendet werden kann. Das Ganze geschieht mit einer ungeheuren Geschwindigkeit und Wucht. Die Leinen rasen gefährlich schnell durch Haken und Flaschenzüge, das eiskalte Wasser ergießt sich wie ein Sturzbach über Kopf und Rücken des Fischers, der das Netz festhält, während alle mit wachsender Erregung zusehen, wie es nach und nach aus dem Wasser auftaucht, im Wissen, dass der hochmütige Ozean das Resultat erst preisgibt, wenn es ganz aus dem Wasser gezogen ist, beim letzten Ruck. »Gibt es Fisch oder nicht?« »Da kommt es, da kommt es!« »Seht mal, da kommen die Tintenfische!« Und schließlich, wenn die Spannung ihren Höhepunkt erreicht hat, erscheint der Boden des Netzes an der Wasseroberfläche. »Man darf die Hoffnung bis zum letzten Angelhaken nicht aufgeben«, pflegte Fernando Teodoro Manso senior zu sagen, wie schon vor ihm sein Vater, der die Fischerei als wahre »Kunst« mit Fallen und Lichtern zum Anlocken der Fische betrieb. Niemand sagt etwas, als am Grund des Netzes eine Handvoll Sardinen auftaucht. Eine Enttäuschung. Vater Ozean lacht sie aus. Das kleine Boot, das den Fisch aufnehmen und an Land bringen soll, macht an dem großen Schiff fest. Es ist stockdunkel, als die *Luís Adrião* ihre Reise fortsetzt und ihren Namen in Richtung Süden trägt.

*

1. April 1996, neun Uhr morgens. Über den Bordfunk der *Monte Santiago* meldet sich Rui Almeida bei Graça. »Lass den Funk eingeschaltet, es herrscht ein gewaltiger Sturm«, sagt er. »Ich bin gegen eins zurück.« Graça ist besorgt. Sie denkt daran,

dass ihr Mann immer mehr riskiert, als ratsam ist, um mehr Fisch für die Familie und die Besatzung nach Hause zu bringen. Als er die *Luís Adrião* von Fernando Mansos Betrieb erwarb, wusste er, dass das Schiff für den Sardinenfang mit dem Umschließungsnetz eigentlich zu alt war. Schon fünfundzwanzig Jahre zuvor hatte Manso senior seinen Chefs selbst gesagt: »Die *Luís Adrião* hat keine Zukunft. Sie taugt nur noch für den Schleppnetzfang. Wir brauchen ein neues Schiff.« Trotzdem entschloss sich Rui 1984 zum Kauf des Schiffes, wohl weil die *Luís Adrião* im Ruf stand, das erfolgreichste Schiff von ganz Sesimbra zu sein. Vielleicht lag es am Namen. Er benannte das Schiff um in *Monte Santiago* und benutzte es, um Schwarzen Degenfisch zu fangen, ein rentableres, aber sehr viel schwierigeres und brutaleres Geschäft, das längere Fahrten erfordert als der Sardinenfang.

Graça erinnert sich an Ruis Versuche, der Armut zu entfliehen. An seine gewagten Einsätze und die Kraft seiner Träume. Wie schwer es war, das Geld für den Kauf des Schiffes aufzubringen, und wie viel schwerer, den Bau des Hauses und des neuen Schiffs, das schon auf der Werft lag, zu bezahlen. Eine größere, modernere *Monte Santiago*, die in wenigen Monaten würde in See stechen können. »Es wäre schade, wenn ich jetzt sterben müsste«, sagte Rui, der sich etwas aufgebaut hat, wofür es sich zu leben lohnt. All das beruhigt Graça; sie denkt daran, was ihr Mann immer sagt, wenn andere ihm vorwerfen, zu riskant zu sein: »Ich beherrsche das Meer.« Sie schläft ein.

1. April, halb elf Uhr vormittags. Rui Almeida erklärt die »Jagd« für diesen Tag für beendet und macht sich auf den Rückweg nach Sesimbra. Der Sturm hat nicht nachgelassen, aber die Besatzung ist gut gelaunt. Jetzt können sie sich am mitgebrachten Proviant gütlich tun. Einer der Fischer sagt zu Rui, der im Steuerhaus steht: »Geh essen, ich löse dich für eine

Weile ab.« Aber Rui lässt das nicht zu. Er sagt, er werde am Schluss essen. Viertel nach elf. Rui kann über Funk mit der Hafenverwaltung sprechen. Er sagt, dass er gegen ein Uhr eintreffen wird.

★

Um drei Uhr morgens erreicht die *Luís Adrião* die Gewässer vor Sines. Es lohnt sich nicht, jetzt die Netze auszubringen. Fernando Manso ordnet an, Anker zu werfen, und erlaubt den Männern, bis um fünf zu schlafen. Um diese Zeit werden die Sardinen wach. Der Wind hat sich gelegt, das Meer ist seltsam träge, schwarz und fettig. Die Männer ziehen sich auf den nach Fisch und Diesel stinkenden Decks in ihre Kojen zurück. Um Punkt fünf Uhr beginnt die Arbeit. Es ist die »Aura«, die Stunde, in der die Sardinen erwachen, aber noch schlaftrunken sind und sich leicht fangen lassen. So hat es Fernando Manso von seinem Vater gelernt. Und tatsächlich, als das Netz jetzt hochgezogen wird, ist es bis oben hin voller Sardinen, Tonnen von in der Dunkelheit schimmernden Fischen. Es ist Zeit, an Land zurückzukehren, den Fisch abzuladen, zu Mittag zu essen, sich ein paar Stunden aufs Ohr zu legen und wieder hinauszufahren.

Ja, die Sardinen schlafen, erklärt mir Manso senior. Und sie sind Langschläfer. Die Spanische Makrele hingegen ist eher ein Frühaufsteher. Die Sardine macht gerne die Nacht durch. »Sie kennen das ja, wenn man mit Freunden ein paar Bierchen trinken geht, weil man sich lange nicht mehr gesehen hat und so … Da kommt dann eine Zeit, so gegen fünf, sechs Uhr morgens, wo man schläfrig wird und sich ein bisschen hinlegen muss … Na ja, und genau so geht es der Sardine.« Und das ist die richtige Zeit, um die Sardine, den alten Nachtschwärmer, zu fangen. Groggy vor Schläfrigkeit und Kater, gehen sie widerstandslos ins Netz. Selbst wenn sie sich zum Schlafen halb in den Sand eingraben, wie um das Sonar der Fischerboote auszutricksen, sind sie beim Erwachen schlecht gelaunt, vielleicht, weil sie die Nacht zum Tag gemacht haben. Manchmal geht dann morgens alles schief, und sie landen im Netz eines Fischers. Die Spanische Makrele beginnt den Tag früher, aber nicht weniger rammdösig. In ihrem morgendlichen Freudentaumel zappelt sie – zack! – im Netz, wenn sie es am wenigsten erwartet. Der Wolfsbarsch hingegen hat einen festeren Schlaf und ist deshalb, kaum erwacht, schon in Form. Fernando Manso erinnert sich, dass man sie früher, als es sie vor der Küste von Sesimbra noch in rauen Mengen gab, schnarchen hören konnte, wenn man das Ohr auf den Schiffsboden legte. »Fische sind wie Menschen. Sie haben ihre Angewohnheiten und ihre Macken. Wenn man sie kennt, mit ihnen zusammenlebt, wie ich es nenne, hat man größere Chancen, sie zu fangen.« Selbst die schlaue Geißbrasse hat ihre schwachen Momente. »Wenn die Geißbrasse einen Haken sieht, schwimmt sie nicht hin, weil sie weiß, dass dort ein Angler lauert. Und wenn man doch mal eine fängt, muss man sich die Hände waschen, bevor man den Köder wieder auswirft, oder man fängt keine mehr. Sie nehmen den Geruch wahr und wissen Bescheid. Geißbrassen halten sich stets nahe der Küste auf. Wir sagen immer, dass sie gerne die Autos vorbeifahren sehen. Dort sind sie sehr schwer zu fangen, weil sie sich zwischen den Felsen verstecken. Einmal habe ich eine gesehen, wie sie den Kopf herausstreckte und mich ansah, als wollte sie sagen: *Du willst mich fangen? Na, dann komm her, mal sehen, ob ich mich fangen lasse!* Aber auch die Geißbrassen muss man kennen. Nach dem Laichen schwimmen sie in Schwärmen aufs offene Meer hinaus, wo man sie ganz einfach fangen kann. Warum sie sich so unvorsichtig verhalten, ist ein Rätsel. Wenn Frauen schwanger sind, haben sie auch seltsame Gelüste. Sie haben dann Heißhunger auf Kohle und so was. Mit dem Fisch ist es genauso. Sie lassen ihre Kinder zurück und denken: *Jetzt, wo ihr da seid, können wir ja eine kleine Runde drehen.* Ich weiß nicht, ob das Fischwahnsinn ist …«

Was gäbe Graça darum, die Zeit zurückzudrehen! Warum hat sie ihren Mann an jenem Tag gehen lassen? Nach dem Schiffsunglück hatte sie das Gefühl, dass auch ihr Leben zu Ende sei. Aber dann hat sie sich zusammengerissen. Sie, die nie etwas mit den Geschäften zu tun haben wollte, die nichts vom Fischen verstand, übernahm als wahrscheinlich einzige Frau unter den portugiesischen Fischern die Leitung des Betriebs. Kaum dass die neue *Monte Santiago* fertig war, ließ sie sie zu Wasser. Anfangs konnte sie auf die Solidarität von ganz Sesimbra zählen. Aber bald gab es die ersten Animositäten. Alle Mitglieder der Besatzung, die das Schiffsunglück überlebt und zugesagt hatten, für sie zu arbeiten, ließen sie im Stich. Sie musste ganz von vorne anfangen, neue Fischer einstellen. »Ich fühlte, dass ich die Pflicht hatte, seinen Traum weiter zu verfolgen. Nur deshalb schaffe ich es, den Betrieb fortzuführen.«

Immer, wenn eine wichtige geschäftliche Entscheidung zu treffen ist, träumt Graça von Rui. »Er sagt aber nie etwas im Traum. Ich rede mit ihm, aber er schweigt immer.«

Carmen, die mittlerweile achtzehn ist, erzählt, dass sie ihren Vater noch oft im Haus pfeifen höre. Beide, Mutter und Tochter, sprechen über Rui, als säße er mit ihnen am Tisch. Und dennoch gähnt in ihrem Blick unübersehbar ein Abgrund. Sie sind Überlebende, und ihr Mut ist atemberaubend. Sie haben die Zeit zurückgedreht.

★

Der heute siebzigjährige Fernando Teodoro Manso begann mit achtzehn als Sardinenfischer zu arbeiten. Aber schon als kleines Kind weinte er so lange, bis sein Vater ihn mitnahm, um ihn in die »Kunst« der *Armação* einzuführen, des Fischfangs mit Stellnetzen, wie er für Sesimbra typisch ist. »Es bringt Unglück beim Fischfang, wenn du den Jungen zu Hause lässt«, rieten ihm die Kollegen. Er begann als *Moço*, als Schiffsjunge, aber schnell wurde seine Begabung für den Fischfang deutlich, und bald durfte er Schiffe steuern. Schließlich bot man ihm an, Teilhaber an der *Luís Adrião* zu werden. »Das hat man entweder vom Mutterleib an im Blut, oder man lernt es nie.«

Früher, als es noch kein Sonar und kein GPS gab, war die Intuition des Kapitäns entscheidend; sie galt als fast übernatürliche Kraft. Das ist bis heute so. Von diesem initiatischen Wissen des Kapitäns kann das Überleben ganzer Familien abhängen. Deshalb wird es geheim gehalten und gehütet wie ein Schatz und angeblich vom Vater an den Sohn weitergegeben.

Einer der sagenumwobenen Kapitäne von Sesimbra, Anacleto, notierte sich in einer eigens von ihm erfundenen Sprache in einem Heft alles, was er über das Meer wusste. Er starb unerwartet, und seine Söhne bewahren bis heute seine Hieroglyphen auf, enttäuscht darüber, dass sie sie nicht entziffern können.

»Tagsüber waren die Vögel mein Sonar – auf der Weide lockt ein totes Tier ja auch die Geier an, die dann über ihm kreisen; nachts war es das Phosphoreszieren, das heute aufgrund der Wasserverschmutzung kaum noch existiert«, so erklärt Manso es sich. »Wasser enthält Phosphor, und das bewirkt, dass die Wasseroberfläche da aufleuchtet, wo sich Fische befinden. Ein Schimmer in der Nacht, ein Brennen, zeigt dir, wo sich ein Schwarm befindet. So haben wir große Flecken von Wolfsbarsch und Spanischer Makrele gesehen und wussten sogar, wie groß die Schwärme waren und in welche Richtung sie sich bewegten.«

*

1. April, neun Uhr abends. Graça und die Kinder warten im Hafen von Sesimbra auf die Ankunft der vier Überlebenden. Niemand hat ihnen gesagt, wer sie sind. Sie sehen, wie der Erste das Fischerboot *António Lázaro* verlässt, das sie gerettet hat. Dann kommen der Zweite und der Dritte. Keiner von ihnen ist Rui. Auch nicht der Vierte.

*

Fernando Teodoro Manso »lebt mit den Fischen«, »träumt von Fischen«, »seine Augen spiegeln Fische«. Überall sieht er Signale und Botschaften. Der Mond weist die Richtung, in die die Fische sich bewegen. »Sie haben Angst vor dem Licht, deshalb begeben sie sich in die Tiefe. Sie denken, dass sie im Dunkeln niemand sieht.« Aus der Art, wie eine Katze sich die Pfoten leckt, liest er die Windrichtung, selbst wenn noch gar kein Wind weht. Es gibt Augenblicke, in denen der Fisch »sich zeigt«. Das sind die *ensejos*, die günstigen Momente. Wenn der Tag der Nacht weicht, ist das ein günstiger Moment. Wenn die Sonne als »Ochsenauge« untergeht, ist das ein günstiger Moment. Der Viertelmond ist ebenso ein günstiger Moment wie der Augenblick, in dem der Mond ins Wasser taucht. Zwischen Manso und den Fischen besteht eine telepathische Verbindung. »Manchmal konnte ich sie in Gedanken sehen. Dann ging ich da hin, wo ich sie gesehen hatte, und da waren sie und warteten schon auf mich.« Es gibt Phänomene, die sich nicht erklären lassen. An manchen Tagen scheinen die Fische wie hypnotisiert zu sein und lassen sich tonnenweise fangen. Dann weiß man sicher, dass am nächsten Tag ein Sturm kommt. »Woher wussten die Fische das?« Wirft man tote Fische ins Wasser zurück, gibt es an der Stelle kein Leben mehr. »Fische sehen nicht gerne Tote.«

Halb neun Uhr abends. Das Schiff der Seenotrettung findet
Holztrümmer der *Monte Santiago* und einen Plüschbären von
Benfica, den Rui Almeida immer bei sich hatte.

★

Es gibt geheimnisvolle Analogien.»Fische schwimmen in Reihen hin-
tereinanderher, wie die Vögel am Himmel fliegen. Man muss nur in
den Himmel schauen, dann weiß man, was im Wasser passiert.«Jede
Spezies hat ihre eigenen Verhaltensweisen. »Die Sardine schwimmt
dahin, wo es Felsen gibt, um zu fressen und dort den Abend zu verbringen, so, wie wir ins Café gehen. Danach kehrt sie in die Tiefe
zurück, weil sie sich im flachen Gewässer nicht sicher fühlt. Der
Stöcker bleibt lieber immer am gleichen Ort, nah am Grund, wo er
Sand frisst. Weil die Sardine kälteempfindlich ist, taucht sie im Winter tiefer, wo das Wasser wärmer ist, und kommt im Sommer an die
Oberfläche. Der Wolfsbarsch und der Stöcker kommen nicht so weit
nach oben.«

★

Halb sieben Uhr abends. Etwa fünfzehn Seemeilen südwestlich
des Cabo Espichel stößt die *António Lázaro* auf das Rettungsboot mit den Schiffbrüchigen. Vier Uhr. Der Landkapitän der
Monte Santiago geht zur Hafenverwaltung von Sesimbra, um
das Verschwinden des Schiffs zu melden, das um ein Uhr mittags hätte ankommen sollen. Er bittet darum, das Flugzeug
und Helikopter auf die Suche zu schicken, und wird als Antwort gefragt, ob er das denn bezahlen könne. Halb zwei. Die
Überlebenden entdecken einen weiteren Fischer, João Casimiro, der an eine Holzkiste geklammert auf dem Meer treibt.
Sie versuchen ihn zu retten, ziehen ihn halb aus bei ihren ver-

geblichen Bemühungen, ihn ins Boot zu holen. »Ich kann nicht mehr«, sagt er. »Fahrt weiter, ich schaffe es nicht.« Sie sehen zu, wie er untergeht. Ein Uhr. Endlich haben vier der acht Besatzungsmitglieder es fertiggebracht, das Rettungsboot zu Wasser zu lassen und hineinzuklettern, nachdem sie aus dem gekenterten Schiff entkommen konnten, das kieloben im Wasser treibt. Viertel vor eins. Graça wacht auf und versucht, Rui zu erreichen, erhält aber keine Antwort. Halb zwölf. Eine Riesenwelle bricht über die *Monte Santiago* herein, zerschmettert das Steuerhaus und lässt das Schiff umschlagen. Halb zwölf. Drei Mann der Besatzung werden ins Meer geschleudert.

Rui Almeidas Leiche wird nie gefunden. Halb zwölf. Heftige Herzschmerzen reißen Graça aus dem Schlaf. Sie dreht sich um und schläft weiter.

Kapitel 4

Land des Neubeginns

Sines

Eine Begegnung in der Burg

Es wird das Festival der »Freaks« genannt, und obwohl dieser Begriff jeder wissenschaftlichen Grundlage entbehrt, kann niemand bestreiten, dass es sie gibt. Zu Tausenden. Indische Röcke und Ponchos aus den Anden. Aquarellfarben gefleckte Lumpen und Sandalen. Ohrringe, Piercings und Tattoos.

Anscheinend haben sich die Stilrichtungen vermischt, und die Vielfalt ist so groß, dass alles durcheinandergerät und es keine spezifischen Gruppen mehr gibt, nur eine Art globale Familie. So scheint es zumindest, auch wenn nichts von alledem soziologisch erwiesen ist.

Rund um die Burg, wo die Hauptveranstaltungen stattfinden, und auf der Strandpromenade, wo eine weitere Bühne für Nachmittagskonzerte und After-Hour-Partys errichtet wurde, finden sich Stände und Buden, die allen möglichen »Krimskrams für Freaks« anbieten (was auch immer das sein mag), damit es den mehr oder weniger jungen »Alternativen« an nichts fehlt. Das ganze Wochenende über flanieren Horden von Friedensbewegten durch die erleuchteten Gassen von Sines, drängen sich in Restaurants, die dem Ansturm nicht gewachsen sind, und auf Terrassen, wo man sich um einen Platz balgt.

An der Stadtmauer steht eine Gruppe vor einem Werbeplakat, um sich zu vergewissern, wann die Hauptattraktionen auftreten werden: die Irakerin Farida, die »Stimme Mesopotamiens«, mit ihrem

Maqam-Chor und danach die Nigerianer Tony Allen und Seun Kuti mit der Band Egypt 80. Musikinteressierte bemerken, dass der Schlagzeuger Tony Allen in den Sechzigerjahren gemeinsam mit Fela Kuti den Afrobeat erfand. Nach Felas Tod startete Tony eine Solokarriere in Europa, aber hier wird er mit der alten Band spielen, die jetzt von Fela Kutis Sohn, dem jungen Seun Kuti, geleitet wird. Es wird eine mythische Wiederbegegnung werden.

Ein Duft nach Seetang und Heidekraut durchdringt die Strände, reinigt das Meer, bis es genau den richtigen Blauton hat, das mathematisch exakte Blau, das es braucht, damit es an nichts fehlt.

*

Lagos, Nigeria, 1963. Fela Kuti kehrt in sein Heimatland zurück, nachdem er in England Medizin und Musik studiert hat. In London hatte er eine Band namens Koola Lobitos, jetzt gründet er sie in Nigeria neu und gewinnt als Schlagzeuger Tony Allen, mit dem er in seiner Jugend in Hotelbars gespielt hatte. Allen ist fasziniert von Jazz und Art Blakey und besessen von der Idee, einen neuen Rhythmus zu erschaffen. Er übt Tag und Nacht, auf der Suche nach seinem »eigenen Sound«, wie er sagt.

Gemeinsam kreieren Fela und Tony eine Musikrichtung, eine Mischung aus Jazz und afrikanischem Highlife-Rhythmus, die sie Afrobeat nennen.

Die Koola Lobitos gehen auf Tournee in die Vereinigten Staaten. Durch den Kontakt zu Mitgliedern der Black Panthers und der revolutionären Bürgerrechtsbewegung gewinnt die Musik der Band das, was ihr noch gefehlt hat. Als Fela aus den Vereinigten Staaten ausgewiesen wird und mit seiner neuen Band, den Africa 70, nach Nigeria zurückkehrt, wird der Afrobeat politisch.

Die Kalakuta Republic wird gegründet, eine Kommune, die sich innerhalb Nigerias für unabhängig erklärt. Hier eröffnet Fela Kuti ein Tonstudio und einen Nachtclub im Empire Hotel, der anfangs den Namen Afro-Spot trägt. Aber erst unter dem Namen »Shrine« wird der Club zu einem echten Kultlokal des Afrobeat und der politischen Bewegung zur Befreiung Afrikas von den korrupten Regimes der postkolonialen Zeit. Die Konzerte im Shrine, die westliche Musiker wie James Brown oder Paul McCartney anlocken, sind wahre Orgien revolutionärer und musikalischer Begeisterung, bei denen Hunderte Musikerinnen und Tänzer auf der Bühne stehen und Tausende von Zuschauenden in Ekstase geraten.

In den Siebzigerjahren ist Fela Kuti der berühmteste afrikanische Musiker der Welt; Tony Allen gilt als einer der besten Schlagzeuger. Der Afrobeat ist in Nigeria und ganz Afrika zu einer starken Macht geworden, was die Herrschenden in Lagos zunehmend erzürnt. Als 1977 das Album *Zombie* erscheint, beschließen die nigerianischen Militärs, die Liedtexte der Schallplatte, in denen ihre blutigen Methoden beschrieben werden, wörtlich zu nehmen: Tausend Soldaten greifen die Kalakuta Republic an. Fela wird zusammengeschlagen, seine Mutter kommt mit vielen anderen ums Leben. Das Studio geht in Flammen auf, die Aufnahmen werden zerstört. Ein Jahr später heiratet Fela zum Jahrestag des Überfalls siebenundzwanzig Frauen, beinahe alle seine Tänzerinnen. Er geht auf Welttournee, und fast überall, wo er *Zombie* singt, kommt es zu Aufständen. 1979 gründet Fela eine politische Partei namens Movement of the People und kandidiert zum ersten Mal bei den Präsidentschaftswahlen. Das Regime verbietet die Partei und die Kandidatur. Also gründet er die Band Egypt 80 und reist durchs ganze Land, zu Konzerten, die zugleich politische Versammlungen sind. 1983 kandidiert er erneut als Präsident und wird verhaftet. Im selben Jahr verlässt Tony Allen die Band und zieht nach Europa. Und Seun kommt zur Welt.

★

Bagdad, 1983. Farida ist zwanzig, als sie sich in Mohamad Gomar verliebt, ihren Gesangslehrer am Konservatorium. Er hat sie ermutigt, Maqam zu studieren, eine höchst komplizierte Kunst, die traditionell den Männern vorbehalten ist. Aber Faridas Stimme hat sämtliche Eigenschaften, die es braucht, um alle zweiundfünfzig Arten des Maqam zu singen, angefangen mit den ältesten, streng religiösen Liedern der Sufis aus der Zeit der Abbasidendynastie vor 1200 Jahren bis hin zu den thematisch freieren Liedern des 19. Jahrhunderts. Farida besitzt eine kräftige, volle Stimme, die mühelos zwei Oktaven an Tönen, Halbtönen und Vierteltönen umspannt. Nach Ende ihres Studiums ist Farida eine der wenigen Frauen, die Maqam singen, und die einzige, die ihn unterrichtet. Obgleich in Kerbala im Schoß einer schiitischen Familie geboren, ist sie schon in jungen Jahren nach Bagdad gezogen, hat den Schleier abgelegt und die Privilegien des weltlich-sozialistischen Regimes der Baath-Partei kennengelernt.

Sie heiratet Mohamad, der Kurde ist, und wird professionelle Sängerin, was ihr, wie allen »populären Künstlern« zu Saddam Husseins Zeiten, ein festes Einkommen und große Wertschätzung garantiert.

Maqam gilt als kulturelles Erbe des Landes und ist als solches geschützt. Die Maqam-Sänger haben einen sicheren Arbeitsplatz, doch jede Veränderung am traditionellen Stil ist verboten. Jahr für Jahr tritt Farida beim Festival in Babylon auf, der Stadt, die Saddam Hussein zum Entsetzen von Archäologinnen und Archäologen weltweit auf den Ruinen der alten Hauptstadt Nebukadnezars errichten ließ. Musikfans aus der ganzen arabischen Welt strömen herbei, um diesen unverfälschten Versionen der traditionellen Musik zu lauschen. Während sich die Musikerinnen und Musiker anderer Länder von den modernen westlichen Rhythmen beeinflussen lassen und Mischstile entstehen, wie der algerische Raï, bleibt im Irak die alte Kunst unberührt bewahrt. So, wie er die Mauern von Babylon originalgetreu neu errichten ließ, lässt Saddam den Maqam des 8. Jahrhunderts mit jeder Generation von Sängern neu aufleben. Doch ebenso, wie er – Nebukadnezars Beispiel folgend – seinen Namen in jeden Ziegel des neuen Babylon einritzen ließ, kann er der Versuchung nicht widerstehen, auch den Musikern seinen Stempel aufzudrücken. Nach dem Krieg von 1991, der ein internationales Embargo gegen den Irak zur Folge hat, ruft Saddam alle Maqam-Musiker zu sich in den Palast. Mohamad Gomar erinnert sich: »Er sagte uns, dass wir von nun an alle Lieder ihm widmen müssten. Wir sollten die Verse umschreiben und Strophen zum Lob des Präsidenten einfügen. Bei den Liebesliedern sollte der Name des oder der Geliebten durch den Namen Saddams ersetzt werden, um die Iraker und Irakerinnen in ihrer uneingeschränkten Liebe zu ihrem Präsidenten zu bestärken.«

Mohamad und Farida verlassen das Land. Die Qualität ihrer Musik hat sie bereits im Ausland bekannt gemacht, wo sie zahlreiche Kontakte haben. Mit ihrer gesamten Band, bestehend aus Faridas Bruder Jamil Al Asadi, ihrem Sohn Abdulatif Saad Al Obaidi und sechs weiteren Musikern (darunter zwei Sunniten und ein Christ), gehen sie ins Exil in die Niederlande, wo sie mit finanzieller Unterstützung der Regierung eine Stiftung zur Förderung der Theorie und Praxis des Maqam gründen. Fortan treten sie überall auf der Welt auf und geben mehr als 150 Konzerte in Europa, Australien und Amerika, vor allem auf »Weltmusikkonzerten« wie dem in Sines.

Und nun kommt das Unerklärliche: Wieso schätzt das westliche Publikum eine so alte, komplexe und hermetische Musikrichtung wie den Maqam? Jedes der in Altarabisch gesungenen Lieder dauert mindestens eine halbe Stunde und ist voller kehliger Vierteltöne, die für westliche Ohren eigentlich nur schief klingen.

Wie können die zehntausend Menschen hier – so offen, eklektisch, alternativ und freakig sie auch sein mögen – Farida verstehen?

Angefangen hat das alles mit Manuel Coelho, dem von den Konservativen ins Amt gewählten Bürgermeister von Sines. Der aus Coimbra stammende Arzt erkannte gleich nach seinem Umzug nach Sines die Besonderheiten seiner neuen Heimat. Dank des Hafens und

der Industrie besitzt Sines »unter den Städten des Alentejo das ur-
banste Ambiente und verzeichnet fast als einzige einen stetigen Be-
völkerungszuwachs. Von den 15 000 Einwohnern des Landkreises leben 13 000 in der Stadt, und zwei Drittel von ihnen sind Zugezogene.«
Das alles macht Sines in Manuel Coelhos Augen zu einer »weltoffe-
nen Stadt«. Zudem ist er überzeugt, dass Musik eine besondere Macht
über die Menschen hat. »Sie ist meine größte Leidenschaft.«

Und da er fand, dass »die Stadt neue Impulse brauchte«, ersann er,
als er 1998 ins Amt kam, zusammen mit dem Programmgestalter
Carlos Seixas diese einzigartige Veranstaltung. »Das Festival steht
unter keinem besonderen Motto, um es nicht einzuschränken. Und
obwohl es keine Massenveranstaltung sein soll, möchten wir für ein
breites Publikum offen sein und jungen Menschen musikalische Aus-
drucksformen zugänglich machen, die man innerhalb eines kom-
merziellen Rahmens nicht geboten bekommt.«

So entstand 1999 das Festival »Músicas do Mundo«.

★

Seun Kuti hat soeben auf der Bühne vor der Burg den Soundcheck
beendet. Brüderlich teilt er mit einem Saxofonisten seiner Band ein
Piece Haschisch, dann sagt er zu mir: »Ich glaube an das, was mein
Vater gesagt hat: dass die Musik die Waffe der Zukunft ist. Der Afrobeat ist die Stimme des einfachen afrikanischen Mannes. Und darum nutze ich meine Musik. Wenn wir Einfluss auf viele Menschen
ausüben, wenn sie auf das hören, was wir sagen, dürfen wir diese
Macht nicht nur zu unserem Vorteil nutzen. Wir müssen dem Volk
die Macht geben.«

Die Bandmitglieder sind fast alle seit den wilden Konzerten im
Shrine dabei, und auch die Musik ist im Wesentlichen die gleiche
geblieben. »Wie alle Künstler habe ich Einflüsse aufgenommen und

mich verändert«, erklärt Seun. »Ich habe viel Hip-Hop in meine Musik integriert; es ist die Musik meiner Generation, und ich liebe sie. Trotzdem ist das, was ich mache, weiterhin Afrobeat, und der Inhalt ist immer noch größtenteils politisch.«

Seun und die Mitglieder von Egypt 80 leben in Lagos, auch wenn sie durch die ganze Welt touren. Das Thema ihrer Lieder ist nach wie vor die Ungerechtigkeit in Afrika, die auch in den letzten Jahrzehnten nicht wesentlich geringer geworden ist. »Nach der Unabhängigkeit Nigerias 1960 hat die Regierung versprochen, einen Staudamm zu bauen, der unsere ganze Region mit Strom versorgen sollte. Bis heute habe ich in meinem Haus in Lagos, einem der größten Ölfördergebiete der Welt, nur drei Stunden am Tag elektrisches Licht. In den Dörfern der Umgebung gibt es weder Strom noch fließendes Wasser.«

Trotzdem glaubt Seun nicht an die Existenz eines »nigerianischen oder afrikanischen Volkes«. Er glaubt, dass es »in der ganzen Welt nur ein einziges Volk gibt«. Und deshalb möchte er eine weltweite Befreiungsbewegung ins Leben rufen. Er kritisiert die Rebellengruppen, die im Nigerdelta die Anlagen der Ölmultis angreifen und sabotieren. »Die verfolgen nur persönliche Interessen. Ich trete für eine gewaltfreie Bewegung ein, die die Leute zum Nachdenken bringt, die sie inspiriert. Und genau das ist Afrobeat. Wenn die Zeit reif ist, möchte ich die Partei gründen, mit der mein Vater nicht zur Wahl antreten durfte, das Movement of the People.«

Die ersten Maßnahmen dieser Bewegung wären ein Boykott der Wahlen – die in Afrika »derjenige gewinnt, der die meisten Stimmen kaufen kann« – und die Unterstützung friedlicher Aktionen gegen Polizeigewalt, die Arroganz der Justiz, korrupte Regierungen, den Machtmissbrauch religiöser Führer, Analphabetismus und Armut.

Festivals wie das von Sines sind wichtig, um »den Massen in Europa die Bewegung zu zeigen, die im Entstehen ist, damit sie sich ihr zu gegebener Zeit anschließen können«.

Das Gelände der Burg ist voll bis auf den letzten Platz, als Farida die Bühne betritt. Sie baut sich vor den Musikern des Iraqi Maqam Ensembles auf, die in den Trachten der unterschiedlichen ethnischen Gruppierungen ihres Landes gekleidet sind, und stimmt einen ihrer halbstündigen Maqams an. Als das Gemurmel des Publikums nicht abebbt, wechselt die Sängerin mit ihren Bandmitgliedern ein paar mysteriöse Zeichen und ändert ihre Strategie. Der Schlagzeuger setzt ein, gefolgt von einem Lautensolo, das so machtvoll klingt, dass man meinen könnte, eine E-Gitarre zu hören. »Man muss genau hinsehen, was für ein Publikum man vor sich hat«, hat mir Farida zuvor erklärt. »Es ist nicht immer gleich. Einige sitzen lieber beim Zuhören, andere wollen tanzen. In schwierigen Fällen nutzen wir das Schlagzeug, um die Aufmerksamkeit der Leute zu gewinnen. Dann kommt ein wenig Pastah hinzu, ein melodischer Refrain ohne Vierteltöne. Und erst, wenn wir das Publikum vollständig erobert haben, beginne ich mit dem eigentlichen Maqam.«

Es funktioniert. Beim Klang des Schlagzeugs fangen alle an herumzuspringen. Dann folgt auf ein Zeichen von Mohamad ein wenig Pastah. Das Publikum klatscht in die Hände, singt mit der Sängerin mit. Ein Solo, noch mehr Schlagzeug, und sie sind fast überzeugt. Jetzt geht es schon beinahe ausschließlich mit Pastah.

Seit sie den Irak verlassen hat, improvisiert Farida, flicht Elemente anderer Genres in ihre Musik ein. In Holland hat sie fünfzehn Konzerte mit dem Klassikorchester Metropol bestritten und auf einem Festival der Weltmusik mit einer korsischen Sängerin im Duett gesungen. »Ich weiß alles über Maqam. Deshalb kann ich mir die Freiheit erlauben, zu improvisieren oder den Text zu ändern ...«, hat mir Farida erklärt, die sich nun, da das Publikum Wachs in ihren Händen ist, doch noch entschließt, ihm einen echten Maqam zu präsentieren, ein halbstündiges Liebeslied. Mit Vierteltönen und allem. Nur eine Sache ändert sie: Statt des Namens der geliebten Frau in dem Lied singt Farida »Bagdad«.

Welche Geschenke soll ich dir bringen, meine Liebste, mein Bagdad?, singt sie, während alle tanzen. *Willst du Gold? Willst du Schmuck? Meine Seele? Die Seele ist so kostbar, dass man sie niemandem schenkt. Aber dir, Bagdad, will ich meine Seele schenken.*

Tony Allen gibt nicht gerne Interviews. »Ich habe nichts zu sagen.« Seine Augen starren mit einem Ausdruck tiefer Verbitterung auf einen weit entfernten Punkt. »Ich habe den Afrobeat erfunden«, gesteht er dann schließlich doch, nachdem ich ihn mit Fragen zu Fela Kuti und der von ihm ins Leben gerufenen Bewegung in Nigeria bombardiert habe. »Afrobeat ist ein bestimmter Schlagzeugrhythmus. Mehr nicht. Es gibt viele Gruppen, die behaupten, Afrobeat zu spielen. Aber das tun sie nur, wenn es ihnen gelingt, den Rhythmus nachzuspielen, den ich erfunden habe.«

Tony Allen lebt heute in Paris und kann auf eine erfolgreiche Karriere zurückblicken, seit er Egypt 80 und Nigeria verlassen hat. Er gilt nach wie vor als einer der besten Schlagzeuger der Welt. Für ihn hat Afrobeat nichts Politisches.

»Auch nicht in den Siebzigerjahren in Lagos?«, frage ich.

»Ich habe mit Fela gespielt. Aber ich glaube nicht länger daran, dass die Musik irgendeine Rolle spielt. Musik ist einfach nur Musik. Sie hat keinen weiteren Zweck. Wenn ich etwas zu sagen habe, sage ich es, aber das hat nichts mit Musik zu tun.«

»Können Lieder revolutionäre Botschaften enthalten?«

»Diejenigen, die die Macht haben, die Welt zu verändern, lassen sich durch Lieder nicht beeinflussen. Wir können ihnen etwas eine Million Mal sagen, sie hören nicht zu. Welchen Sinn hat es also?«

»Das heißt, die Musik hat keinen Einfluss auf die Menschen?«

»Was sollen die Menschen denn tun? Haben sie etwa Waffen?«

»Es lässt sich also nur mit Waffen etwas erreichen?«

»Natürlich. Es sind die Waffen, die sprechen. Sehen Sie sich doch nur an, was im Mittleren Osten geschieht. Glauben Sie, die Leute, die die Bombardements befehlen, hören Lieder?«

Das Festival endet mit dem Auftritt von Seun Kuti und den achtzehn Musikerinnen und Musikern von Egypt 80. Seun spielt ein paar Lieder, zieht sein Hemd aus, wie sein Vater es immer getan hat, und präsentiert Tony Allen. Der schmächtige alte Erfinder des Afrobeat nimmt seinen Platz am Schlagzeug ein. In der Burg bricht die Hölle los. Seun schreit gegen die Ungerechtigkeit in Afrika an, stachelt die Menge auf. Hinter seinen Becken halb versteckt rattert Tony seinen Rhythmus herunter wie ein gut geölter Motor. Die Weltmusik ist in Bewegung.

Ilha do Pessegueiro

Bis jemand ihren Namen sang

Im Gegensatz zu Berlenga scheint das Festland von hier aus gesehen näher als die Insel vom Festland aus betrachtet, was einen unweigerlich auf den Gedanken bringt, dass eine Insel niemals eine Insel sein will. Das Festland stößt sie von sich, ignoriert sie wie ein gleichgültiger Liebhaber. Oder wie ein Liebhaber, der die Geliebte fürchtet, sie feige in Nebel und Mythen hüllt, um in ihr seine eigenen Träume zu lieben. Eitel, wie sie sind, fallen die Inseln darauf herein. Sie plustern sich auf, versprechen immer mehr, als sie zu geben vermögen.

Auf der Ilha do Pessegueiro, der Insel des Pfirsichbaums, hat es nie einen Pfirsichbaum gegeben. Das ginge auch gar nicht, denn der Boden besteht aus festgebackenem Sand. Die Geschichte, die im Lied *Porto Covo* von Rui Veloso und Carlos Tê besungen wird *(Auf der Insel stand einst ein Pfirsichbaum / gepflanzt von einem Wesir aus Odemira / der, wie es heißt, sich jung aus Liebeskummer tötete ...)*, ist nichts weiter als eine Legende – und doch hatte sie die Wiederauferstehung der Insel zur Folge. Jahrzehnte- oder gar jahrhundertelang war sie in Vergessenheit geraten, bis sie durch *Porto Covo* vor fünfundzwanzig Jahren plötzlich wieder aus dem Meer auftauchte. Das Lied wurde zu einem Lebensgefühl, und die 300 Meter vor dem gleichnamigen Ort gelegene Insel zum Symbol für Freiheit und Abenteuer.

Mit Rucksäcken und Zelten bepackt, machten sich Tausende Menschen, zumeist aus dem Norden des Landes, zu diesen vergessenen

Stränden auf. In ihrem Gefolge kamen Straßenmusikerinnen und Kunsthandwerkverkäufer, um dem Ort ein besonderes Flair zu verleihen. Und nach Porto Covo erfasste die Woge die Strände der Costa Vicentina, Vila Nova de Milfontes und Zambujeira do Mar. Sommerfestivals wie das »Sudoeste« und das Weltmusikfestival in Sines, alles schwamm auf dieser Welle, ausgelöst von einem einzelnen Lied.

Die Ilha do Pessegueiro hat einen ausgedehnten Schlaf-Wach-Zyklus. Es gibt Hinweise auf eine menschliche Besiedlung vor dem 2. vorchristlichen Jahrhundert, vermutlich durch karthagische Seefahrer. Nachweisliche Bedeutung erlangte die Insel jedoch erst unter römischer Herrschaft, etwa zur Zeit der größten Ausdehnung des Römischen Reiches, als Händler hier eine Anlage zum Pökeln von Fischen errichteten, deren Überreste noch heute sichtbar sind.

»Der Fisch, den sie am Cabo de São Vicente und weiter nördlich fingen, Thunfische und Sardinen, musste mit Salz aus Alcácer do Sal haltbar gemacht werden, und dazu bauten sie hier eine Pökelei«, erklärt Joaquim Matias, der »Eigentümer« der Ilha do Pessegueiro. »1979 hat ein Sturm die Ruinen freigelegt. Auf diesen Platten aus wasserdichtem Mörtel wurde der Fisch gelagert ... dieser Bereich besteht aus Inselgestein, also verfestigtem Sand, und der hier aus wasserundurchlässigen Steinen, die sie vom Festland herüberbrachten ... Die Anlage war mit halbrunden Ziegeln überdacht, die die Frauen formten, indem sie den Ton auf ihre Hüften legten ... Pssst! Wollt ihr wohl still sein!« Einen Moment lang scheinen die Möwen ihrem Herrn zu gehorchen, ihr schrilles, dringliches Geschrei verstummt. »Das hier waren Sitzbänke ... Rings um den Raum herum liefen mit Ton verkleidete Rinnen ... ein Kamin, ein Ofen zum Brotbacken ... die Sauna und daneben das Frigidarium ... durch dieses Loch floss das Wasser in den Sand ab, denn die Anlage musste jeden Tag gereinigt werden ...«

Als die Möwen, wie aus Protest, wieder ihr ohrenbetäubendes Kreischen anstimmen, beschimpft Joaquim sie wütend: »Pssst! Ich hab's euch doch gesagt, ich bin am Arbeiten!«, und geht weiter zur nächsten Touristenattraktion, dem Fort, gefolgt von dem Häuflein portugiesischer und ausländischer Besucher, die er im Boot hergebracht hat. »Dann passierte elf Jahrhunderte auf dieser Insel gar nichts, bis im 16. Jahrhundert, während der Herrschaft Philipps von Spanien ...«

Joaquim Matias, zweiundsechzig, war Fischer in Porto Covo, seit er zwölf Jahre alt war. Ab 1960 arbeitete er erst auf dem Boot seines Stiefvaters, der *Esperança*, und heuerte anschließend für zwölf Jahre auf einem Kabeljaufänger an, denn wer mit einem portugiesischen Fangschiff hinauf nach Norwegen fuhr, musste keinen Militärdienst in den afrikanischen Kolonien leisten, eine Alternative, die viele Fischer wahrnahmen. Als er 1974 zurückkam, begann der Niedergang der Fischerei. Von Dutzenden Fangschiffen blieben zwei oder drei übrig. Das waren schwere Zeiten für Joaquim. Er arbeitete beim Bau des Hafens von Sines mit und sparte genug Geld für ein Boot zusammen, mit dem er Sportangler in die Gewässer rund um die Insel brachte – in den Neunzigerjahren dank des Lieds von Rui Veloso ein beliebtes Ziel für Angler, Wildcamper und Hippies auf der Suche nach einem Leben in der Natur.

Die Insel lag seit über zweihundert Jahren verlassen, ohne dass sich jemand um sie gekümmert hätte. So wurde sie zum Opfer der Freiheitsliebenden, die sie in eine Müllhalde verwandelten. Und da kam Joaquim eine Idee. Er verfasste einen Bericht und machte den Behörden folgenden Vorschlag: Im Gegenzug für das alleinige Nutzungsrecht der Insel würde er sie regelmäßig reinigen, die toten Vögel beseitigen, die Anlegestellen in Ordnung halten, die Ruinen der Bauwerke bewachen und erhalten und dafür sorgen, dass keine Angler, Camper oder sonstigen ungebetenen Besucherinnen und Besucher die Insel betraten.

Die Verwaltung des Naturschutzgebiets Parque Natural do Sudoeste Alentejano e Costa Vicentina und die Hafenverwaltung stimmten zu, und so erhielt Joaquim 1999 das Nutzungsrecht, wenn auch erst Jahre später exklusiv. Heutzutage ist er der Einzige, der Zugang zu der Insel hat. Schon von Weitem leuchtet einem am kleinen schwimmenden Schiffsanleger das Schild entgegen: »Privatkai. Anlegen ist ausschließlich der *Novo Horizonte* gestattet.«

Damit begann für den Fischer ein neues Leben. Er kaufte ein Schiff, die *Novo Horizonte*, mit Platz für zwölf Passagiere und machte sich daran, die Geografie, Geologie, Biologie und die Geschichte der Ilha do Pessegueiro zu studieren. Er, der nur vier Jahre zur Schule gegangen war, entwarf ein Programm für die Führungen, die er vom 15. Juni bis 15. September anbietet. Von Oktober bis Mai befördert er Gruppen von Sportanglern.

Das Vorrecht, »Herr« der Insel zu sein, kostet ihn tausend Euro pro Jahr. Jeden Tag geht er die 350 mal 240 Meter große, verlassene Insel ab, sammelt Müll und tote Seevögel ein, vergewissert sich, dass keine Pflanzen abgeknickt und die Ruinen nicht vorsätzlich beschädigt wurden. Dafür kassiert er von jedem Besucher, den er zur Insel bringt, zehn Euro. Pro Tag unternimmt er vier Fahrten – soweit möglich, denn bei stürmischer See ist die Überfahrt zu gefährlich oder zumindest wenig verlockend, so wie in der ersten Hälfte dieses Sommers. Jetzt muss er den Verlust ausgleichen.

Die Touristinnen und Touristen wirken fast ergriffen, als sie den Fuß auf die verlassene Insel setzen. Joaquim nutzt diesen Moment geschickt aus: Er zeigt etwas, was wie ein meterlanger, verblichener Baumstumpf aussieht, und sagt scherzend: »Das sind die Überreste des Pfirsichbaums.« In Wirklichkeit ist es der Unterkiefer eines Pottwals, der 2002 in einem Sturm an der Küste strandete. Joaquim entdeckte ihn am Strand von Porto Covo und erkannte gleich, dass er ein gutes Requisit für seine Show abgeben würde. Also brachte er ihn hierher, und nun beginnt er seine Geschichte mit der Erklärung, dass der Name Pessegueiro von *Piscis Secarum* oder *Piscatorium* abstammt, was so viel heißt wie »geschnittener Fisch«. Auf dem Gang über die Insel berichtet er über das Fort, Piraten und den künstlichen Hafen, den Alexandre Massai anlegen ließ, wobei er die Fakten mit allerhand Wissen und historischem Kontext anreichert. »Pssst, ihr Möwen! Wollt ihr wohl still sein?«, ruft er aufgebracht. »Ist meine Insel nicht picobello?«, fragt er dann stolz. Er hebt Steine, Ziegel und Gegenstände auf, die er zuvor an strategischen Stellen platziert hat, um zu veranschaulichen, was die alten Römer hier getan haben. »Am 16. Februar ist das Meer bis hierher gestiegen und hat mir alles durcheinandergebracht.«

Jetzt ist auf der Ilha do Pessegueiro alles sauber und ordentlich, alles ist an seinem Platz, und so kann sich die Natur ungehindert zeigen.

Die rauen weißen, wie Elfenbein schimmernden Felsen, ausgehöhlt vom Meer, das sich in den Grotten bricht und sie zu feinem weißem Sand zermahlt. Die hellen, harten Plateaus, mit Kratern übersät wie der Mond. Die Reiherjungen, zitternde, zerrupfte Baumwollknäuel, die wie nachlässig hingetupft zwischen Gestrüpp in Felsmulden kauern. Vollkommen ungeschützt, unter freiem Himmel, im Vertrauen auf ihre Insel, ihre Welt, geben sie mit ihren roten, gekrümmten Schnäbeln, die an Säufernasen erinnern, kleine fiepende Laute von sich. »Niedlich, aber hässlich«, bemerkt eine Touristin. »Die sind doch tot«, sagt eine andere. »Sie sind ganz vollgeschissen«, eine dritte. »Wie eklig«, murmelt das Mädchen, das als letztes an den Nestern vorbeigeht.

Und die geheimnisvollen Pflanzen mit ihren salzverkrusteten grünen Blättern, die im Sommer ausschließlich auf der Ostseite der Insel wachsen und vergehen, wo es mehr Sonne und mehr Wärme gibt. Ihre Stängel ragen zwischen den Felsen hervor, und ihre Blätter glitzern von den Salzkristallen, aus denen sie möglicherweise Nährstoffe beziehen. Niemand weiß das. Erst kürzlich haben Biologen mit der Erforschung dieses seltsamen Gewächses begonnen, und noch sind keine Ergebnisse bekannt. Wie es scheint, gibt es diese

Spezies nirgendwo sonst auf der Welt. Beim ersten Regen verschwindet sie komplett, vielleicht, weil das Süßwasser das Salz von ihren Blütenblättern abwäscht und die Pflanze so nicht leben kann. Oder weil sie eigentlich in anderer Form auf der unbekannten Unterseite der Insel lebt. Es gibt eine Theorie, nach der die Pflanze gar nicht auf der Insel wächst, sondern ihr Stängel nur der abenteuerlustige Fortsatz einer Alge ist, die in den Tiefen des Ozeans lebt und, von der Sonne angelockt, das poröse Gestein durchbricht, um in der Atmosphäre der unbewohnten Insel ihre doppelte Persönlichkeit zu entfalten.

Während Joaquim die Gruppe über die Pfade der Insel führt, holt er weit aus, um zu erklären, warum hier einst ein Fort errichtet wurde und woher die kolossalen Felsblöcke am Ufer stammen, geht zurück zu den politischen Intrigen zu Zeiten König Sebastiãos und der Schlacht von Alcácer-Quibir, durch die Portugal 1580 seine Unabhängigkeit verlor und unter die Herrschaft Philipps von Spanien fiel.

Man merkt, dass er seine neue Beschäftigung liebt. Heutzutage widmet sich Joaquim ausschließlich seinen drei Leidenschaften: einer alten – dem Meer – und zwei neuen – Tanz und Geschichte. Mit seiner Freundin Maria do Céu, achtundvierzig, hat Joaquim einen Kurs für Gesellschaftstänze belegt. Seine Spezialitäten sind Walzer und Bolero. »Er ist ein ausgezeichneter Tänzer«, versichert Maria do Céu. Man sieht den beiden an, dass Tanzen sie glücklich macht. Die Insel hingegen ist für Joaquim wie eine unglückliche Liebe, weil sie ihn vielen seiner ehemaligen Fischerkollegen entfremdet hat. Er hat jetzt mehr mit Archäologen und Professoren zu tun, von denen er bis heute immer wieder Neues lernt, und weniger mit seinen alten Freunden, die ihm nicht verzeihen, dass er es geschafft hat, als Einziger mit der Ilha do Pessegueiro Geld zu verdienen. »Die Insel weckt viele Begehrlichkeiten.«

Joaquim fährt fort mit seinen Erzählungen für die Touristen und Touristinnen, die aus lauter Ehrfurcht vor diesem Mann, der es im

Leben so weit gebracht hat, gar nicht auf den Gedanken kommen, die wissenschaftliche Genauigkeit seiner Erzählung anzuzweifeln.

Die Übernahme des portugiesischen Throns durch die kastilische Dynastie trug Portugal die Feindschaft Englands ein, das im Achtzigjährigen Krieg gegen Spanien kämpfte. Um zu verhindern, dass britische Freibeuter die Insel als Stützpunkt für den Überfall auf seine Schiffe nutzten, ließ Philipp II. das Fort von Santo Alberto errichten. Mit den Bauarbeiten wurde der neapolitanische Architekt Alexandre Massai beauftragt, der überdies den Bau eines Hafens plante, wie man ihn noch nie zuvor gesehen hatte, ein Projekt, das sich allerdings als allzu ehrgeizig erwies.

Massai beabsichtigte, die Insel mit einer Felsgruppe namens Penedos do Cavalo und diese wiederum mit dem Festland zu verbinden. Nordafrikanische Sklaven mussten riesige Blöcke aus der Insel schneiden, die dann ins Meer geworfen und zu einer künstlichen Mole aneinandergereiht werden sollten, die bis zu den Penedos do Cavalo reichte.

Doch Massai hatte nicht bedacht, dass sich die 1200 Tonnen schweren Sandsteinblöcke im Wasser auflösen könnten. Die Schwierigkeiten erwiesen sich als unüberwindbar, 1598 wurde das Projekt schließlich eingestellt. Das Seebeben von 1755 zerstörte die Konstruktion dann endgültig. Später wurde das Fort aufgegeben, und die Insel versank wieder in tiefem Schlaf. Bis zwei Jahrhunderte später jemand ihren Namen sang.

Porto Covo

Ohne alles am Strand

Der Süden. Eine weitere von der Reise erzeugte Illusion, die hier aus Einsamkeit, flachem Land, weiß gekalkten Häusern, scharf abgegrenzten Schatten und türkisblauem Meer besteht. Der Süden ist von einer Süße, die man sonst nur an den Stränden nördlich von Viana do Castelo findet. Aber hier liegen größere Entfernungen vor mir, die ungeheure Weite der Küste des Alentejo und des Cabo de São Vicente, und ich kann in Frieden in Richtung Süden fahren, hinein in den großen portugiesischen Süden.

Ein Wunder, dass dies alles überlebt hat. Wo sind die scheußlichen Hotels, die ineinandergeschachtelten Gebäude, die Kreisel und Einkaufszentren? Hier gibt es nichts davon, es gibt nur das Allernötigste, die Infrastruktur, die es braucht, um sich fortzubewegen, zu essen, zu schlafen und zu wohnen. Aber vielleicht ist das eine übersteigerte Wahrnehmung, eine weitere Illusion des Reisenden, dem das Motorrad das Gefühl verleiht, über unberührte, reine, kristalline Erde zu gleiten. Was ich hier sehe, versöhnt mich mit dem, was hinter mir liegt. Ich schöpfe neue Kraft, akzeptiere mit einer Art schöpferischer Nachsicht mein Heimatland, weil es sich diese Schönheit bewahrt hat. Nichts ist verloren, solange man mit dem Motorrad südlich von Sines durch São Torpes hindurch und dann die kurvenreiche Landstraße bis nach Porto Covo fahren kann.

Wie alle Ortschaften des Alentejo bietet auch dieses Dorf, das durch ein Lied groß und bekannt wurde, selbst in seinen Neubauten ein ausgewogenes, harmonisches Bild.

Die Menschen, die aus dem ganzen Land nach Porto Covo kommen, um hier Urlaub zu machen, scheinen ihre Lebensphilosophie direkt aus dem Liedtext von Carlos Tê zu beziehen. »Ich bin jedes Jahr hier«, sagt Carlos Pereira, ein achtundvierzigjähriger Lehrer aus Porto. »Das ist genau der richtige Ort, um wieder einen klaren Kopf zu bekommen. Das System neu zu starten. Nach vierzehn Tagen habe ich das Gefühl, wieder zu wissen, wer ich bin und was meine Rolle im Leben ist.«

Carlos besucht mit seiner Frau und seiner Tochter regelmäßig eine der Badebuchten zwischen den Steilfelsen im Norden von Porto Covo. Die Praia do Salto befindet sich zwischen der Praia do Cerro da Águia und der Praia Cerca Nova, ist über eine lange Holztreppe erreichbar und einer der sieben offiziellen Nacktbadestrände Portugals, von denen keiner nördlicher liegt als Meco (bei Sesimbra) und Bela Vista (bei Fonte da Telha). Die meisten FKK- oder Naturistenstrände befinden sich an der Küste des Alentejo und an der Algarve. Wenige Kilometer südlich der Praia do Salto liegen direkt nebeneinander die Nudistenstrände von Adegas und Odeceixe.

Im Gegensatz zu sämtlichen anderen FKK-Stränden, die hauptsächlich von Ausländern, jungen Alternativen und Ehepaaren jenseits der sechzig frequentiert werden, ist die Praia do Salto in erster Linie ein Familienstrand. Obwohl die Besucher aus den verschiedensten Regionen Portugals stammen, kennen sich die meisten, weil sie jedes Jahr herkommen und ein ausgeprägtes Bewusstsein dafür haben, einer Gruppierung oder Bewegung anzugehören.

»Für uns ist Naturismus eine Lebensphilosophie«, sagt Carlota, eine sechsunddreißigjährige Designerin, die im Großraum Lissabon lebt und mit Mann und zwei Kindern hier ist. Die Familie wird ein paar Tage bleiben und dann weiter in Richtung Süden ziehen, zu anderen FKK-Stränden, bis zur Insel von Tavira. »Er verleiht einem nicht nur Freiheit, Gesundheit und körperliches Wohlbefinden, wir sind auch überzeugt, dass er zu einer Veränderung der gesellschaftlichen Beziehungen beiträgt. Man geht ganz anders miteinander um, lässt seine Vorurteile beiseite und konzentriert sich auf das Wesentliche und Wahre. Naturismus ist eine großartige Waffe gegen Heuchelei.«

Es ist mitten am Nachmittag, und der Strand ist voll. Da der Platz begrenzt ist, lassen sich die Leute nicht so weit voneinander entfernt nieder wie in Meco, Odeceixe oder Tavira. Stattdessen liegen sie dicht zusammen und unterhalten sich, weil sich alle kennen, nicht nur innerhalb einer Gruppe, sondern auch darüber hinaus.

Eine Familie in der Mitte des Strandes besteht aus Eltern, Kindern und Großeltern. Ein paar Cousins haben es sich in einer anderen Ecke, bei den Felsen, gemütlich gemacht. Die Kinder der einen Familie spielen mit denen der anderen. Die Jugendlichen beider Gruppen setzen sich im Kreis zusammen, um Karten zu spielen. Selbstverständlich sind alle nackt, aber keiner achtet darauf.

Am Wasser stehen Männer zusammen und plaudern. Die meisten sind über fünfzig, alle haben eine nahtlose Bräune, und keinen scheint die anatomische Beschaffenheit des anderen in irgendeiner Weise in Verlegenheit zu bringen.

Manchmal löst sich einer aus der Gruppe, um mit jemand anderem ein Gespräch anzufangen. Dann wieder setzt sich jemand zu einer anderen Familie, um bei ihnen eine Kleinigkeit mitzuessen, ein Bild auf seinem Handy zu zeigen, ein Buch oder eine Zeitschrift auszuleihen. Eltern spielen mit ihren Kindern, kleineren und größeren, ohne den Körperkontakt zu vermeiden, ohne Befangenheit oder Scham.

Mich – der ich mich noch nicht von den Vorurteilen einer prüden Gesellschaft habe frei machen können – erinnert der Anblick dieser fast ausnahmslos unvollkommenen Körper, wie sie da dicht an dicht im Sand liegen und sich völlig ungeniert durcheinanderbewegen, unwillkürlich an eine am Meeresufer ruhende Tierherde.

Und dieser Vergleich, mag er auch politisch inkorrekt sein, weckt in mir die Frage: Entkleidet uns der Nudismus gewissermaßen unserer Menschlichkeit?

Mark, ein fünfundfünfzigjähriger Holländer, der soeben mit seiner Frau und seiner neunzehnjährigen Tochter aus dem Wasser gestiegen ist, antwortet darauf: »Ganz im Gegenteil, der Naturismus gibt uns unsere Menschlichkeit zurück. Schauen Sie sich doch mal um, sehen Sie genau hin, dann merken Sie, wie menschlich sich alle hier verhalten.«

Mark ist Intellektueller und Aktivist. Für ihn ist Nudismus ein politischer Akt. »In unserer Gesellschaft dient Kleidung zur Demonstration von Macht und Herrschaftsbeziehungen. Früher mussten Frauen ihre Körper verhüllen, um die Machtstellung der Männer zu gewährleisten. Der Mann wollte sein Eigentum schützen und vor den Besitzansprüchen anderer Männer bewahren; außerdem sollte so verhindert werden, dass die Frau sich als selbstbestimmtes menschliches Wesen frei entfaltete. Und diese Symbolik der Kleidung trug dazu bei, dass im Laufe der Geschichte Körper und Individuen zur Handelsware wurden.«

So betrachtet, ist es ein symbolischer Akt des Aufbegehrens, sich auszuziehen. »Sehen Sie nur, wie die Leute sich ohne Kleidung viel authentischer verhalten. Ihr Umgang miteinander ist weder überheblich noch anmaßend. Sie zeigen kein Machtgehabe, aber auch keine Angst. Wer nackt ist, hat die Waffen gestreckt, besitzt nichts mehr außer seiner Menschlichkeit. Sie ist das Einzige, was die Leute hier bei sich tragen. Und das ist eine Bereicherung.«

Da ich nun schon einmal diesem Theoretiker gegenüberstehe und beobachte, dass die Tochter im Gegensatz zu ihren Eltern nicht ganz so locker zu sein scheint, als sie jetzt nackt zwischen den Badegästen hindurch über den Strand geht, nutze ich die Gelegenheit, ihn zu einem Thema zu befragen, das mich beschäftigt.

Einmal habe ich während einer Reportage über die Leitstelle des portugiesischen Rettungsdienstes INEM den Krankentransport einer über achtzigjährigen Frau begleitet, die zu Hause einen Kreislaufkollaps erlitten und das Bewusstsein verloren hatte. Als die Rettungssanitäter sie auf die Trage hoben, rutschte ihr das Nachthemd über die Schenkel, sodass man ihre Unterhose sehen konnte. Und da bewegte sich plötzlich die Hand dieser ohnmächtigen, halb toten Frau, um das Nachthemd energisch wieder herunterzuziehen.

Ist Schamgefühl vielleicht etwas ganz Natürliches? Mark ist von der Geschichte nicht beeindruckt. »Diese Frau ist ihr Leben lang konditioniert worden. Man hat ihr eingebläut, dass sie ihre Würde verliert, wenn jemand ihren Körper zu sehen bekommt.«

Kann man wirklich bis in den Tod konditioniert werden? »Ja. Nicht einmal der Tod macht uns frei. Und deshalb müssen wir, solange wir leben und die Kraft dazu haben, unsere Fesseln brechen.«

*

Carmen und Maria, Spanierinnen Mitte dreißig, gehen in ihrem gemeinsamen Urlaub immer an Nacktstrände. Ihre Begründung ist nicht politisch wie bei Mark, aber ihre Logik entspricht der seinen. »Als Lesben fühlen wir uns hier viel freier. Deshalb gibt es an Nacktstränden immer viele homosexuelle Paare. Hier verurteilt uns niemand, und wir fühlen uns nicht fremd oder fehl am Platz.«

Fast scheint es, als fielen mit den Hüllen auch die Regeln und konventionellen Verhaltensmuster. Für jemanden, der nicht nach diesen Regeln spielen will, hat das etwas Befreiendes. »Hier sind wir ganz normale Menschen«, sagt Maria. »Einfach nur Menschen.«

Manchmal erscheinen oben auf den Klippen die unvermeidlichen Spanner, starren fasziniert, wie hypnotisiert, auf den Strand hinab oder können es nicht lassen, mit ihren Handys zu fotografieren. Sobald das passiert, schlägt jemand Alarm, und der ganze Strand beginnt zu brüllen und zu pfeifen. »Nein, nein! Was fotografierst du da?

Hau ab!« Vor allem die Kinder scheinen diese Momente zu lieben. Sie gehen ganz in ihrer Rolle auf, wenn sie voller Stolz die Sätze brüllen, die sie manchmal mehrmals täglich hören. »Komm runter und mach ein Selfie!«

In solchen Momenten wird die Gemeinschaft, zu der sich der gesamte Strand zusammenschließt, besonders augenscheinlich. Vereint gegen den gemeinsamen Feind. Plötzlich bekommt die Gruppe im Übereifer, mit dem sie ihre Freiheit verteidigt, etwas Engstirniges, Voreingenommenes. Ergreift der Spanner dann beschämt die Flucht, lachen alle und empören sich gemeinsam.

»Wenn jeder ab und zu mal nackt badete, wäre es besser um dieses Land bestellt«, sagt Carlota. »Würden alle bei null anfangen, sich von überflüssigem Ballast befreien und zu sich selbst zurückfinden, fiele ihnen das Denken leichter, und viele Probleme wären gelöst.«

Carmen sitzt da, ihre Beine mit Marias Beinen verschränkt, und sagt: »Entscheidend ist nicht, dass man die Kleider auszieht, sondern dass wir uns einander nähern, ohne etwas in den Händen oder am Körper zu tragen. Dass wir nichts und niemand sind als wir selbst.«

Nach Sonnenuntergang verlassen die Nudisten den Strand. Einer nach dem anderen steigen sie die schmale Holztreppe hinauf. Nur ein dürrer, langhaariger Junge bleibt zurück. Er hat am Strand ein kleines Zelt aufgeschlagen, er lebt hier. Mit einem Campingkocher macht er sich bei den Felsen eine Tasse Tee und winkt mir zu, als auch ich mich zuletzt daranmache, die Treppe zu erklimmen. Ich beschließe, ihn nicht zu interviewen. In seinem Schweigen ist alles gesagt.

Es ist Zeit, den Rucksack aufs Motorrad zu schnallen und einen kleinen Abstecher zu machen. 35 Kilometer von Vila Nova de Milfontes ins Landesinnere hinein liegt am Monte do Cerro die Kommune Tamera, in der die freie Liebe gelebt wird.

Tamera

Das Paradies sind die Wörter

Eine barfüßige Frau geht auf einen hochgewachsenen Jungen mit Zopf zu und sagt: »Ich brauche eine Umarmung.« Die Glocke läutet zum Mittagessen. Drei junge Leute erklären der auf der Terrasse versammelten Gruppe, wie sie den Couscous mit Blumenkohl und Kopfsalat zubereitet haben. Immer mehr Leute strömen zum großen Essplatz unter freiem Himmel. Sie füllen ihre Teller und suchen sich einen Platz an einem der langen Holztische. Die barfüßige Frau dankt dem Jungen. »Du bist so ein guter Umarmer.«

Das Essen, das vollständig mit Sonnenenergie zubereitet wurde, schmeckt köstlich, und die Bewohner und Bewohnerinnen lassen es sich mit genüsslichem Stöhnen schmecken. Es ist hier üblich, jeden Augenblick der Zufriedenheit – und von denen gibt es in Tamera viele – mit einem Laut des Entzückens zu bekunden. Beim Hinsetzen, beim Aufstehen, beim Teetrinken, beim Blick in die Runde macht der Tamerianer und die Tamerianerin *Mmm, njam.* Es ist Teil einer eigenen Sprache, zu der auch Sätze gehören wie »Er hat eine gute Frequenz« oder »Das gehört zum morphogenetischen Feld« oder »Dies hier besitzt gewaltige Heilkraft«.

An einem Acht-Personen-Tisch berichtet eine grünäugige junge Frau dem Jungen gegenüber von ihrem Liebesleben. Es macht ihr nichts aus, dass alle anderen zuhören. Nach einer Weile stockt sie und fragt mit lauter Stimme: »Und wenn er mich morgen früh anruft und sagt: ›Du musst dich zwischen Tamera und mir entscheiden‹ – was soll ich dann tun?«

Ihre Tischgenossen und -genossinnen blicken von den Tellern auf und sehen sie an. Sie sind gerne bereit zu helfen, nur müssten sie dazu die Einzelheiten des Falls kennen. Die junge Frau liefert sie ihnen: »Ich habe vor Monaten mit ihm Schluss gemacht und dachte, es wäre vorbei, aber dann hat er mir gestern eine Nachricht geschickt, und da war ich auf einmal so glücklich! Seht euch meinen Teller an. Ich kriege keinen Bissen hinunter.« Und dann erzählt sie weiter, dass ihr plötzlich eine Idee kam, wie sie beide wieder zusammenkommen könnten, obwohl er in Estland lebt und sie hier in Tamera, mitten im Alentejo.

Niemand kennt die junge Frau, sie ist nur zu Besuch. Trotzdem fühlen sich die Anwesenden bemüßigt, ihre Meinungen und philosophischen Betrachtungen zum Besten zu geben, während sie Kopfsalat mit Blumenkohl essen. *Mmmm. Njam.*

Transparenz ist eine der Devisen von Tamera. Alles wird mit der Gemeinschaft ausdiskutiert und geteilt, von praktischen Fragen bis hin zu den persönlichsten Angelegenheiten. »Sobald wir unsere Probleme teilen, verschwinden sie oder werden zumindest viel leichter«, erklärt mir Isabel Rosa, sechsundvierzig, die seit zweieinhalb Jahren in Tamera lebt. »Nach und nach lernen wir hier, alles herauszulassen, und dabei verlieren wir die Angst.«

Isabel war früher Werbedesignerin, hat in großen Agenturen und später dann freiberuflich gearbeitet. Die Suche nach einem freieren und authentischeren Leben hat sie durch die verschiedensten Kommunen in ganz Europa geführt. Überall ist sie eine Weile geblieben und hat für Kost und Logis gearbeitet. In dieser Zeit verbrachte sie auch zwei Wochen in Tamera und kam später zurück, um zu bleiben. Sie ist eine der acht Portugiesinnen und Portugiesen unter den gut 150 ständigen Bewohnern von Tamera (von denen fast neunzig Prozent Deutsche sind). Auf der Suche nach einer alternativen Lebensweise ist Isabel hier fündig geworden. In einem zivilisierten Land der westlichen Welt ist es bis zu einem gewissen Punkt möglich, sich den Gesetzen des Marktes, dem Konkurrenzdruck, der Lüge und herrschenden Ungerechtigkeit, der Ausbeutung und dem Krieg zu entziehen, weder Mittäter noch Opfer zu sein, im Einklang mit der Natur, der Menschheit und dem eigenen Gewissen zu handeln. Es ist möglich, außerhalb des Systems zu leben.

Isabel fühlt sich wohl, sie fühlt sich »geheilt«. Anfangs zahlte sie die fünfzehn Euro pro Monat, die den »Novizinnen und Novizen« für Unterkunft und Essen abverlangt werden, dann wechselte sie in die Kategorie der normalen Bewohnerinnen und Bewohner, die bei der Arbeit mithelfen. Sie arbeitet in der Verwaltung, hilft beim Kontakt zu den Einheimischen. Dafür bezahlt sie nichts und bekommt nichts (abgesehen von einem symbolischen Taschengeld). In Tamera muss sie nichts kaufen. Sie hat einen Schlafplatz, Essen, Freundschaften, ein erfülltes Leben und das Gefühl, Teil einer wichtigen Erfahrung zu sein, die die Zukunft der Menschen auf unserem Planeten bestimmen wird.

Es ist ein frugales Leben, ja, viele Menschen würden es sogar als primitiv bezeichnen; für Isabel und die anderen Bewohnerinnen und Bewohner von Tamera hingegen ist es eine fortschrittlichere, überlegene, irreversible Etappe. Sie befinden sich im neuen morphogenetischen Feld. Auf die ignoranten Fragen, die ich auf meine rückständige Art formuliere, antwortet Isabu, wie sie hier in Tamera genannt wird, mit nachsichtigem Lächeln: »So sagen wir das hier nicht mehr. Diese Sprache benutzen wir nicht länger.«

Wieder läutet das Glöckchen und die, die heute gekocht haben, rufen: »*Hello, lovely people!* Wir brauchen sechs Freiwillige zum Spülen. Hiermit verkünden wir, dass es zum Nachtisch einen leckeren Kuchen gibt, aber wir haben auch die Pflicht und die Ehre, euch mitzuteilen, dass der Kuchen erst dann serviert wird, wenn die sechs Freiwilligen gefunden sind.«

Tamera ist eine alternative Lebensgemeinschaft, die hauptsächlich aus Deutschen besteht. Sie befindet sich im Landkreis Odemira, 35 Kilometer von Vila Nova de Milfontes entfernt. Seit 1995 lebt die Gemeinschaft auf einem 136 Hektar großen Gelände namens Monte do Cerro; sie versteht sich als großes Ökodorf, als weitgehend autarke Gemeinschaft, was Energie und Lebensmittel betrifft, als Versuchsfeld für Sonnenenergie und Permakultur sowie für neue Formen zwischenmenschlicher Beziehungen, einschließlich Gemeinschaftseigentum und freier Liebe. Sie bezeichnet sich selbst als Internationales Friedensforschungszentrum, als Zukunftsmodell und Paradies im Aufbau, und das Gelände, auf dem sie lebt, ist in verschiedene Funktionsbereiche unterteilt wie eine Stadt oder, besser noch, ein Land. Die unbefestigten Straßen, auf denen mein Motorrad Staub aufwirbelt, verbinden die Stadt der Sonne, das Dorf des Lichtes, die Wasser-Retentionslandschaft, den Kunstbereich, den politischen Ashram und den auf dem höchsten und zentralsten Punkt gelegenen Steinkreis, den spirituellen und symbolischen Rückzugsort der Gemeinschaft.

Vor zehn Jahren war der Monte do Cerro eine Einöde und wie weite Teile des Alentejo auf dem besten Wege zur Desertifikation. Heute ist er grün und fruchtbar, von einer scheinbar natürlichen Seenlandschaft durchzogen, die ringsum für Feuchtigkeit sorgt. Die Gemeinschaft produziert selbst einen Großteil der Lebensmittel, die sie verbraucht, und könnte laut den Fachleuten, die hier arbeiten und forschen, noch viel mehr produzieren.

Damit setzt Tamera ein positives Beispiel, wird durch seine eindrucksvolle Erfahrung zum Modell. »Lasst uns kurz anhalten. Merkt ihr, wie frisch es hier ist?«, sagt einer der Gäste von Bernd Walter Müller, dem Hauptkoordinator für Ökologie in Tamera. Die Besuchergruppe, die landwirtschaftliche Projekte in Indien betreut, wird auf einer Tour rund um die Seen geführt, um die hier verwendeten Techniken zu lernen. Bernd, ein zweiundfünfzigjähriger Deutscher mit blitzenden blauen Augen, erklärt mit Elan und Begeisterung, wie der Wasserkreislauf funktioniert und wie der Mensch durch die Bodenversiegelung diesen Kreislauf durcheinandergebracht hat, was in vielen Gegenden der Welt Versteppung und Elend zur Folge hat. Hier hingegen hat man das Wasser respektiert, ihm Raum und Freiheit zurückgegeben, damit es die Menschen mit seinem Reichtum und seiner Heilkraft belohnt.

Man könnte glauben, dass die von grünen Terrassenwiesen umgebenen Seen schon immer da waren, aber das stimmt nicht. Obwohl im Winter in dieser Gegend genügend Regen fällt, waren die Böden ausgetrocknet. Das Wasser floss ungebremst ab, und so wurde das Tal trotz Überschwemmungen im Winter zur Trockenzone. »Dieses Land war nur vier Monate im Jahr nutzbar«, erklärt Müller. »Deshalb musste fast alles importiert werden. Die Bewohnerinnen und Bewohner standen kurz davor, den Ort aufzugeben, wie das in dieser und zahlreichen anderen Regionen Südeuropas häufig geschieht.«

2009 erfolgte dann der große Umbau. Kaum vorstellbar, was für ein Pandämonium hier geherrscht haben muss. Die friedlichen Naturliebhaber rollten mit Baggern, Kränen und Lastwagen an und ließen keinen Stein auf dem anderen. Sie hoben Gräben aus, bauten Deiche und legten Terrassen an. Bernd Müller erklärt die Vorgehensweise mit der Präzision eines Uhrmachers. Zuerst wird ein dreieinhalb Meter tiefer Graben ausgehoben, der mit Schichten aus Lehm und festgestampftem Gestein angefüllt wird und den wasserundurchlässigen Deichsockel bildet. Darüber wird dann der fünf Meter hohe Deich aus Erde aufgeschüttet und bepflanzt. Dieselbe Technik wird zur Anlage der Terrassenfelder genutzt, deren Neigungswinkel so berechnet ist, dass das ablaufende Wasser in den See fließt. Dort wird es vom Deich gestaut, sickert aber zugleich in die umliegenden Böden ein, befeuchtet sie und macht sie fruchtbar.

»Das Wasser steigt nie über die Deichkrone, es findet seinen Weg«, erklärt Bernd, dann wird er poetisch: »Wir dürfen uns dem Willen des Wassers nicht widersetzen, es muss tun können, was es mag. Das Wasser entscheidet über die Form der Seen und gewundenen Kanäle, die ihm ermöglichen, zu leben.«

Die Schaffung eines knappen Dutzends dieser Seen (oder »Wasser-Retentionslandschaften«, wie sie genannt werden müssen, weil die EU-Richtlinien die Anlage künstlicher Seen nicht erlauben) hat die Landschaft vollkommen verändert, obwohl sie durch die Schichten aus Ton, Steinen und fruchtbarem Boden eigentlich nur wieder in ihren ursprünglichen Zustand zurückversetzt wurde. Jetzt bleibt das Wasser das ganze Jahr über in diesen Seen und ermöglicht den Anbau von Bäumen und anderen Pflanzen an seinen Ufern, ohne dass diese bewässert werden müssten.

Federführend bei Planung und Durchführung der Arbeiten war der Österreicher Sepp Holzer, ein Visionär und einer der Entwickler der Permakultur, die für die Schaffung einer gemeinschaftlich betriebenen nachhaltigen Landwirtschaft eintreten. Aber auch andere theoretische Einflüsse sind spürbar, wie der von David Holmgren, dem australischen Mitbegründer des Permakulturkonzepts, oder von Viktor Schauberger, einem österreichischen Bauern, der Bewässerungstechniken aufgrund der Vorstellung vom »belebten Wasser« entwickelte.

Vom Schwung seines eigenen Vortrags mitgerissen, wiederholt Bernd mehrfach, dass das Wasser ein lebendiges Wesen ist, dass es am liebsten in bestimmten Formen lebt und zornig wird, wenn man es in seiner Bewegungsfreiheit einschränkt, dass es dann Überschwemmungen verursacht und dass es stagniert und stirbt, wenn wir es zwingen, stillzuhalten. »Wasser hat seine eigenen Wünsche. Wenn wir sie respektieren, wenn wir dem Wasser seine Freiheit lassen, wird es mit solcher Kraft und Fülle reagieren, dass es der gesamten Menschheit nie wieder an etwas fehlen wird«, endet er schließlich, wobei zu vermuten steht, dass es seinen Worten ohne den poetischen Überschwang möglicherweise an wissenschaftlicher Genauigkeit fehlen könnte.

Die durchschnittliche Niederschlagsmenge pro Jahr entspricht hier, mitten im Alentejo, der von Berlin, trägt Bernd vor. »Nicht der Wassermangel ist das Problem.« Und darum gibt es auch keinen Grund, warum die eine Region wohlhabender ist als die andere. »Aufgrund seiner Ressourcen könnte Portugal das reichste Land Europas sein. Dennoch muss es achtzig Prozent der benötigten Lebensmittel importieren«, fügt er hinzu. In die reaktionäre, obsolete Logik der gängigen Sprache übersetzt, könnte man das als Kritik an der angeborenen Unfähigkeit der Bewohner dieses Landes interpretieren. In den Worten Tameras bedeutet das, dass die hier angewandten Techniken eine Wüste in fruchtbares Land verwandeln und somit Millionen menschlicher Wesen aus der Armut retten können.

★

Ein noch unübersehbarerer Reichtum des Alentejo ist die Sonne. Hier gibt es die meisten Sonnenstunden in ganz Europa. Jürgen Kleinwächter ist ein siebzigjähriger Wissenschaftler, der davon träumt, die Welt mit Solarkraft zu bewegen. Gemeinsam mit seinem Vater Hans gründete er vor Jahren in Deutschland ein Zentrum für Weltraumforschung und Nuklearenergie, dessen Erfindungen in der Kriegs- und Atomindustrie eingesetzt wurden. In den Achtzigerjahren beschlossen die beiden jedoch, ihre Wissenschaft ausschließlich in den Dienst des Friedens und der Entwicklung eines Sonnenkraftwerks zu stellen.

»Jeden Tag produziert die Sonne 15 000-mal so viel Energie, wie die gesamte Menschheit benötigt«, sagt Jürgen. Er sitzt, mit einem Cowboyhut angetan, auf dem Platz des Solaren Testfelds an einem

Tisch unter freiem Himmel und erklärt, dass die Sonne der Ursprung von allem ist, selbst von Kohle und Erdöl, die in überholten Phasen der Evolution als Brennstoff genutzt wurden. Eine direkte Nutzung der Sonnenenergie ist wesentlich effektiver, weil dabei nichts verloren geht.

Jürgen, der in Deutschland lebt, wo er Solaranlagen zur Beheizung von Schwimmbädern und ähnlichen wenig altruistischen Nutzungsweisen verkauft, hat 2001 in Tamera sein Forschungszentrum errichtet, das »hier schnellere Fortschritte macht, als wenn es an eine Universität angeschlossen wäre«, weil alles, was erfunden wird, unmittelbar ausprobiert, angewendet und anschließend dorthin exportiert werden kann, wo es benötigt wird.

Abkommen mit verschiedenen Universitäten ermöglichen Praktika und Besuche und einen regen Austausch unter den Forscherinnen und Forschern. »Wir wollen hier in Tamera eine Sonnenuniversität aufbauen«, erklärt Jürgen. Einige seiner Mitarbeiterinnen und Mitarbeiter sind dabei, einen kleinen Spiegel zu entwickeln, der durch seine ganz besondere, am Computer errechnete Form eine Temperatur von 1500 Grad produzieren kann.

Aber viele der von Jürgen erfundenen oder entwickelten Geräte sind bereits täglich in Tamera in Gebrauch. Im Sommer arbeiten die Küchen mit einem Solarofen. Paul Gisler, der Leiter des Solarforschungsteams von Tamera, zeigt mir, wie einfach dieser Ofen funktioniert. Ein großer Parabolspiegel folgt mithilfe einer aus alten Fahrradteilen konstruierten Pendeluhr dem Lauf der Sonne. Der Spiegel bündelt die Lichtstrahlen auf einen Kollektor im Inneren des Herds, der das Wasser in einem Topf innerhalb von zwei Minuten zum Kochen bringt. Ein vom Boden aufgelesenes Stück Holz fängt sofort Feuer, als Paul es in den Brennpunkt hält.

Andere Spiegel werden zum Betrieb eines Niedrigtemperatur-Stirlings genutzt. Diese Maschine wird konstant auf einer Seite gewärmt, auf der anderen gekühlt und setzt durch das Wärmegefälle einen Kolben in Bewegung, der wiederum Wasserpumpen oder Stromgeneratoren antreibt.

Für das Gewächshaus wird ein raffinierteres System verwendet. Fresnel-Linsen an den mit durchsichtiger Folie bespannten Wänden des Gewächshauses erhitzen Pflanzenöl, das in einem geschlossenen System aus Leitungsrohren zirkuliert. Das erhitzte Öl kann dann genutzt werden, um Motoren anzutreiben oder bei Dunkelheit und an sonnenlosen Tagen zu kochen.

Die Küchenherde können auch mit Biogas betrieben werden. Dazu werden organische Abfälle wie Essensreste oder menschliche Fäkalien in großen Tanks gesammelt. Die Fermentierung setzt Methan frei, das zu den Herden geleitet wird, und eine stinkende Flüssigkeit, die als Dünger verwendet werden kann. Dazu braucht es weder Strom von außen noch Erdöl, nur menschlichen Erfindergeist und die fleißige Arbeit von Mikroorganismen, die die Materie zersetzen.

Ein echtes multinationales Projekt, wie Jürgen sagt, oder, wie es vielleicht in der Sprache von Tamera heißen würde: »Eine Zusammenarbeit zwischen Wissenschaftlerinnen und Technikern, zwischen Deutschen, Briten und portugiesischen Bakterien.«

*

Tamera möchte Vorbild für die Welt sein, nicht nur ein Ort für alternatives Leben, sondern ein Labor zur Erprobung einer neuen gemeinschaftlichen Lebensweise, die als Beispiel und Beweis für das, was möglich ist, vorgezeigt und dann überall nachgeahmt werden kann, bis sie sich auf der ganzen Welt verbreitet hat.

Die Selbstversorgung mit Lebensmitteln durch den Einsatz von Permakultur und den richtigen Gebrauch von Wasser und die Autonomie bei der Stromerzeugung sind die Lösungen, die Tamera für die Krise unseres Planeten bereithält. Aber das genügt nicht. Die Revolution, die die Welt braucht, wird nicht allein durch einen Wandel der sozialen und wirtschaftlichen Strukturen stattfinden. Wir müssen auch unsere inneren Strukturen verändern.

Die Wurzeln von Gewalt, Besitz- und Eroberungsstreben, die zu Krieg und Unterdrückung führen, liegen im menschlichen Geist. Gelingt es uns nicht, sie in uns zu vernichten, wäre jede mögliche vollkommene Gesellschaft zum Scheitern verurteilt. Das Bewusstsein dafür ist der große politisch-philosophische Beitrag Tameras und seiner Mentoren, und darum ist es notwendig, auch auf diesem Feld Erfahrungen zu sammeln.

Deshalb werden in Tamera nicht nur Erfahrungen mit Sonnenenergie und der Speicherung von Regenwasser gemacht, es wird auch die freie Liebe praktiziert, ein alternatives Paradigma für zwischenmenschliche Beziehungen: Emotionale und sexuelle Ausschließlichkeit ist kein Wert an sich, Besitz wird nicht geduldet, Eifersucht bekämpft. Ein Wandel der Privatsphäre, der durch die Abschaffung der Privatsphäre erreicht wird. Transparenz und Offenheit gelten als erstrebenswert. Liebes- und Sexfragen werden gemeinschaftlich erörtert: im Freundeskreis, aber auch im täglich stattfindenden Plenum und im Forum, das einmal pro Woche zusammenkommt, um die wichtigsten Themen zu besprechen. Vor der gesamten Gemeinschaft von Tamera werden im Aulazelt Fragen aufgeworfen und erörtert, die die Organisation, die Leitung, die Finanzen, die Öffnung nach außen, die Sommerkurse und -seminare ebenso betreffen wie die intimsten Angelegenheiten jedes und jeder Einzelnen, wie zum Beispiel, wer mit wem zusammen ist und um welche Art von Beziehung es sich handelt. Man kann mitteilen, dass man sich mit dieser und jener Person in einer ausschließlichen Beziehung befindet oder dass man bereit für eine Phase sexueller Offenheit ist. Oder man bittet um Rat, wie man in einer bestimmten Situation seine Eifersucht überwinden kann.

Martin Winiecki, vierundzwanzig, ist Koordinator der Schule Terra Nova, eines Projekts von Tamera, das die philosophischen Grundlagen für den Bau der Gesellschaft der Zukunft schaffen soll. »Unser Denken gründet sich im Wesentlichen auf drei Namen«, sagt er. »Karl Marx mit seiner Idee, die Welt zu verändern, Sigmund Freud mit seiner Erforschung des Inneren des Menschen und Wilhelm Reich wegen der Bedeutung, die er der Sexualität einräumt.«

Die ideologischen Grundlagen für die neue Revolution basieren auf diesen drei Philosophen, aus deren Ideen die Denker von Tamera eine Theorie und eine Handlungsmaxime destilliert haben. »Jede Revolution« braucht eine Theorie«, sagt Martin. »Aber wir besitzen noch kein klar definiertes, abgeschlossenes Wissen. Wir schaffen Bewusstseinsplattformen, für die wir verschiedene Beiträge akzeptieren. Das Geheimnis liegt darin, widersprüchlich scheinende Linien zu vereinen. So laden wir zum Beispiel lateinamerikanische Schamanen ein, um ihr Stammeswissen mit wissenschaftlichem und technologischem Wissen zu verschmelzen.«

Der Wechsel soll anders erfolgen als bei allen Revolutionen der Vergangenheit. Man wird nicht versuchen, Regierungen zu stürzen oder gegen Armeen zu kämpfen. »Die Idee ist, Heilungsbiotope zu schaffen. Die Welt ist eins, ganzheitlich, und basiert auf Information, und die Evolution vollzieht sich in Sprüngen, Informationsfeldern«, beginnt Martin seine Erklärung.

Diese Theorie stammt von dem englischen Biologen Rupert Sheldrake und seiner Hypothese der morphogenetischen Felder und der morphischen Resonanz. Eines der klassischen Beispiele dafür ist folgendes: Die Affen auf einer Insel eines Archipels irgendwo im Pazifik ernährten sich von Kartoffeln. Eines Tages wusch einer der Affen vor dem Verzehr eine Kartoffel und merkte, dass sie dadurch viel besser schmeckte. Als die anderen sahen, wie genussvoll er seine Kartoffel verspeiste, fingen sie an, ihre Kartoffeln ebenfalls zu waschen. Nachdem der hundertste Affe seine Kartoffel gewaschen hatte, ahmten die Affen der anderen Insel diese Vorgehensweise nach, obwohl zwischen den beiden Horden keinerlei Kontakt bestand.

Laut Sheldrake existiert ein unsichtbares Feld, das ein Grundmuster bildet und ermöglicht, dass ein Phänomen oder Verhalten nur oft genug wiederholt werden muss, um im gesamten Universum oder unter den Angehörigen einer Spezies zur Regel zu werden.

Und so wird sich der gesellschaftliche Wandel anhand der morphischen Resonanz vollziehen, die in verschiedenen Aspekten Karl Jungs Konzept vom kollektiven Bewusstsein entspricht. Man muss Biotope schaffen, in denen das neue Paradigma in Kraft tritt. Werden dann diese Biotope, wie Tamera, oft genug reproduziert, wird der Rest der menschlichen Gemeinschaft erkennen, wie anachronistisch und absurd er ist, und dem neuen Modell folgen.

*

Um dieses Ziel zu erreichen, hat Tamera verschiedene Möglichkeiten entwickelt, sich der Welt zu präsentieren. Es gibt Besuche von Delegationen aus anderen Ländern, den Globalen Campus – ein Projekt zum Wissensaustausch – und eine Stiftung namens »Grace«. Gruppen von Tamerianern und Tamerianerinnen reisen in Krisengebiete wie Palästina oder Kolumbien, um bei der Lösung von Problemen und Konflikten zu helfen. Überall auf der Welt werden ähnliche Gemeinschaften und Friedenscamps errichtet.

Aber Tamera, dieses zwischen den Dörfern Reliquias und Colo gelegene Landgut, ist das erste Heilungsbiotop. Hier, in diesem Erfahrungsraum, wartet man nach den Thesen seines Gründers, des mittlerweile zweiundsiebzigjährigen Soziologen und Psychoanalytikers Dieter Duhm, auf den Anbruch der neuen Welt. 1968 war er einer der Anführer der Studentenbewegung in Deutschland, überwarf sich aber bald mit den Genossen von der marxistischen Linken. Er fand, dass sie scheiterten, weil sie zwar die Welt verändern wollten, aber unfähig waren, sich selbst zu verändern. Dieter begann, sich auf die Befreiung des Individuums zu konzentrieren statt auf die gesellschaftliche Emanzipation. Er schrieb einen Klassiker, *Angst im Kapitalismus*, über die tief in jedem von uns verwurzelten Unterdrückungsmechanismen.

1978 gründete Dieter Duhm zusammen mit der Theologin Sabine Lichtenfels und dem Ingenieur Charly Rainer Ehrenpreis eine Kommune im Schwarzwald, die auf der »freien Liebe«, der »spirituellen Ökologie« und der »Resonanztechnik« beruhte. Die Wurzeln alles gesellschaftlichen Übels lagen in der Angst und dem Hass, die wir in uns tragen und die in der Gewalt unserer sexuellen Beziehungen und Liebesbeziehungen zum Ausdruck kommen.

*

Die siebzigjährige Irma Knittel, die heute im Aldeia da Luz, dem »Dorf des Lichtes«, lebt, einem nachhaltigen Architekturprojekt mit Häusern aus Stroh und Lehm innerhalb Tameras, war eine der militanten Linken, die sich zu Duhms Ideologie bekehren ließ. »Ich war voller Hass, wollte alles zerstören. Aber dann erkannte ich, dass wir Verlierer waren und niemals die Welt würden verändern können«, sagt sie, die einstige RAF-Sympathisantin.

Auf der Grundlage ihres neuen Prinzips freier Liebe gründeten Dieter, Sabine und Charly in Deutschland mehrere Kommunen, bis sie sich seitens der Kirche, aber vor allem seitens der Linken einer Woge der Kritik ausgesetzt sahen.

»Die Linke warf Dieter vor, dermaßen verblendet von Spiritualität und freier Liebe zu sein, dass er seinen Kampf gegen die soziale Ungerechtigkeit und den Kapitalismus aufgegeben habe«, erzählt Monika Alleweldt, sechzig, die Meiga leitet, den Verlag von Tamera. »Man hielt uns für eine Sekte, und daran hatten die deutschen Medien einen entscheidenden Anteil. Deshalb mussten wir Deutschland verlassen.«

Auf der Suche nach einer neuen Bleibe reisten Dieter und Sabine um die ganze Welt. Sie sind seit einer Ewigkeit ein Paar, auch wenn beide zwischendurch immer wieder Affären hatten. »Als ich hier ankam, wusste ich gleich, dass dies der richtige Ort war«, erzählt mir Sabine, neunundfünfzig, während sie in der Dämmerung auf einem der Steine des Steinkreises sitzt, der dem Megalith-Steinkreis von Almendres bei Évora nachempfunden ist. »Wir wollten einen Platz, den wir aus dem Nichts erschaffen konnten.«

Das Grundstück von Monte do Cerro stand zum Verkauf, und der Eigentümer hatte es eilig, es loszuwerden, weil er aufgrund der Dürre und Unfruchtbarkeit des Landes Schulden angehäuft hatte. Sabine sprach mit einem Schäfer, der sagte: »Früher gab es hier viel Wasser.« Eine schnelle Entscheidung musste getroffen werden. 1995 entstand die Gemeinschaft von Tamera, benannt, wie Sabine erklärt, nach einer weiblichen Gottheit.

»Ziel von Tamera ist die Veränderung der Welt durch die Errichtung eines neuen Feldes. Wir haben bewiesen, dass man das Land fruchtbar machen kann, aber jetzt müssen wir beweisen, dass eine neue Art von Liebesbeziehungen die Lösung ist. Die Linke hat nichts erreicht, und der Slogan von der ›Freien Liebe‹ in den Sechzigern war nicht ernst gemeint«, sagt Sabine, die die Bibel studiert, mit Dieter über utopische Sozialisten wie Charles Fourier gestritten hat und heute das Projekt »Globale Liebesschule« leitet.

»Die Dinge müssen sich von innen heraus ändern. Wir wollen junge Linke für uns gewinnen, damit sie das verstehen. Denn sie demonstrieren zwar dafür, die Welt zu verändern, aber sie haben keine alternativen Lösungen. Hier haben wir eine, die wir ihnen zeigen können.«

*

Dieter und Sabine sind die moralischen Autoritäten von Tamera, aber nicht die Regierung. Sie sind Teil der Gesamtvision, die sich täglich mit dem Planungsrat, dem Technikrat, dem Wirtschaftsrat, dem Politikrat, dem Frauenrat und so weiter trifft.

Jeder dieser Räte besteht aus drei Personen, die aber nicht gewählt werden, genauso wenig wie die drei Mitglieder der Regierung, der die exekutiven Entscheidungen obliegen. Der einundvierzigjährige Benjamin von Mendelssohn ist Regierungschef. Er kommt mit dem Fahrrad zum Interview. »Ja, wir nennen es Regierung, aber im Feld wird dieses Wort belächelt«, erklärt er. Die Struktur wurde vor zweieinhalb Jahren geschaffen, weil das Plenum es für nötig hielt. Benjamin war der Einzige, der sich bereit erklärte, das Amt zu übernehmen.

»Da Macht einem hier weder Geld noch Vorteile bringt, will keiner sie haben«, hatte Martin mir gesagt. Es ist ein wenig wie das kommunistische Axiom, dass eine klassenlose Gesellschaft keine Parteien braucht, wie man in einer Sprache sagen würde, die dem neuen morphogenetischen Feld nicht angemessen ist.

Tatsächlich gibt es in Tamera keine Parteien, wenngleich es gestattet ist, mit den Entscheidungen der Regierung nicht einverstanden zu sein. Diese verkündigt im Plenum die Maßnahmen, und wer dagegen ist oder eine bessere Idee hat, hebt die Hand. »Entscheidungen werden nur umgesetzt, wenn Konsens besteht«, sagt Benjamin. »Wenn ich fühle, dass es Zweifel gibt, bringe ich die Frage im nächsten Forum wieder ein.« Die »Opposition« ist also abhängig davon, was der Regierungschef »fühlt«. Was deshalb gut funktioniert, weil alles auf Vertrauen beruht.

Als zum Beispiel die großen Arbeiten zum Bau der Seen beschlossen wurden, war die Mehrheit der Gemeinschaft nicht dafür, sagt Martin. Aber niemand widersetzte sich der Entscheidung, weil alle den erleuchteten Führern vertrauten, erklärt Benjamin. Am Ende waren alle überzeugt. Oder wussten nicht, wie sie sich dagegen wehren könnten, würde jemand einwenden, der die neue Sprache nicht beherrscht.

Theoretisch wäre es möglich, dass sich Parteien oder Gruppen bilden, die Druck ausüben, um bestimmte Positionen durchzusetzen, sagt der Regierungschef. Aber in der Praxis passiert das nicht, weil Konsens und Einstimmigkeit im Zusammenleben der Gemeinschaft auf natürliche Weise zustande kommen. Da alle das Gleiche wollen, sind alle einer Meinung. Benjamin sagt: »Es ist eine Illusion zu glauben, dass Menschen autonom denken.« Das ist die logische Folgerung aus Duhms Theorie. Menschen sind durch Traumata, die sie erfahren haben, und die Geschichte ihrer Gesellschaft von Hass, Gewalt und Zwietracht erfüllt. Sie geraten in Konflikte miteinander, weil sie darauf konditioniert wurden. »Davon muss man sie befreien. Man muss die Leute entkonditionieren«, sagt Benjamin. »Und das ist das, was wir hier machen.« Für jemanden, der in dieser Sprache lebt, ergibt das Sinn.

Die anderen Mitglieder der Regierung sind Robert Gasse, der Chorleiter von Tamera, und Vera Kleinhammes, dreißig und Benjamins Lebensgefährtin. Und zufällig auch Sabines und Dieters Tochter. Nepotismus? Monarchie? Wörter der alten Sprache.

Vera, die das Projekt »Globaler Campus« leitet, hat die ganze Welt von Mexiko bis Kenia bereist, konzentriert sich aber vor allem darauf, ein Netz von »Camps« im Alentejo aufzubauen. »Ich habe in der Region mehrere Gruppen aufgrund der folgenden Überlegung gegründet: Wen müssten wir kennen, um die Region so schnell wie möglich autonom und unabhängig zu machen, wenn plötzlich das politische und wirtschaftliche System zusammenbräche?«

Vera ist in die Gemeinschaft hineingeboren. Für sie sind alternative Energien etwas völlig Natürliches. Hat sie auch das Modell der freien Liebe verinnerlicht? »Ich kämpfe noch immer mit der Eifersucht. Das ist nicht einfach. Benjamin hatte andere Frauen, aber das muss ich akzeptieren. Er ist ein so faszinierender Mann, da ist es völlig normal, dass sich andere Frauen in ihn verlieben. Aber ich habe keine Angst, ihn zu verlieren, dazu haben wir gemeinsam zu viel durchgemacht. Und die Tatsache, dass wir nichts voreinander verbergen, gibt uns Sicherheit.«

Die siebzehnjährige Naila von Mendelssohn ist Benjamins Tochter (aber nicht Veras). Naila und die gleichaltrige Maria Kessler waren schon vier Mal in dieselben Jungen verliebt, aber sie haben sich deswegen nie gestritten. Sie haben das Thema ins Plenum getragen und es akzeptiert. »Wir haben beide unsere Wahrheit«, sagt Naila. »Dass sie einen gewissen Kontakt zu ihm hatte, macht den Kontakt, den ich zu ihm hatte, nicht weniger wertvoll.« Und Maria fügt hinzu: »Ich habe verstanden, dass es keinen Grund gab, böse oder eifersüchtig auf sie zu sein. Und dass ich meinen Impulsen für diesen Jungen weiter folgen musste.«

Naila, Maria und der achtzehnjährige Jan Regelansen sind nie zur Schule gegangen. Sie haben in Tamera gelernt, und nun wollen sie nicht zur Uni. Sie können sich ein Leben außerhalb der Gemeinschaft nicht vorstellen. Naila möchte Filmemacherin werden und versucht, übers Internet etwas darüber zu lernen. Sie kann keinen Regisseur nennen, der ihr gefällt, aber sie weiß, was sie machen will: »Ich lebe in einer Welt, die so völlig anders ist! Wenn ich eine Möglichkeit hätte, das zu zeigen ...« Jan sagt, er habe zwar einen deutschen Pass, aber seine Heimat sei Tamera.

Die letzten Zelter

Rudolph steht früh auf. Nicht, weil die Sonne ab acht Uhr morgens wie ein Laserstrahl auf sein Zelt brennt, sondern aus Disziplin. Hastig verdrückt er einen Saft, Cracker mit Tomaten und einen Tee. Dann schnallt er Surfbrett und Segel auf den Dachgepäckträger seines roten Golfs, Baujahr 1998, und fährt die kahle, flache Landstraße hinunter bis zum Strand von Martinhal.

Er surft vier Stunden lang, dann fährt er kurz vor Mittag nach Sagres, um – immer im selben Restaurant – das Tagesgericht zu essen. Anschließend kehrt er an den Strand zurück, um weitere fünf Stunden an sein grün-weißes Dreieckssegel geklammert dem Wind zu trotzen. Zum Abendessen gibt es ein Sandwich und wieder Tee. Wenn er sich nicht noch mit den Freunden aus aller Welt, die er hier kennengelernt hat, in einer Bar auf ein oder zwei Bier trifft, geht er früh schlafen.

Die meiste Zeit über ist er allein. Er ist vierundvierzig und kinderlos; seine Freundin ist in Deutschland geblieben. Diese zehn Tage gehören nur ihm. Er sagt, dass er das ganze Jahr über in der Rechtsanwaltskanzlei in Düsseldorf, in der er arbeitet, genug mit anderen Menschen zu tun hat. »In unserem Alltag sind wir nicht authentisch«, erklärt er. »Bei der Arbeit und selbst im persönlichen Umgang miteinander sind wir Konventionen unterworfen und meinen, die anderen mit materiellen und mentalen Taschenspielertricks beeindrucken zu müssen. Aber der Mensch braucht auch den Kontakt zur Welt, zur nicht menschlichen Natur. Es ist wichtig, den Temperaturwechsel zu spüren, Sonne, Wind, Feuchtigkeit, die Mücken am Abend. Wir dürfen keine Angst vor diesen Dingen haben, nicht vor ihnen davonlaufen. Es tut uns gut, in die Natur einzutauchen, mit ihr zu interagieren, Teil von ihr zu werden. Wenn man in einem Zelt schläft, ist man völlig ausgeliefert. Man ist wehrlos inmitten der Natur, und das in dem Moment, in dem man am verwundbarsten ist, auf einen Angriff nicht reagieren könnte. Man schließt gewissermaßen einen Vertrauenspakt mit der Natur.«

★

Carlos und Filomena sind nach Porto Covo gefahren, um Flickzeug für ihre Luftmatratze zu kaufen. Sie zelten schon seit Jahren auf dem Campingplatz do Pessegueiro. »Früher war da drüben alles voller Zelte«, sagt Carlos, der in kurzen Hosen und weißem T-Shirt von seiner morgendlichen Joggingrunde zurückkommt. »Dann wurde der Bungalowbereich erweitert, und jetzt haben sie den Campingplatz vergrößert und einen neuen Zeltbereich geschaffen. Aber der wird kaum genutzt.« Tatsächlich ist der neue Bereich fast völlig leer, wohingegen die mehreren Hundert Bungalows alle ausgebucht sind. Es wird also wohl nicht mehr lange dauern, bis auch der Zeltbereich von festen Unterkünften eingenommen ist.

Carlos Jorge Guedes Pinto ist vierundfünfzig Jahre alt und Lkw-Fahrer. Filomena Maria Santos Pereira Lages, fünfundfünfzig, ist Schneiderin. Sie leben in Madalena bei Porto. Filomena arbeitet in Maia, Carlos ist auf den Straßen des Nordens unterwegs. Die beiden zelten seit dreißig Jahren.

»Die Luftmatratze ist schon sehr alt. Wahrscheinlich war sie falsch gefaltet, und da hat sie durch die Feuchtigkeit Risse bekommen«, erklären sie. Am ersten Tag haben sie Fahrradflickzeug gekauft. Carlos hat Kleber auf die Risse aufgetragen und dann die Flicken angebracht. Anschließend haben sie das Ganze trocknen lassen. Aber während sie schliefen, haben sich die Flicken gelöst. »Der Kleber hat nicht gehalten.« Und so hat ihr Bett nach und nach Luft verloren, und sie sind auf dem Boden aufgewacht. Jetzt haben sie sich ein Kit für Strandmatratzen besorgt. »Wenn das nicht funktioniert, schlafe ich im Auto, das schwöre ich«, sagt Filomena.

Am Ende funktioniert aber doch alles. Die Matratze verliert zwar weiterhin Luft, aber ganz langsam. Im Morgengrauen höre ich, wie sie sie im Zelt neben mir wieder aufpumpen.

Ihr Zelt hat auch schon mehrere Jahrzehnte auf dem Buckel. Es hat viele Campingplätze im ganzen Land gesehen und hält seit der Zeit, in der Carlos und Filomena noch mit ihren Kindern zelteten, bis heute, wo die Kinder ihre eigenen Wege gehen. Eine ihrer Töchter arbeitet in der Schweiz, und seither verbringen sie einen Teil ihres Urlaubs dort. Es sind die einzigen Momente ihrer Freizeit, in denen sie nicht zelten.

Carlos, der seit vielen Jahren bei derselben Firma beschäftigt ist, mag es nicht, seinen Urlaub aufzuteilen. »Einige meiner Kollegen machen das. Sie nehmen zwischendurch immer mal ein paar Tage frei, dadurch kommt es einem manchmal fast so vor, als hätten sie mehr Urlaub. Aber ich mag das nicht. Ich will den ganzen Monat am Stück, auch wenn es jetzt nur noch drei Wochen sind. Trotzdem mache ich meinen Urlaub gerne auf einmal.«

Da Filomenas Arbeitszeit flexibler ist, können sie sich ihre Reisezeit aussuchen. Das Auto, das alte Zelt und die alte Matratze, Strand- und Joggingsachen, und los geht's. Oft fahren sie mehrere Jahre hintereinander an denselben Campingplatz, bis sie Lust bekommen, einen neuen kennenzulernen. Und weil sie gesellige Menschen sind, lernen sie auf diese Weise Leute aus allen Ecken des Landes kennen, mit denen sie sich im Jahr darauf auf denselben Campingplätzen und an denselben Stränden wiedertreffen.

Jeden Morgen geht Carlos mindestens eine Stunde lang joggen. Aber er hat auch schon andere Sportarten wie Surfen und Skaten ausprobiert. Er findet es wichtig, fit zu bleiben, und das Zelten ist für ihn Teil einer gesunden, naturverbundenen Lebensweise. »Wir übernachten lieber im Zelt, als in einem Hotel oder einer Pension eingeschlossen zu sein«, sagt Filomena. »Es gibt sehr gute Campingplätze. Den von Figueira da Foz zum Beispiel mögen wir sehr. Er ist sauber und geordnet.«

Alles im Leben von Carlos und Filomena wirkt sauber und geordnet, nichts geschieht ohne guten Grund. Die beiden jammern nie darüber, wie schwer das Leben sei. Vereinzelt kritisieren sie etwas, aber stets ohne Zorn und ohne Groll. Sie scheinen die Fähigkeit zu besitzen, jeden Augenblick zu genießen, sogar, wenn ihre Matratze zwei Nächte hintereinander Luft verliert. Nicht einmal, als sie mir die Fahrradflicken zeigen, die nicht gehalten haben, wirken sie schlecht gelaunt. Jeden Morgen grüßt mich Filomena, wenn sie an meinem Zelt vorbeigeht: »Guten Morgen, Nachbar.« Sie zelten, weil sie es lieben, und haben die Vorstellung schätzen gelernt, dass das Leben an der frischen Luft Körper und Seele guttut.

Nur ein Mal haben sie einen Campingplatz im Streit verlassen. Das war, als Carlos sich an einem Becken die Zähne putzte, das eigentlich zum Wäschewaschen vorgesehen war, und ein Wohnwagenbewohner sich darüber aufregte. Der Mann wurde ausfallend, nannte ihn »Schwein« und beschwerte sich bei einem Mitarbeiter des Campingplatzes. Carlos sagte: »Ich mache hier doch nichts schmutzig. Warum stört es Sie, wenn ich meine Zähne putze, wo Sie Ihre Unterhosen und Socken waschen? Was ist das Problem?«

Der Mitarbeiter des Campingplatzes verwarnte ihn und forderte ihn auf, das Waschbecken zu verlassen. Am nächsten Morgen reisten Carlos und Filomena gekränkt ab. »Das war das einzige Mal.«

Sie suchten sich einen anderen Campingplatz und vergaßen die Sache. Eben deshalb waren sie ja abgereist: um keine Zeit mit Banalitäten zu verlieren. »Ich habe noch überlegt, ihm einen Sack Müll vors Zelt zu stellen, aber dann dachte ich: Wozu? Wir sind in den Süden gefahren, an die Algarve, da kennen wir sehr gute Plätze.«

Das ist so einfach, dass es fast seltsam ist. Einmal haben wir uns am Nudistenstrand getroffen. Carlos, der stolz auf seine Marathonläufer-Figur ist, stand nackt mit seinen FKK-Freunden am Wasserrand beisammen und plauderte. »Jedes Jahr gehen wir mehrmals an diesen Strand. Ich kenne schon viele Leute hier.«

In den zwei Tagen, in denen wir Nachbarn waren, haben wir viel geredet, und ich habe mich nicht eine Minute gelangweilt. Als ich abfuhr, verabschiedeten wir uns, als wären wir Freunde. Und das sind wir auch.

*

Maria Evangelista, achtunddreißig, zeltet ebenfalls auf dem Campingplatz. Einmal hat sie auf dem Weg zur Dusche gehört, wie sich eine Frau aus dem Wohnwagenbereich beschwerte, jemand habe ihr Handtuch gestohlen, das sie zum Trocknen aufgehängt hatte. »Das waren bestimmt die jungen Leute da drüben mit ihren Zelten«, sagte sie laut und vernehmlich, damit es jeder hören konnte.

Maria kennt beide Welten. Als Kind und Jugendliche kam sie mit ihren Eltern hierher und lebte in einem dieser Wohnwagen mit Vordach, die das ganze Jahr über hier stehen.

»Es ist merkwürdig, wie die Leute ihre sämtlichen Vorurteile und Vorstellungen von bestimmten sozialen Schichten selbst in den Urlaub mitnehmen«, sagt sie. »Ein Teil des Campingplatzes hieß bei uns ›die Straße der Reichen‹, weil die Wohnwagen dort schöner waren. Oder weil sie vor den Wohnwagen, die einen Jahresbeitrag zahlen und das ganze Jahr über dort stehen, schönere ›Gärten‹ und Rasenplätze angelegt hatten. Das Ganze funktioniert wie eine Gesellschaft im Miniformat.«

Maria Evangelista, die ganzheitliche Therapeutin, Tänzerin und Reiki-Lehrerin ist und unter dem Namen Hazel Claridade Tarotkarten legt, campt heute auf dem gleichen Platz im Zelt. »Früher habe ich nie gezeltet, dabei standen vor ein paar Jahren hier noch viel mehr Zelte. Aber für meine Eltern gehörten zum Campen Ventilator, Heizofen (im Winter), Mikrowelle, Fernseher samt Antenne, Fritteuse und Toaster einfach dazu.«

Maria, die diese Welt kennt, versteht, was sie für die Menschen bedeutet, die in den Vorstädten in kleinen Wohnungen leben. »Manche sagten, das kleine Fleckchen Erde vor dem Wohnwagen, wo sie Sträucher und Blumen pflanzten, sei der ›Garten, den sie nie hatten‹.«

Aber obwohl man sich auf einem Campingplatz befand, wurden Camperinnen und Camper in dieser alternativen Stadt als Eindringlinge und Außenseiter empfunden. »Die Zeltbewohner wurden von den Wohnwagenbewohnern immer scheel angesehen. Sie galten als ›Hippies‹ oder ›Gammler‹.«

*

Die Reise von Porto Covo nach Sagres ist eine erregende, befreiende Erfahrung. Vila Nova de Milfontes ist inzwischen in die Riege der klassischen Badeorte aufgestiegen. Das Panorama der Stadt und des Flusses Mira, der sich hier mit großzügiger Geste zwischen Felsen und Dünen ins Meer ergießt, ist ebenso tief in der portugiesischen Vorstellungswelt verankert wie die weiten weißen Strände von Figueira da Foz, das Felsplateau von Sítio in Nazaré oder die Bucht von Sesimbra.

Aber wenn man in Richtung Süden fährt, lösen sich alle platonischen Bilder in Luft auf. Schon Zambujeira do Mar und Odeceixe sind exotische, unerwartete Orte, und an den Stränden der Küste von Aljezur fühlt man sich ganz und gar in einen Traum versetzt, der einen schwindeln macht und das Gefühl für Raum und Zeit verlieren lässt. In Carreagem glaubt man, auf einem Planeten gelandet zu sein, der sich perfekt für einen Neubeginn des menschlichen Lebens eignet, und in Monte Clérigo fragt man sich, warum nicht alle Welt hier ist.

Alle diese Orte umweht ein Hauch des Absoluten; hier beschließt man, sein Leben zu läutern, schwört sich, Jahr um Jahr, Monat um Monat wiederzukommen, um stets aufs Neue wie eine Droge diesen betörenden Rausch zu spüren.

In den Neunzigern hieß es, die Gegend rund um Aljezur, eine der schönsten Regionen Europas, würde die nächste Algarve, und so kaufte manch einer Land und träumte von einem El Dorado aus Hotels und Luxus-Ferienanlagen. Aber daraus wurde nichts. Das Schutzgebiet Parque Natural do Sudoeste Alentejano blieb erhalten, kein einziger grauenhafter Hotelkomplex wurde gebaut, die Spekulanten verloren viel Geld, und diese unversehrte Welt, vertraut und fremd zugleich, frei und doch in unserem Blick gefangen, gehört ganz uns.

An der Algarve, kurz hinter der Gemeindegrenze von Odeceixe, kann man sich auf der Straße durch die Hügel in Richtung Sagres, der N 268, der Illusion hingeben, durch unerforschtes Gebiet zu reisen, immer tiefer in ein verborgenes, wildes, von Düften durchzogenes Land vorzudringen. Und hat man das erklärte Ziel der Reise erreicht, fühlt man sich tatsächlich, als wäre man am Ende von allem angekommen, an dem Punkt, hinter dem nichts mehr ist. Finisterra.

Zwischen Vila do Bispo, dem Cabo de São Vicente und der Landspitze von Sagres befindet man sich wie in einer Vakuumblase; überall endlose, flache Weite, Horizont, Wind und Meer auf allen Seiten. Es scheint, als gäbe es keinen Ausweg, als ginge es nicht weiter, und doch wirkt der Ort nicht feindselig, sondern wie ein Ort, an dem man gerne ist und bleiben will. Irgendwie hat man keine Lust, den Weg fortzusetzen – es sei denn, man unternimmt die große Reise.

Frederike und Albert haben ihr Wohnmobil am Cabo de São Vicente geparkt, und wenn man mit ihnen redet, klingt es, als hätten sie schon immer hier gelebt. »Wir sind durch ganz Europa gefahren, Tausende Kilometer weit, haben jede Nacht woanders geschlafen, bis wir hier angekommen sind. Und dann haben wir beschlossen, bis zum Ende unseres Urlaubs hier zu bleiben. Hier herrscht ein Friede, wie wir ihn an keinem anderen Ort in Europa gefunden haben.«

Anscheinend sind Wohnmobile die moderne Variante des Zelts. In den letzten Jahren erfreuen sie sich zunehmender Beliebtheit. Zu Hunderten sieht man sie entlang der ganzen Atlantikküste direkt am Meer stehen, bewohnt von jungen und alten Ehepaaren, Familien oder Einzelreisenden.

Ralph, ein siebenunddreißigjähriger Holländer, von Beruf DJ, ist in einer Art Jeep gekommen, der mit allem ausgestattet ist, was es bräuchte, um ein Kriegsgebiet zu durchqueren. Es ist ein schwarzer Mitsubishi mit getönten Scheiben, Geländereifen und Vierradantrieb, stählernen Stoßstangen und zwei Paar speziellen Nebelscheinwerfern. Im Inneren befinden sich ein Bett, ein Herd, ein Kühlschrank, Wasser- und Benzintanks, ein Computer und eine Hochleistungs-Musikanlage. »Ich kann ein ganzes Jahr ohne fremde Hilfe darin leben«, sagt Ralph. »Manchmal bin ich wochenlang unterwegs, ohne mit einer Menschenseele zu reden. Ich fahre, wohin ich will, mit meiner Musik, meinen Lieblingsplätzen, meinen Landschaften. Ich bin vollkommen frei und unabhängig.«

Ralph erzählt mir, dass er sich von seiner Freundin getrennt, sich mit seinen Eltern zerstritten und seinen Job verloren hat. Er hat alles Geld genommen, das er besaß, und sich alleine auf den Weg gemacht. Wann er zurückfährt, steht noch nicht fest. Er weiß nicht einmal, ob er überhaupt zurückfahren wird. »Irgendwas muss passieren. Ich muss etwas finden, das mich dazu bringt, ins ›normale Leben‹ zurückkehren zu wollen.« Im Moment bleibt er erst einmal in Sagres.

Auf dem Campingplatz von São Jacinto, wo es keine Stellplätze für Wohnwagen gibt und das Unternehmen Orbitur in den letzten Jahren immer mehr Personal entlassen hat, hat der Direktor mit ansehen müssen, wie Sommer für Sommer weniger Camperinnen und Camper kamen. »Die Leute zelten nicht mehr gern«, erklärt João Gomes. »Sie sind bequem geworden, wohnen lieber in einem Haus oder im Hotel. Sie haben weniger Geld, aber in einem Zelt schlafen wollen sie trotzdem nicht. Camping ist tot.«

Vielleicht löst das Wohnmobil in einer Gesellschaft, in der keiner mehr Unbequemlichkeiten auf sich nehmen will, das Zelt ab. Es ist ein Zwischending zwischen Haus und Zelt, vielleicht aber auch nur ein Gefährt für den traurigen Übergang in eine Welt, in der die Leute nicht mehr aus dem Haus gehen.

»Im Wohnmobil haben wir mehr Komfort und Sicherheit und können jederzeit alles mitnehmen, was wir brauchen«, sagt Frederike. Hinten auf dem Wohnmobil sind zwei Fahrräder festgeschnallt, mit denen ihr Mann und sie die Gegenden erkunden, in denen sie Rast machen. Aber manche Leute haben sogar Anhänger mit Motorrädern oder gar Kleinwagen für kürzere Ausflüge vor Ort dabei.

»Keine Ahnung, ob das die Zukunft ist«, sagt Ralph. »Ich weiß nur, dass ich nie in einem Zelt schlafen würde. Da käme ich mir viel zu verletzlich vor. Hier, in meinem Truck, kann ich ganz ich selbst sein. Ich schulde niemandem Rechenschaft, für gar nichts.«

Sagres

Das Geheimnis der »Portugaises«

Unter dem Rumpf der *Gigas* ist das Meer dunkelblau und wild. Der Wind peitscht die Wasserfläche, die glühend und dickflüssig wie Magma ist. Im Fahren schiebt das Schiff den Wind vor sich her, vorbei an der atemberaubenden Landschaft in Richtung offene See, vom Dock von Baleeira durch die Fischfanggebiete hindurch Richtung Süden, dann nach Südwesten, quer durch die Bucht, wo sich von der Landzunge Ponta de Sagres bis zum Cabo de São Vicente in der Ferne die Steilküste erstreckt, die über dem leuchtenden Nachmittagsdunst schwebt. Dann geht es zurück nach Osten in Richtung Martinhal und Zavial und hinein in den Esbarradoiro, ein achtzehn Hektar großes Offshore-Austernzuchtgebiet vor der Landzunge Ponta dos Caminhos, anderthalb Seemeilen von Sagres und eine Seemeile vom Strand von Barranco entfernt.

Die Möwen streifen das Wasser, steigen lässig in den Himmel auf, um sich dann blindwütig zum Beutefang steil ins Leere zu stürzen.

Wir fahren durch eine Landkarte aus roten, gelben, rosafarbenen und orangefarbenen Bojen und Markierungen, die auf der Wasseroberfläche treiben, aber trotzdem ist es, als führen wir über den Meeresgrund. Die Oberfläche ist nur ein Zeichencode, der die Welt unter Wasser erahnen lässt, das Gewirr aus Gestellen, die Lage der Leinen und Beutel, der Kabel und Käfige. Es ist, als flöge man über eine schwerelose Welt hinweg. Jean-Jacques Guignard, ein vierzigjähriger, hochgewachsener, breitschultriger Franzose mit hellen Augen, erteilt dem Rudergänger Anweisungen, dem ältesten Besatzungsmitglied, der die *Gigas* um die orangefarbenen Bojen herumsteuert. Dort, wo sie unter Wasser liegen, sind die Austern gewachsen und ziehen nun mit ihrem Gewicht die Boje mehrere Meter in die Tiefe. Man muss sie hochziehen, Schnur nachlassen und sie dann im geometrischen Muster der Gestelle wieder an der richtigen Stelle positionieren. Jean-Jacques zieht die Tabelle zurate, die im Schiff unter einem Kalender mit einer nackten Frau hängt. Sie enthält ein Koordinatensystem, aus dem die Gestelle und Einzelposten ebenso ersichtlich sind wie die Daten, zu denen die Austern ausgesetzt, inspiziert und eingeholt wurden, außerdem ihr Ursprung und ihr Bestimmungsort. So liegt zum Beispiel in Reihe 8-A der Posten MM 7, was für »mittlere Austern« aus Marennes von 2007 steht. Sie wurden am 22. Oktober vergangenen Jahres ausgesetzt und sollen jetzt, ein Jahr später, inspiziert werden. Die zwei Winden der *Gigas* beginnen die Leinen einzuholen, in die eine Art metallener Klammern eingewoben sind, bis die Schnur einen Meter über der Wasseroberfläche hängt und die Beutel mit den Austern längsseits des Decks aufgereiht sind wie Anhänger an einer Kette. Die Besatzung, allesamt Portugiesen und genau wie Jean-Jacques mit Regenmänteln und gelben Gummistiefeln ausgestattet, zieht ein paar der Beutel ins Boot und begutachtet sie. Noch ein paar Monate, und sie sind bereit für die nächste Reise. Die Männer schütteln die Muscheln in den Beuteln durch, bevor sie sie wieder ins Wasser lassen. Man muss sie bewegen, damit sie gerade wachsen.

Jean-Jacques öffnet einen der eingeholten Beutel und holt zwei Austern heraus. Eine ist rund, die andere länglich. Im Inneren sind beide genau gleich. Nur ihre Schalen haben beim Wachsen unterschiedliche Formen angenommen. Die erste ist sehr gut verkäuflich, sie wird ihre Reise fortsetzen und auf dem Tisch eines der besten Restaurants von Paris enden. Die zweite ist vollkommen wertlos. Sie wird an die Besatzung und ihre Verwandten oder an befreundete Fischer verschenkt – oder sogar ins Meer zurückgeworfen. »Das hier ist die Form, die die Konsumenten von einer Auster erwarten«, erklärt Jean-Jacques. »Eine längliche Auster erscheint merkwürdig, sie ist nicht schön genug. Sie hat nicht die Form einer Auster.«

Bei den Austern ist die Schönheit entscheidend, nicht nur der Geschmack oder der Nährwert – der sehr hoch ist, wie mir der Franzose erklärt: »Austern enthalten kein Fett und keine Giftstoffe und sind reich an Proteinen und Mineralien.«

Die Auster ist ein Luxusprodukt, ein Zeichen für Vornehmheit und guten Geschmack, aber auch für etwas Undefinierbares, Geheimnisvolles: Sie ist ein magisches Bindeglied zur Unterwasserwelt, zu sagenumwobenen Fantasiereichen voller Schätze und Wunder.

Die Auster wird nie so sein wie andere Meeresfrüchte. Das Öffnen ihrer Schale ist ein aufregendes Erlebnis, weil immer die Möglichkeit besteht, darin eine Perle zu finden, und das Innere ist geformt wie eine perlmuttfarbene, warme Grotte, eine geheime, zarte Kammer, in der uns etwas Kostbares zuteilwird.

Jean-Jacques, studierter Meeresbiologe, öffnet mit seinem Messer eine Auster. »Das ist das Herz«, erklärt er und berührt mit der Messerspitze einen pulsierenden Knoten in der Mitte des durchsichtigen Körpers des Schalentiers. »Es ist die Pumpe, die das Wasser einzieht und wieder ausstößt. Dabei halten diese Filter das Plankton zurück.« Er deutet auf mehrere dunkle Kiemen, die die schwammige, beinahe flüssige Masse des Verdauungsapparats der Auster umgeben. »Das Plankton wird von diesen Härchen absorbiert. Diese beiden Muskeln ermöglichen die Zirkulation des Wassers durch den Organismus. Der weiße öffnet die Muschel, der durchsichtige schließt sie. Am Meeresgrund öffnet die Auster ihre Schale, sodass das Wasser ständig zirkuliert. Das Plankton wird zurückgehalten und dient der Muschel als Nahrung. Es hinterlässt in ihr den Geschmack des Wassers, den Geschmack und das Aroma der gesamten organischen

Materie der Region. Die Auster nimmt den Geschmack ihrer Umgebung an.«

Die Austern hier wachsen sehr schnell und gehören zu den besten der Welt, weil sie die Essenz dieses Ortes bewahren. Der Geschmack des Wassers und des Winds, der ganze Zauber, der sie umgibt, alles bleibt vollständig in der kleinen Schatztruhe jedes Individuums der Spezies *Ostrea edulis* oder *Crassostrea gigas* eingeschlossen, zwei Sorten, die von französischen Gourmets besonders geschätzt werden. Niemand kann erklären, was genau die Qualität dieses Ortes ausmacht, der als »Zone A« für die Austernzucht klassifiziert ist. Doch einige Faktoren lassen sich identifizieren.

Die Landzunge Ponta de Sagres ist wie eine kleine Insel mitten im Atlantik. Das Wasser, das sie umgibt, ist tief und an Reinheit und Reichtum an organischer Materie mit dem Wasser weit draußen im Ozean vergleichbar. »Das Wasser hier ist salziger und bewegter als im Mittelmeer«, erklärt Jean-Jacques. »In dieser Gegend weht die Nortada, ein sehr kalter Nordwind, der das Wasser an der Oberfläche abkühlt, sodass aus der Tiefe wärmeres Wasser aufsteigt. Durch diese Bewegung wird das Wasser nicht nur mit Sauerstoff angereichert, sondern auch mit Nährstoffen, die sich aus dem Meeresgrund lösen.« Abgesehen davon sorgen parallel zur Küste verlaufende Meeresströmungen für eine ständige Erneuerung des Wassers, und der Zufluss von Süßwasser durch Regen und Flüsse fördert die massive Planktonproduktion.

All dies verleiht den hiesigen Austern eine unverwechselbare Note, die sie unter den Austernliebhabern und -liebhaberinnen besonders begehrt macht, auch wenn sie nie erfahren werden, warum – sie wissen nicht, dass die Austern aus Sagres kommen.

Die Austern werden in Frankreich geboren, in Marennes, Arcachon oder auf der Insel Oléron bei La Rochelle, obwohl die Spezies ursprünglich aus Japan stammt. In Frankreich vermehren sie sich auf natürliche Weise. Erwachsene weibliche Austern stoßen Keimzellen ins Wasser aus, wo sie von den männlichen Austern befruchtet werden. Aus jeder befruchteten Keimzelle entsteht eine Larve, die die ersten fünfzehn Tage im Wasser umherschwimmt, auf der Suche nach einer Stelle, an der sie sich festsetzen kann. Sobald sie ihren festen Platz gefunden hat, beginnt sie, Schichten abzusondern, aus denen sich die Schale bildet.

In diesen Reproduktionsgebieten werden vor Beginn der Laichzeit große Plastikrohre ins Wasser gelassen, an denen sich die Austernlarven besonders gerne festsetzen. Wenn sich dann an diesen Rohren genügend Jungtiere gesammelt haben, werden sie mitsamt den »Baby-Austern« aus dem Meer gezogen und ... nach Portugal verfrachtet.

In jeden der von Jean-Jacques' Team präparierten Netzbeutel passen etwa fünfzig Austern. Jeder Beutel wird mit vierundzwanzig weiteren an einer Leine befestigt und in das Austernzuchtgebiet Esbarradoiro vor der Ponta dos Caminhos gebracht. Dort werden die Beutel vierzig Meter tief ins Wasser versenkt und bleiben neun Monate bis ein Jahr vor Ort. In dieser Zeit wachsen die Austern zu ihrer endgültigen Größe heran (an ihrem Geburtsort in Frankreich würden sie drei Jahre brauchen, um dieselbe Größe zu erreichen). Für Jean-Jacques und seine sieben Angestellten gliedert sich das Arbeitsjahr in zwei Abschnitte: Von Mai bis Juni werden die jungen Austern ins Meer gesetzt, von Januar bis Mai die ausgewachsenen Austern geerntet. In den Monaten dazwischen müssen sie ihr Wachstum beobachten, aufpassen, dass sie nicht von anderen Tieren angegriffen werden, sich vergewissern, dass die Gestelle noch da sind, wo sie hingehören. Jede Woche geht Jean-Jacques auf Tauchgang, um sein Unterwasserunternehmen zu begutachten und notwendige Reparaturen vorzunehmen – verheddert Leinen, gelöste Beutel, von Wind und Strömung mitgerissene Gestelle.

In bestimmten Gebieten und zu bestimmten Zeiten gelingt es manchmal großen Fischen, wie zum Beispiel Doraden, die Netze zu zerreißen und die noch weichen Austern zu fressen. Um das zu verhindern, hat Jean-Jacques feste Käfige bauen lassen.

Andere Male stellen die Männer beim Einholen der Beutel fest, dass darin keine einzige Auster mehr sitzt, sondern ein vier Kilo schwerer Tintenfisch. Dieser ist als Jungtier durch die Maschen des Netzes geschlüpft, hat dort sein ganzes Leben verbracht und ist gewachsen, indem er nach und nach alle Austern vertilgt hat, mit denen er seine Behausung teilte.

Wenn alles gut geht, holen sie jede Leine, die beim Versenken zwei bis drei Kilo wog, mit fünfzig bis sechzig Kilo Austern wieder ein.

Heute haben sie schon vier Tonnen Austern eingeholt, die vor Wasser und Schlamm triefen und das Deck der alten *Gigas* so tief drücken, dass die Wellen über sie hereinbrechen, als wäre das Schiff ein von der Flut überspülter Fels. Die Austern werden an Land gebracht, wo sie verlesen und nach Größe sortiert und dann noch zwei Tage lang in Wasser aufbewahrt werden, bis der Lastwagen kommt, der sie nach Frankreich bringt.

In der Bretagne kehren sie ins Meer zurück. Dort lagern sie dann für drei Monate in Ufernähe auf Eisentischen, wo sie zeitweise vom Wasser überspült und zu anderen Zeiten der Sonne ausgesetzt sind, um noch mehr Schale anzusetzen. Die eigentliche Auster ist schon fertig und wächst in diesen Monaten nicht mehr. Aber die Sonne lässt die Schale härter, dicker und schwerer werden, was das Endprodukt robuster und wertvoller macht (Austern werden nach Gewicht verkauft). In den französischen Supermärkten und Restaurants werden diese Austern dann für vier Euro pro Kilo oder sechs Euro das Dutzend als Austern aus Marennes, Oléron oder Arcachon verkauft. Als Austern aus Sagres oder portugiesische Austern werden sie nie bezeichnet.

In den Sechziger- und Siebzigerjahren waren portugiesische Austern in Frankreich berühmt. Man kannte sie als »*les portugaises*«, ein Begriff, der in manchen Kreisen als Synonym für Austern verwendet wurde. Portugal war einer der größten Produzenten dieser Schalentiere, die ein wichtiger Bestandteil der französischen Esskultur sind. Doch in den Siebzigerjahren wurden die Kulturen von einem Virus befallen, und damit hatte die Produktion der *Crassostrea ongulatan*, der portugiesischen Auster, ein Ende.

In Frankreich gerieten die Importfirmen in Panik und machten sich auf die Suche nach Alternativen. Man entdeckte eine japanische Variante, *Crassostrea gigas*, die große Ähnlichkeiten mit ihrer portugiesischen Verwandten aufwies, aber widerstandsfähiger war. Und man fand eine neue Methode, das Geschäft anzukurbeln.

Vor fünfzehn Jahren hatte die französische Gruppe Thaeron aus der Bretagne, für die Jean-Jacques heute arbeitet, eine Partnerschaft mit einem portugiesischen Unternehmen aus Sagres, das eigentlich auf die Offshore-Zucht von Jakobsmuscheln spezialisiert war: Die Franzosen verkauften den Portugiesen die in Frankreich gezüchteten Jungaustern, damit sie hier wachsen konnten, wie es noch heute geschieht. Nach einem Jahr verkaufte das portugiesische Unternehmen dann die ausgewachsenen Austern zu dem Preis, den sie durch ihre Gewichtszunahme an Mehrwert gewonnen hatten, an Thaeron zurück. Aber die Portugiesen wirtschafteten laut Jean-Jacques dermaßen miserabel, dass sie Konkurs anmelden mussten. Daraufhin beschloss die französische Gruppe, die Tonnen von Austern im Meer vor Sagres aufzog, als Ersatz für diese Firma ein eigenes Unternehmen in Portugal zu gründen. So entstand 1996 Ostracultura, das die Austern und das Inventar des alten Unternehmens aufkaufte und seine Arbeiter übernahm. 2001 fanden die Franzosen, dass es Zeit sei, die Produktion zu modernisieren und einen neuen Geschäftsführer einzustellen. Jean-Jacques Guignard, gebürtig aus La Rochelle – der gleichen Gegend, aus der die Austern stammen, die er heute züchtet –, hatte nach seinem Studium der Meeresbiologie und einer Ausbildung zum Berufstaucher bei der Kriegsmarine angeheuert, wo er sich auf Sprengstoffe und den Zusammenbau und die Zerlegung von Unterwasserminen spezialisierte. 1991 wurde er in den Irakkrieg geschickt, wo er an verschiedenen Sonderkommandos beteiligt war. Später geriet er auf einer dieser Missionen über die Frage der Risikoabschätzung mit seinem Vorgesetzten aneinander. Er verweigerte einen Befehl, der seiner Meinung nach seinen Tauchtrupp in Gefahr gebracht hätte. 1994 verließ er die Marine. Er belegte einen Kurs in einer Schule für Aquakultur und wurde nach Beendigung der Ausbildung von der Thaeron-Gruppe angesprochen. Während des Vorstellungsgesprächs bot man ihm eine Stelle in Portugal an. Er brauchte Arbeit und hatte Lust, sein Leben zu verändern, weil seine Ehe nicht gut lief. Am 20. September fand das Vorstellungsgespräch statt, am Abend des 24. kam er in Sagres an. Seitdem hat er Portugiesisch gelernt, das Unternehmen modernisiert, eine Maschine zur automatischen Auslese der Austern angeschafft, einige Arbeiter entlassen, ein Haus gekauft. Er besitzt eine Konzession zur Nutzung seines Unterwassergebiets, zahlt aber keinerlei Steuern. Dabei würde er das gerne tun – aber niemand kann ihm erklären, wie, wann und an wen er zahlen soll.

Zweimal im Jahr fährt er nach La Rochelle. Er hat eine portugiesische Freundin und würde gerne hierbleiben. Jean-Jacques produziert die besten Austern in ganz Europa. Austern Marennes d'Oléron, auch bekannt als »die Königin der französischen Küste«.

Kapitel 5

Zu einer verlassenen Insel aufzubrechen, ist leicht

Die Verwandlungen der Lagune

An der Algarve gibt es weniger Inseln im Meer als in den Köpfen der Leute. Ein merkwürdiges Phänomen. Es ist nicht so, als würden die Leute die Inseln nicht kennen. Das tun sie. Aber sie multiplizieren sie, geben ihnen unterschiedliche Namen und zerstückeln sie damit. Es gibt fünf Inseln, aber die Bewohner der Algarve sprechen von mindestens acht oder neun. Die geistige Landkarte stimmt nicht mit der geografischen überein. Oder vielleicht doch. Da die geologische Wirklichkeit stetigem Wandel unterworfen ist, entwerfen die Menschen die Welt um sie herum nach den Wegen, die sie gehen. Auf die Ilha do Farol gelangt man mit einem Boot, das in Faro ablegt. Auf der Insel angekommen, steigt man aus, verbringt den Tag am Strand, bei der Bar Mar a Mais zum Beispiel oder ein bisschen weiter ostwärts, und kehrt am Spätnachmittag nach Faro zurück. Das ist die Ilha do Farol. Auf die Ilha da Culatra hingegen gelangt man von Olhão aus. Ein ganz anderer Strand, andere Besucher und Besucherinnen. Die Atmosphäre, die Wassertemperatur und die Farben – alles anders. Die Geräusche, Gerüche, Gewohnheiten, Geschichten sind nicht miteinander vergleichbar. Eine andere Insel. Und doch ein und dieselbe.

Das gleiche Trugbild zeigt sich bei der Ilha da Armona, die keine andere als die Ilha da Fuseta ist. Was die Ilha de Faro betrifft, so ist sie gar keine Insel, und die Ilha Deserta gehört nicht zu ihr, sondern zur Ilha da Barreta, die tatsächlich eine Insel ist. Ein großes Durcheinander. Oder vielleicht auch nicht. Jeder erlebt seine Umgebung so, wie er selbst beschaffen ist. Ein Storch auf der Durchreise von der Ostsee nach Nordafrika oder ein Brachvogel, der zur gleichen Zeit aus Russland hier eintrifft, nehmen die Gegend völlig anders wahr als ein Mensch, der Muscheln sucht – ganz zu schweigen von der im Schlamm vergrabenen Muschel selbst. Entscheidend ist, dass das System im Gleichgewicht bleibt. Dass das Wasser durch die Kanäle fließt, dass die Salzpflanzen den Sand und den Gärschlamm festhalten, vor denen die Inseln eine schützende Barriere bilden, dass das Plankton entsteht, das wiederum die Fische ernährt, die mit der Flut hereinkommen und dann, wenn das Wasser zurückgeht, in den Wasserlöchern gefangen bleiben, in den kleinen Seen der Salzwiesen, wo sie den hier nistenden Zugvögeln als Futter dienen, und dass die Menschen Venusmuscheln sammeln und sich im feinen Sand ausstrecken und im durchsichtigen Wasser baden können. Es ist nicht wichtig, dass die Inseln keine Inseln sind. Wichtig ist die Harmonie der Ria Formosa – die übrigens keine Ria ist.

Ilha da Barreta

»Jeder Tag in der Stadt ist ein Tag Leben weniger«

Zwischen Olhão und der Ilha da Barreta – auch Ilha Deserta genannt – kann man eine längere Fahrt unternehmen. Die Firma Animaris bietet an, einen auf dem längstmöglichen Weg zur Insel zu bringen und dabei die Ria zu erkunden. Zwei Stunden lang schippert das Boot mit einer Handvoll beflissener Touristinnen und Touristen durch die Kanäle zwischen Salzwiesen, Inselchen und Sandbänken. Es hält an, damit sie die riesigen, *Carcanhola* genannten Austern betrachten können, die am Grund des Wassers sitzen, die in den Seegraswiesen hausenden Aale, die so laute, schmatzende Geräusche von sich geben, dass die Störche angelockt werden und sie fressen.

Der achtunddreißigjährige Márcio Modesto Alexandre ist unser Naturführer. Er zeigt auf jeden Vogel, an dem wir vorbeikommen, erklärt uns seinen Namen, seine Herkunft und seine Besonderheiten. Es gibt 238 Vogelarten in den Lagunen, von denen neunzig Prozent Zugvögel sind. »Das dort drüben ist ein männlicher Silberreiher«, sagt Márcio. »Da fliegt ein Storch. Vor zwanzig Jahren waren sie Zugvögel, mittlerweile bleiben vierzig Prozent von ihnen hier. Oh, ein Löffler. Der kommt aus den Niederlanden, brütet hier und zieht dann weiter in den Senegal. Sehen Sie nur, eine Schafstelze. Diese Möwe wird in den nächsten Tagen ihr Gefieder wechseln. Ein Graureiher. Bei denen bietet das Männchen dem Weibchen einen Fisch im Austausch gegen Sex. Wenn das Weibchen den Fisch akzeptiert, darf das Männchen es begatten. Akzeptiert sie den Fisch nicht, wartet er auf eine andere Gelegenheit, aber er sucht sich kein anderes Weibchen, denn diese Spezies ist monogam. Und da drüben ist eine Pfuhlschnepfe.« Dieser etwa vierzig Zentimeter große Vogel mit seinen kurzen Beinen und dem langen Schnabel ist Weltmeister im Weitflug unter den Vögeln. Er kann 11 000 Kilometer am Stück zurücklegen, ohne zu fressen, erklärt Márcio.

Die ganze weite, stille Landschaft aus klarem Wasser und grünen Sümpfen pulsiert vor Leben. Die Ria hat eine durchschnittliche Tiefe von zwei Metern, sodass die Sonne bis auf den Grund dringt und ungewöhnlich viel Plankton entstehen kann. Die Salzwiesen, deren schlammiger Untergrund von der Barriere der vor ihnen liegenden Inseln vor dem Wegspülen bewahrt wird, gelten als eines der fruchtbarsten Gebiete Europas. »Auf jedem Kubikmeter gibt es mehrere Tausend Lebewesen«, erklärt Márcio.

In der Ria Formosa gibt es die weltweit größte Population von Seepferdchen, doch sie sind vom Aussterben bedroht. Waren es früher fünf Millionen, so sind es heute noch 300 000. Mit einer aus Japan eingeschleppten Austernart kamen Algen, die für die Seepferdchen giftig sind. Aber die Krabben vermehren sich munter weiter, und die Venusmuscheln sind die besten der gesamten Iberischen Halbinsel, was, wie Márcio sagt, »an den Salzpflanzen liegt, die auf dem salzigen und sauerstoffarmen Grund gedeihen und das Wasser säubern, indem sie die Metalle zurückhalten. Sie reinigen den Ozean.«

Márcio ist auf der Insel Valadares im Süden Brasiliens geboren. Vielleicht hat er sich deshalb so selbstverständlich in die Inseln dieser Gegend verliebt, als er vor vier Jahren hierherkam. Er hat einen Roman geschrieben, der zu Zeiten der Phönizier in der Ria Formosa spielt und den Titel *Der Muschelhüter* trägt, und hält Vorträge, auf denen er seine These erklärt, dass die Hauptstadt des Königreichs Tartessos an der Algarve lag.

Er hat Betriebswirtschaft studiert, aber sein Herz schlägt für die Geschichte. »Im Meer vor der Algarve liegen dreitausend gesunkene Schiffe«, sagt er. Beinahe alle sind noch unerforscht.

Auf der Ilha da Barreta, die mit dem Cabo de Santa Maria den südlichsten Punkt Kontinental-Portugals besitzt, stehen ein Restaurant und fünf Fischerhütten. Das riesige Restaurant namens Estaminé wird von der Firma Animaris betrieben und liegt etwas erhöht an einer Landspitze, sodass man auf allen Seiten das Meer sehen kann. Man bekommt köstliche Fischgerichte für teures Geld, was dazu beigetragen hat, dass Barreta unter den Surfern als »Schickimicki-Insel« gilt.

Der Kellner kommt an den Tisch, um uns einen frischen Seebarsch zu zeigen, und erklärt uns, dass er gerade eben erst von Senhor Alves gefangen wurde, dem einzigen Fischer der Insel.

*

Francisco Alves, vierundsechzig, lebt in einem der fünf blau gestrichenen Holzhäuser auf der Nordseite der Ilha Deserta. Früher gab es einmal siebenundvierzig illegal errichtete Häuser auf Barreta, aber sie wurden abgerissen. In einem dieser Häuser besaß Alves einen Abstellraum, in dem er seine Angelausrüstung aufbewahrte. Da der Besitzer des Hauses ihm diesen Raum überschrieben hatte, durfte der Angler das Häuschen ebenso behalten wie vier andere Fischer ihre noch kleineren Häuschen.

Anfangs verwahrte Alves hier nur seine Sachen, fuhr zum Schlafen aber immer nach Faro zurück, wo er wohnte. Doch nachdem auf der Insel mehrmals eingebrochen worden war, beschloss er, ganz hierherzuziehen. Dank eines Sonderabkommens mit der Hafenbehörde und weil er keine Nachkommen hat, besitzt er ein unveräußerliches Nutzungsrecht auf Lebenszeit.

Und wie er das Haus nutzt! Kaum angekommen, wird einem

klar, dass hier jemand wohnt, der das Leben in vollen Zügen genießt. Ein großes Sonnensegel spannt sich über einen Holztisch, Stühle, mehrere Grills, Eisenpfannen, unzählige merkwürdig aussehende Gerätschaften, von denen man nur rätseln kann, wozu sie dienen, streunende Hunde und Unmengen von verstreutem Krimskrams. Gleich am Eingang sitzt eine mit einer schwarzen Perücke geschmückte lebensgroße Schaufensterpuppe. Eine ihrer Brüste lugt ostentativ aus dem alten karierten Hemd hervor, das früher einmal Alves gehört hat. Er hat sie vor sechs Jahren auf dem Müll gefunden, mit dem Boot hergebracht, und nun sitzt sie mit ihm am Tisch, wenn er seine Fischerfreunde zum Essen einlädt.

Francisco Alves, ein Mann mit rundem Gesicht, grau meliertem Haar und einem Schnurrbart wie Hemingway, lebt seit 1981 auf der Insel. Früher hat er auf dem Bau und in einer Kunststofffabrik gearbeitet. Die Fischerei betrieb er bloß als Hobby. Aber er war immer krank, bis der Arzt ihn fragte: »Was möchtest du denn wirklich tun?«

Er gab alles auf, baute sich ein Boot und kam auf die Insel, um sich ausschließlich der Fischerei zu widmen. »Nie wieder einen Chef haben«, dachte er sich. Jetzt lebt er allein mit seiner Arbeit, den Vögeln, die er beobachtet, seinen Gedanken, seinen Spaziergängen und seinen verrückten Erfindungen. Am Anfang kam seine Frau im Sommer zu Besuch. Jetzt kommt sie seltener, weil sie krank ist.

Als einziger Bewohner der Insel ist er während der langen Wintermonate völlig allein, und so hat er viel Zeit, um über das Leben nachzudenken, aber auch über Techniken und Methoden für die Fischereikunst. Das hat ihn zu einem der besten Angler weit und breit gemacht.

»Sie nennen mich ›die Ratte von der Ilha Deserta‹«, sagt er. Sein Boot ist mit allen möglichen raffinierten Vorrichtungen ausgestattet; so hat er zum Beispiel Wannen installiert, in denen er die Fische tagelang am Leben halten kann, um sie auf Fischauktionen loszuschlagen, wann es ihm passt. Für die Fische, die er in mehr als dreißig Metern Tiefe fängt, hat er eine Methode zum Druckausgleich gefunden: Er schiebt ihnen eine Nadel bis zur Schwimmblase in den Bauch. Dann drückt er mit vier Fingern auf die Blase, bis die Luft entweicht. So verhindert er, dass die Seebarsche mit dem Bauch nach oben treiben und die aufgeblähte Schwimmblase ihnen das Herz abdrückt. »Niemand behandelt die Fische so gut wie ich.«

Alves angelt nur nachts, weil es da mehr Fisch gibt und die Kollegen nicht sehen können, wie er arbeitet. Er benutzt keine Netze. Alves ist Angler. »In der Ria sind Netze mörderisch, weil sie eine Kinderstube ist. Die Fische kommen zum Laichen her.« Die Netze fangen die Jungtiere weg und gefährden die Zukunft der Fischerei, meint Alves. Noch schlimmer ist es, wenn verbotene Techniken verwendet werden wie engmaschige Netze oder künstliches Licht. Das tun viele, und Alves führt einen ständigen Kampf gegen sie. Zwar veranstaltet die Wasserpolizei regelmäßige Kontrollen, aber vor den Polizeiwachen lauert ein ganzes Heer von Informanten, die die Übeltäter warnen.

Auf dem Wasser herrscht seit jeher Rivalität zwischen Netzfischern und Anglern, so wie an Land zwischen Hirten und Feldbauern. Aber die Ria Formosa sollte das Reich der Angler sein. Alves hat die Netzfischer stets im Blick. Dazu benutzt er das Fernglas, das ihm eigentlich zur Vogelbeobachtung dient, um das Wasser vor dem Haus abzusuchen. So erfährt er tagsüber genau, wo wie viel gefangen wurde, und kann sich bei seiner nächtlichen Arbeit danach richten.

»Ich weiß Dinge, die sonst keiner weiß. Geheimnisse, die ich niemandem erzähle«, sagt er, den Blick leicht getrübt vom Wahnsinn der Einsamkeit. »Und dank meines Periskops sehe ich alles, was um mich herum passiert, selbst wenn ich bei geschlossener Tür zu Hause sitze.«

Ein Periskop? Alves geht in das Durcheinander, das sein Wohnzimmer ist, öffnet eine verborgene Klappe im Dach und zieht ein langes Rohr herab, grau wie der Rumpf eines U-Boots. Die Hände an den beiden Seitengriffen, dreht er das Rohr hin und her und späht dabei durch das Objektiv, über das man das Meer und die gesamte Insel in einem Radius von 360 Grad sehen kann.

Alves hat die Rohre selbst gefertigt und mit Marinelack bemalt, er hat Spiegel und Prismen gekauft und alles zu einem optisch äußerst präzisen Gerät zusammengebaut, dann hat er ein Loch ins Dach gemacht und ein richtiges Periskop installiert. »So kann ich immer sehen, ob jemand die Brutstätten plündert. Und auch, ob sich sonst etwas auf der Insel tut.«

Damit meint er die Drogenpakete, die in letzter Zeit am Strand gefunden wurden, und die seltsamen Aktivitäten, die er manchmal nachts beobachtet. Die Inseln der Algarve sind aufgrund ihrer Lage und Abgeschiedenheit ein ideales Terrain für den Drogenschmuggel, der hier in den letzten Jahren stark zugenommen hat. Die Polizei hat mit Alves schon über das Thema gesprochen. Sollte er Drogenschmuggler auf frischer Tat ertappen, ist es am besten, nichts zu unternehmen. Er soll sie auf keinen Fall ansprechen, ja nicht einmal die Polizei rufen, denn sonst läuft er Gefahr, kaltblütig ermordet zu werden. »Pass bloß auf, die würden dich ohne Weiteres abknallen«, hat die Polizei ihn gewarnt. Jetzt hat Alves das zusätzliche Problem, dass er für gewisse finstere, heimliche Besucher der Insel ein Störfaktor ist. Deshalb verbringt er außerhalb der Sommersaison die meiste Zeit im Haus, wo er am Periskop hängt.

Aber das Periskop ist nicht seine einzige Tüftelei. Die ganze Hütte ist voller Erfindungen, die er aus Schrott zusammengebastelt hat, wie zum Beispiel der Kühlschrank vom Müll, der im Hof steht. Er ist über Rohre mit einer alten Bierzapfanlage verbunden, die über ihr Drucksystem eisgekühltes Wasser durch den Kühlschrank zirkulieren lässt, sodass das Bier und die anderen Getränke darin immer schön kalt sind.

Vor dem Kühlschrank steht ein Gasgrill, mit dem Alves auf einer

Grillplatte Fisch zubereiten kann, der ihm aber zugleich auch zum Schmelzen des Lötzinns dient. Außerdem kann er ihn mit ins Haus nehmen. Dort stellt er ihn dann unter ein metallenes Bierfass, das als Wassertank dient und an eine Pumpe angeschlossen ist, die das Wasser in den Duschkopf befördert. Ein mit einer Musikbox verbundenes Thermostat misst die Wassertemperatur. Sobald diese vierunddreißig Grad erreicht hat, erklingen die ersten Akkorde der Lambada, und Alves weiß, dass er duschen kann.

»Ob ich gerne hier lebe?« Er schweigt, wirkt bewegt. »Ich weiß gar nicht, was ich auf diese Frage sagen soll. Ich bin so glücklich hier.« Manchmal muss er nach Faro oder sogar – wenn auch nur selten – nach Lissabon. Aber er kommt schnell wieder zurück. »Jeder Tag in der Stadt ist ein Tag Leben weniger.«

Ilha da Culatra

»Wenn der Levante weht, gibt es keinen
besseren Ort als Farol«

Die Ria Formosa ist keine Ria, sondern ein Lagunensystem, erklärt mir Oscar Ferreira, Professor für Meeresgeologie und Küstendynamik der Universität Faro. Wenn das Meer in die Küste vordringt, sich in sie hineinfrisst, spricht man von einer Ria. »Das ist bei den galicischen Rias und den norwegischen Fjorden der Fall. Sie sind mit Wasser gefüllte Täler. Es gibt kein Schwemmland.« Hier hingegen war es genau umgekehrt. Seit der letzten Eiszeit haben sich hier Inseln im Meer gebildet. Angeschwemmter Sand ließ sie wachsen und in Richtung Festland wandern, sodass sie zu natürlichen Barrieren wurden, die die Küste und das gesamte Lagunengebiet der Salzwiesen schützen, ähnlich wie an Teilen der Ostküste der USA zwischen New York und Florida.

Der Meeresspiegel steigt an, und die Inseln werden größer und rücken näher an das Festland heran. »Vor zehntausend Jahren waren sie noch weiter entfernt.« Aus geologischer Sicht ist das gesamte Inselsystem der Algarve jung. Es existiert noch nicht sehr lange und wird auch nicht mehr lange da sein. Seine Dauer wird in Zehntausenden von Jahren gemessen, nicht in Jahrmillionen. Und es ist äußerst dynamisch.

»Die Ria Formosa durchläuft einen raschen Entwicklungsprozess. In den letzten fünfzig Jahren haben die Inseln drei Kilometer dazugewonnen«, sagt Oscar. »Die Ilha da Culatra ist in wenigen Jahrzehnten auf die doppelte Größe angewachsen.« Das sind Veränderungen, die im Verlauf eines Menschenlebens sichtbar werden. Die Leute erinnern sich daran, dass eine Insel früher kleiner war, dass ein Kanal früher anders verlief, sei es durch menschliches Eingreifen, sei es aus natürlichen Gründen. Die Barra de Faro-Olhão zum Beispiel, der Kanal, an dem der Leuchtturm steht, ist künstlichen Ursprungs. Sechzig Prozent des gesamten Wassers, das in das Lagunensystem strömt und früher durch die Barra do Lavage floss, fließen jetzt durch ihn.

Ein so großer Eingriff hat weitere Veränderungen am ganzen System zur Folge, wenn auch nicht immer so schnell. Die Festungsanlage von São Lourenço, die zum Schutz vor Piraten direkt am Wasser gebaut wurde, liegt heute hinter Dünen. Noch paradoxer ist aber, dass die Laichplätze der meisten Fische immer noch in der Barra do Lavage zu finden sind, obwohl die günstigen Bedingungen, aufgrund derer die Fische diesen Ort wählten – unter anderem der höhere Sauerstoffgehalt des Wassers –, nicht mehr vorhanden sind. »Das Ökosystem besitzt eine große Resilienz«, sagt Oscar. Zum Beispiel zerstörte 1961 ein Zyklon die Ilha de Cabanas bis auf einige wenige verstreute Sandbänke. Aber nach und nach füllten sich die Zwischenräume wieder auf, die Dünen wuchsen, und nach kurzer Zeit hatte sich die Insel regeneriert. Man nimmt an, dass 1755 etwas Ähnliches geschah, als ein katastrophales Seebeben einen Tsunami auslöste, der die Inseln verschluckte. Sie versanken. Aber schon wenige Jahre später hatten sie sich erholt und ihre ursprüngliche Form wiedererlangt. Es ist, als wäre das Ökosystem ein lebendiges Wesen, das über ein genetisches Gedächtnis verfügt. Es verändert sich, aber es folgt dabei einem ganz eigenen Plan und wehrt alle von außen kommenden oder menschengemachten Phänomene ab.

Die sogenannte Ilha de Faro ist in Wirklichkeit eine Halbinsel, die bei der Praia do Ancão ihren Anfang nimmt, aber sie war einmal eine

Insel, und die Ilha da Culatra und die Ilha da Barreta waren mal eine einzige Insel namens Ilha dos Cães. In der Zukunft wird das ganze System, so Oscar Ferreira, von Wind und Meer tendenziell in Richtung Festland getrieben werden und dadurch die Küstenlinie zurückdrängen. Da die Küste aber bebaut ist, wird sie sich dem Druck widersetzen. Der Ria und ihren Inseln, heute ein achtzehn Hektar großes Gebiet in Form eines Dreiecks, wird nichts anderes übrig bleiben, als zu schrumpfen, bis sie schließlich irgendwann innerhalb der nächsten paar Zehntausend Jahre ganz verschwinden werden.

*

Die Lieblingsinsel von Rafael Rodrigues ist die Ilha do Farol. »Dort gibt es den feinsten Sand, das Wasser ist am klarsten, und man wird am schnellsten braun. Ich weiß nicht, ob es an der Sonne liegt oder daran, dass der Sand dort stärker reflektiert. Aber es ist bekannt, dass man an einem Tag auf der Ilha do Farol so braun wird wie an drei Tagen auf einer anderen Insel.« Rafael ist vierzig und surft, seit er zwanzig war. Er kennt die Inseln wie kein anderer.

Wenn der Levante weht, gibt es keinen besseren Ort als Farol. An »Südmeertagen« ist Tavira besser. Oder Fuseta, es kommt darauf an. Oder sogar die Ilha da Deserta auf der Faro-Seite. »Wenn das Meer glatt ist und der Levante hereinkommt, steigt das Meer an, und dann muss man nach Tavira.« An der Algarve treiben die Winde ein völlig anderes Spiel als im Rest des Landes, was am Verlauf der Küstenlinie und dem Inselsystem liegt. »Auf dem Meer draußen kommen die Wellen aus Richtung Süden und verlaufen parallel zum Land. Alle Wellen steigen und fallen gleichzeitig, deshalb entsteht keine Wand, der Teil der Welle, auf dem man reiten kann. Der Levante weht aus Südosten und macht, dass die Wellen schräg laufen, mit einer rechten und einer linken Seite. Für einen Goofy wie mich, der auf dem Brett den rechten Fuß vorne hat, ist die linke Seite besser.«

Aufgrund dieser Logik aus Winden, Wassertiefe und Wellenrichtung besteht Rafael darauf, dass die Ilha do Farol und die Ilha da Culatra zwei verschiedene Inseln sind. Für einen Surfer sind sie zwei unterschiedliche Welten. Man muss den Strand von einem Ende der Insel bis zum anderen ablaufen, um wirklich zu glauben, dass es sich um ein und dieselbe Insel handelt. Man bricht in der Siedlung Farol auf, geht an der Strandbar Mar a Mais mit ihrem geflochtenen weißen Sonnendach aus Segeltuch, mit ihren Holztischen und Liegestühlen und den Häusern vorbei, deren Gärten von Ankern und Schiffsschrauben geziert sind, und läuft bis ins dicht besiedelte Culatra, wo einige Häuser dauerhaft bewohnt sind und es sogar eine Schule gibt, vorbei an Hangares, wo während des Ersten Weltkriegs die Marine-Luftfahrt einen Stützpunkt zur U-Boot-Abwehr unterhielt. Bis vor wenigen Jahren wagten sich die Einwohnerinnen und Einwohner von Faro nicht auf diesen Teil der Insel, weil es hieß, dass dort immer noch scharfe Minen lägen.

Im Gegensatz zu den anderen Inseln der Algarve liegt die Ilha da Culatra relativ weit vor der Küste. Das Boot, das in Olhão oder im Sommer auch in Faro ablegt, braucht mit zwei Zwischenstopps auf der Insel vierzig Minuten für die Überfahrt, und man hat nicht das Gefühl, einen Fluss zu überqueren, sondern das Meer. Umgeben von feinem blauem Dunst kreuzt man Jachten und Motorboote, in der Ferne die Umrisse von Faro und Olhão und dahinter die Berge.

Ilha da Armona

»Als ich zur Welt kam, war ich so tot
wie dieser Aschenbecher«

Vor fünfzig Jahren gab es auf der Ilha da Armona keine Häuser, aber jetzt sieht es hier aus wie in einer Stadt. Auf der einen Seite der Insel, wohlgemerkt. Auf der anderen hat das Meer alles verschlungen. Alle Häuser, die im Laufe von Jahrzehnten auf der sogenannten Ilha da Fuseta entstanden, wurden vom vorrückenden Wasser zerstört. Aufgepasst: Auch wenn es viele Leute an der Ostalgarve nicht glauben wollen, sind Armona und Fuseta ein und dieselbe Insel. Die westliche Hälfte ist unter dem Namen Armona bekannt und wird von den Bewohnern und Bewohnerinnen von Olhão frequentiert. Die vor Fuseta gelegene Osthälfte gilt als Ortsteil. Beide Orte haben eine Kolonie aus Sommer- oder Fischerhäusern. Ohne in diesem kolonialen Zwist Partei ergreifen zu wollen, muss man anerkennen, dass die Überseekolonie von Olhão den besseren Teil abbekommen hat, und zwar aus einem einfachen Grund: Diese Seite der Insel wächst, wohingegen die andere schrumpft.

In der kleinen »Stadt« von Armona drängen sich Hunderte von Häusern entlang der endlosen Straße, die am Kai beginnt, direkt neben der Tolinhas Bar, und am Restaurant Santo António endet, wo der Strand anfängt. Heutzutage muss man von hier aus weit bis zum Wasser laufen. Als das Restaurant gebaut wurde, lag das Meer direkt vor der Tür.

Der Zyklus aus Erosion und Sedimentation begünstigt diesen Teil der Armona. Die Häuser hier sind für die nächsten Jahrzehnte sicher, zumindest vor dem Meer. Ob sie auch vor der Verwaltung des Naturparks sicher sein werden, wenn die Baugenehmigungen auslaufen, steht auf einem anderen Blatt. Trotzdem werden mehrere Häuser schon für 150 000 Euro zum Verkauf angeboten.

Genau wie die Flora und Fauna weist auch die Ästhetik der Gebäude auf jeder Insel eigene Merkmale auf. Auf Armona schmücken gelbe Azulejos die Wände, Kompositionen aus Muscheln und Seeschnecken und Kaktusgärten die Häuser, die Namen wie »Vivenda Berbigão« (Haus Herzmuschel) tragen. In manchen Vorgärten stehen Skulpturen, wie zum Beispiel eine Art mythologisches Tier mit schmiedeeisernen Füßen und einem Kopf aus einem der typischen Schornsteine der Algarve.

Es gibt viele Häuser auf Armona, aber nur ein einziger Mann lebt permanent auf der Insel: João José Tavares, genannt *Nocas*, der heute seinen siebenundsiebzigsten Geburtstag feiert. Alle anderen, die ein Haus auf Armona besitzen, verlassen im Winter die Insel und kehren nach Olhão zurück. Nocas bleibt hier. Er hat sich vor fünfzig Jahren dazu entschieden, obwohl er erst seit dreißig Jahren ein eigenes Haus hier besitzt, anfangs eines aus Hartfaserplatten, heute eines aus Stein. Seine Frau wohnt in Olhão. Er fährt nur hin, »wenn jemand krank wird oder stirbt«.

Nocas kocht jeden Tag ganz für sich allein. Reis, Brot, Muscheln und Calamares, gegrillten oder gekochten Fisch. Oder seine Spezialität: Herzmuscheln vom Blech. Achtundvierzig Jahre lang war er Fischer. Jetzt steht er frühmorgens knietief im Schlamm, um Dreiecks- und Venusmuscheln zu sammeln. Mehr als siebentausend Menschen widmen sich in der Ria Formosa dieser Tätigkeit, die illegalen Muschelsucher und -sucherinnen nicht eingerechnet.

Auch in dieser Hinsicht ist die Ria eine Brutstätte: Es gibt ebenso viele Gauner, wie es Muscheln gibt. Auf allen Inseln und in allen umliegenden Kanälen sind die verbotenen Kniffe die beliebtesten. Nocas kennt sie alle, natürlich nur theoretisch. Und damit ist er nicht allein. Die Insel ist voller Spezialisten – aber wir wollen hier ja niemanden denunzieren.

Reuse, Fischschlinge, Dreizack oder Muschelschlinge sind verbotene Techniken, die auf der Ilha da Armona meisterhaft beherrscht werden. Der *Fisga* genannte Dreizack ist eine Art Gabel, deren Spitzen mit Widerhaken versehen sind, und wird zusammen mit einer Taschenlampe verwendet, deren Licht die Kraken, Kalmare und Tintenfische blendet und betäubt, sodass man sie mühelos harpunieren kann. Für die Tintenfische gibt es noch eine andere Methode: Eine mit Öl gefüllte Flasche wird an einen aus dem Wasser ragenden Stock gebunden. »Der Tintenfisch wird von dem Geruch des Öls angelockt, und zack – kann man ihn aufspießen.« Die Reusen sind Fallen aus hintereinanderhängenden Netzen. Der Fisch schwimmt durch die Öffnung hinein, kommt aber nicht mehr heraus. So kann man Seebarsche und Doraden fangen. Das Meer rund um die Insel ist gespickt mit Vorrichtungen dieser Art, von denen niemand weiß, wem sie gehören. Wenn ihr Besitzer sie einholen will, muss er vorsichtig zu Werke gehen. João erklärt mir die Logik jedes dieser verbotenen Tricks in allen Einzelheiten. Manche erfordern extremes Geschick, während andere ebenso simpel wie grausam sind. »Ich habe mit meinem Vater mit der Harpune gefischt, seit ich acht war«, erzählt Nocas. Aber schon vorher ging er auf die Jagd nach Regenwürmern – auf Portugiesisch *minhocas*, daher sein Spitzname. Er war gut darin. »Wenn es regnete und stürmte, ging ich raus, Regenwürmer sammeln. Manchmal habe ich neun bis zehn Kilo zusammenbekommen.« So hat eben jeder seine Begabung. Joãos jüngerer Bruder hat sich aufs Angeln spezialisiert und trägt deshalb den Spitznamen *Cana* – Angelrute.

João hat vier Söhne, aber nur einer von ihnen ist ihm eine Erwähnung wert, und das aus gewichtigem Grund. »Mein Sohn dort drüben wurde tot geboren.« Er zeigt auf Henrique, der an einem anderen Tisch sitzt. Henrique Tavares, einundvierzig, kommt zu uns herüber, um das Gesagte zu bestätigen. »Jawohl, ich bin tot geboren. Tot wie dieser Aschenbecher hier.« Stolz hebt er den runden Glasaschenbecher des Cafés hoch, wiegt ihn abschätzend in der Hand, als wollte er zeigen, wie reglos und tot er ist. »Ich war wie dieser Aschenbecher. Dann haben sie mich mit Mund-zu-Mund-Beatmung und Wechselbädern wiederbelebt.« Henrique war eine Hausgeburt. Er hat die Schule bis zur vierten Klasse besucht und anschließend seinem Vater beim Muschelsammeln geholfen. Und das tut er bis heute, auch wenn er nicht besonders gerne darüber redet. Seine Geschichte scheint sich auf das Trauma seiner Geburt zu beschränken. Danach hat er nichts Erwähnenswertes mehr erlebt. »Ich war wie dieser Aschenbecher, und jetzt bin ich schon einundvierzig Jahre alt«, wiederholt er triumphierend und zeigt das kalte Glasteil als Gegenstück zum Beweis seiner eigenen Menschlichkeit.

Der Sturm

In Tavira stelle ich das Motorrad ab, lade mir meine Sachen auf den Buckel und steige ins Boot.

Ich laufe zum Campingplatz, melde mich an, baue mein Zelt auf und gehe an den FKK-Strand. Dort ziehe ich mich aus, steige ins grüne, warme Wasser und schwimme zwei Stunden lang. Anschließend strecke ich mich im Sand aus, marschiere am Wasser entlang bis zum Ende der Insel und wieder zurück und gehe zum Campingplatz, um zu duschen. Am Abend esse ich in einem Strandrestaurant gegrillten Fisch. Ich beobachte die Kinder, wie sie zwischen den in den Dünen verstreuten roten Sitzkissen spielen. Die Fischer mit ihren Dreitagebärten. Die Badenden mit ihrer sonnenverbrannten Haut. Und die Hände der einsamen Frauen, wie sie flink und vehement ihre Handys bedienen, Nachrichten verschicken. Die glücklichen Paare, wie sie vertraute, stillschweigende, überflüssige Gesten wechseln. In der Bar des Campingplatzes trinke ich eine Caipirinha.

Kurz vor Mitternacht gehe ich noch einmal an den Strand. Der leuchtende Mond spiegelt sich im Meer wie ein Fleck aus Quecksilber. Ein Junge hat seine Freundin mitgebracht, um Fotos zu machen und mit dem Licht zu experimentieren. Sie muss sich leicht nach hinten geneigt in den warmen Sand setzen, sodass ihr Gesicht vollkommen von den vom Wasser reflektierten Mondstrahlen beleuchtet wird.

Später liege ich dann im Zelt und warte darauf, dass es still wird.

Als sich endlich alle in ihre Schlafsäcke, auf ihre Matten und Luftmatratzen zurückgezogen haben, erfüllt das leise Gemurmel der Intimität den gemeinsamen Raum. Man hört alles. Die Gespräche, das Lachen, die Bewegungen, das Rascheln der Kleidung, das Stöhnen derer, die sich lieben. Das Husten und sogar das Atmen. Wer in Begleitung ist, nimmt es vielleicht gar nicht wahr, aber für den einsamen Zelter ist die Gegenwart der anderen spürbar und nah. Anfangs beklemmend, dann völlig natürlich. In der Dunkelheit ist es, als gäbe es keine Mauern und Zeltwände. Wir sind alle vom gleichen Raunen umfangen, in eine ruhige Trance gehüllt. Ich schlafe ein.

Plötzlich schrecke ich hoch. Das ganze Zelt bebt heftig, ist drauf und dran, sich loszureißen. Der Zwischenraum zwischen Innen- und Außenzelt bläht sich auf wie ein Ballon, die Zeltbahnen flattern im Wind, der Boden hebt sich am Rand, klappt zusammen, wickelt sich um meinen Körper.

Ich halte mich fest und versuche, wieder einzuschlafen, aber der Sturm wird immer stärker. Ich höre ihn schrill zwischen den Pinien heulen. Die Situation ist wirklich gefährlich. Die Zeltschnüre reißen sich los, die Zeltwände füllen sich mit Wind wie Segel. Ich robbe zum Eingang. Eigentlich habe ich vor, die Heringe wieder einzuschlagen. Aber leider habe ich kaum noch welche. Das Zelt taugt nichts. Warum zum Teufel habe ich auch ein Zelt für fünfunddreißig Euro kaufen müssen?

Abgesehen davon kann ich das Zelt nicht verlassen, weil mein Körpergewicht das Einzige ist, was es noch festhält. Alle anderen Halterungen sind weg. Der Wind kämpft nicht gegen das Zelt, sondern gegen mich. Gegen den Ballast meiner Anwesenheit. Und so bleibt mir keine andere Wahl, als Widerstand zu leisten. Mich in den Boden zu krallen, mich auf die Stärke der Schwerkraft zu konzentrieren, auf meine Fähigkeit, sie in mich aufzunehmen. Wenn ich meine Stellung verließe, wäre im Handumdrehen alles verschwunden.

Ilha de Tavira

Das steinerne Floß

Vor der Ilha de Tavira stand früher ein Stellnetz für Thunfische – die Armação Medo das Cascas. José Falcão erinnert sich noch daran. Er lebt in Castelo Branco, kommt aber regelmäßig hierher, seit er in den Sechzigerjahren ein Mädchen aus dieser Gegend heiratete. Nach der Hochzeit zog er in den Krieg in Angola, und während er dort war, erfuhr seine Schwiegermutter, dass eine der Fischerhütten auf der Insel zum Verkauf stand. Von der Kolonie aus bat er sie 1969, die Hütte in seinem Namen zu kaufen. Zwei Jahre später kam er her.

Seine Frau hatte ein Problem mit den Geckos, die die Hütte als ihr Zuhause betrachteten, und so beschloss das Ehepaar, alles zu renovieren. Heute ist die Hütte ein richtiges Haus, genau wie alle anderen hier im Osten der Insel, gleich hinter der Anlegestelle für die Fähren, die die Insel zwei Mal pro Stunde anlaufen.

Die Häuser sind nicht illegal, aber sie haben einen Sonderstatus. Der Boden, auf dem sie stehen, ist öffentlicher Grund und kann deshalb von den Hausbesitzerinnen und -besitzern nicht erworben werden. Sie zahlen eine jährliche Pacht für die Nutzung. Das System ist das gleiche wie auf allen Inseln, doch es gibt ein paar Besonderheiten, die nicht allen Beteiligten immer klar sind. So zahlt José Falcão zum Beispiel sechshundert Euro pro Jahr, allerdings ohne Garantie dafür, dass die Nutzungserlaubnis auch im darauffolgenden Jahr verlängert wird. Nur das Haus ist sein Eigentum, nicht der Grund, auf dem es steht. Es ist, als wäre es auf dem Nichts gebaut. Und es gibt Einschränkungen: Er darf das Haus nicht verkaufen, nur seinen Kindern vererben. Lauter Nachteile also. Doch trotz allem ist es ein Privileg, ein Haus auf der Insel zu haben.

José Lucas Falcão, fünfundsiebzig, Witwer und Oberst im Ruhestand, verbringt hier den Sommer. Er sitzt am Tisch unter seinem Vordach. Bevor seine Frau vor siebzehn Jahren starb, stand er jeden Morgen um sechs Uhr auf, um angeln zu gehen, zog manchmal dreieinhalb Kilo schwere Seebarsche aus dem Wasser. Doch das ist vorbei. Jetzt trifft er sich hier mit seinen Freunden zum Plaudern. Mit José Plácido, sechzig, pensionierter Mathematiklehrer, und Fernando Robles, vierundsiebzig, Militär im Ruhestand, der ebenfalls in Angola gedient hatte. José und Fernando sind schon den ganzen Morgen hier, jetzt bereiten sie das Mittagessen vor: Augenbohnen mit Thunfisch. Aus der Dose.

Um die Mittagszeit ist die Insel schon voll. Die Fähren, die von Tavira oder vom Strand von Quatro Águas durch die Salinen herüberkommen, oder die Wassertaxis bringen Tausende von Touristinnen und Touristen auf die Insel, die größte an der Algarve. Fast alle drängen sich hier am sogenannten Strand von Tavira hinter dem Campingplatz, dort, wo die ganzen Bars und Restaurants sind. Nur einige wenige gehen weiter in Richtung Westen, zum Strand von Terra Estreita oder Barril oder sogar zur Praia do Homem Nu, dem »Strand des nackten Mannes«, vermutlich benannt nach einem nackten Wesen, das dort irgendwann einmal gesichtet wurde. Jetzt ist er sogar ganz offiziell ein FKK-Strand; der Name des Pioniers allerdings ist nicht bekannt.

Aus diesem und anderen Gründen steht Tavira in dem Ruf, der größte Hippie-Treffpunkt der Algarve zu sein. Die Ilha de Tavira ist die Insel der Hippies, so wie Farol die Surferinsel, Armona die Familieninsel und Barreta die Schickimicki-Insel ist. Feste Vorstellungen, die sich langsamer verändern als die Wirklichkeit. Die Ria Formosa mag im ständigen Wandel sein, aber die Bilder, die wir von ihr im Kopf haben, halten sich hartnäckiger als die geologischen Veränderungen.

Mit der Ilha de Tavira jedenfalls war stets eine gewisse Vorstellung von Freiheit verbunden. Manchen gefällt das, anderen weniger, und so haben sich die Menschen hier nach und nach so vermischt wie das Salzwasser und das Süßwasser, das die Salzpflanzen für ihren Stoffwechsel benötigen. Allerdings ist in den letzten Jahren vieles anders geworden. Die Bar Sal zum Beispiel, deren Sitzsäcke im Sand jetzt dazu einladen, die Seele baumeln zu lassen, und die als Schauplatz für die ungeheuer populäre portugiesische Teenie-Serie *Morangos com açúcar* (»Erdbeeren mit Zucker«) diente, war früher bei den Inselbesuchern und -besucherinnen als die »Bar der Drogensüchtigen« bekannt.

Freitags und samstags war die Ilha de Tavira Mittelpunkt des Nachtlebens an der Algarve, zumindest eines ganz bestimmten Nachtlebens. Hierher kamen die Jugendlichen, die vor den englischen Clubs von Albufeira mit ihren Hooligans und den Blondinen in Miniröcken und High-Heels flohen, vor den Megadiscos und den Schickimicki-Partys. Hier gab es früher nächtliche Lagerfeuer am Strand mit Gitarren- und Djembéklängen, mit Künstlern und Freigeistern – oder Leuten, die sich dafür hielten –, mit Bier und meist weichen Drogen.

*

»Jede Nacht gab es Messerstechereien.« So sieht das José Falcão. »Whisky und Drogen, sonst nichts. Lärm und Chaos am Strand.« Wilde Camper, »Verrückte«, wie er sie nennt, die Kunsthandwerk verkauften, und Müll, Berge von Müll. Er und Fernando Robles denken voller Widerwillen an diese Zeit zurück. Jetzt ist es besser, aber sie trauen dem Frieden nicht. Erst kürzlich war da drüben bei den

Sonnensegeln diese äußerst merkwürdige Gruppe. »Ich glaube, das waren Pornodarsteller«, sagt José Plácido, der so groß ist, dass er *Zé Grande* genannt wird, der »lange Sepp«.

Eines der Mädchen aus der Gruppe, so berichtet er, ging zu der Baracke des Masseurs. Der Mann, ein professioneller Masseur, machte sich, wenn auch unwillig, an die Arbeit. Aber das Mädchen packte ihn und verpasste ihm – das hat der Physiotherapeut später selbst erzählt – eine ihrer Spezialmassagen.

Die Ex-Militärs können darüber nicht lachen. Sie finden Zé Grandes Geschichte empörend. Robles, der 1961 für seine Heldentaten in Angola ausgezeichnet wurde, ist einen Moment lang wie erstarrt, ins Mark getroffen von der bloßen Vorstellung. Ein weiblicher Badegast, der den Masseur massiert. Das ist wider die Natur.

Tatsächlich nahm das wilde Treiben dermaßen überhand, dass der Bürgermeister von Faro, Macário Correia, 2007 beschloss, auf der Insel Ordnung zu schaffen. Isabel Baptista, die Leiterin des Campingplatzes, erinnert sich daran, wie eines Abends sechzig uniformierte Polizisten mit Hunden und Shotguns auftauchten. »Plötzlich war hier alles voller uniformierter Schützen, die die Leute bewachten«, sagt sie und zeigt auf den Eingang zum Campingplatz. »Macário sagte, es sei wegen der Saufgelage.«

Die Bars, die vorher die ganze Nacht hindurch geöffnet hatten, mussten fortan um einundzwanzig Uhr schließen. Der Lärm hatte ein Ende und mit ihm das wilde Zelten und der Müll. Und das fröhliche Leben auf der Ilha de Tavira. »Selbst ich alte Langweilerin möchte abends ein bisschen Spaß haben«, sagt die vierundfünfzigjährige Isabel. »Wer um Himmels willen ist denn an einem Urlaubswochenende abends um neun mit dem Essen fertig?«

Also hat die Obrigkeit es sich anders überlegt, und die Restaurants dürfen wieder bis spätnachts öffnen. Um zwei Uhr morgens ist allerdings Schluss. Trotzdem schließen alle viel früher, weil sie keine Kundschaft haben.

»Wir versuchen, uns nach und nach die Insel zurückzuholen«, sagt der Campingplatzbetreiber Victor Guerreiro, dreiundsechzig. Er und Isabel müssen den schwierigen Balanceakt vollbringen, für Sicherheit und Sauberkeit zu sorgen, ohne dabei die Hippie- und Szeneatmosphäre der Insel zu zerstören. Der Campingplatz, der einzige auf den Inseln der Algarve (der von Armona zählt nicht, weil er nur aus Bungalows besteht), ist mit einem hohen Netz umgeben und hat am Eingang ein elektronisch kontrolliertes Drehkreuz. Besonders wild ist er also nicht – wenn man davon absieht, dass er auf einer Insel und nur wenige Meter vom Strand entfernt liegt, was ja besser ist als nichts.

Victor würde gerne überall auf dem Gelände Bungalows aufstellen, aber die Verwaltung des Naturparks lässt das nicht zu. Als Alternative haben Isabel und er beschlossen, bereits aufgebaute Familienzelte anzubieten, die mit Betten, Wäsche, Strom, Herd und Kühlschrank ausgestattet sind. Sie kosten sechzig Euro pro Nacht, aber es gibt kein Hotel, das ihnen Konkurrenz machen könnte. Bei den spanischen Gästen, die um diese Zeit etwa achtzig Prozent der Campingplatzbewohner ausmachen, sind sie jedenfalls sehr beliebt.

Die Bar, die Mahlzeiten und Caipirinhas serviert, die Strandrestaurants, das ruhige, warme Meerwasser, in dem man schwimmen kann wie in einem endlos großen Schwimmbad, der »Strand des nackten Mannes«, alles auf der Insel atmet Freiheit. Selbst die unverputzten Häuser wie das von José Falcão, in dem die Ex-Militärs nachmittags beisammensitzen und Witze erzählen oder sich an alte Heldentaten in Afrika erinnern. Seit 1974 treffen sie sich auf der Insel. In Angola wurde der damals noch junge Unterleutnant Fernando Robles Zeuge der Massaker, die die angolanische Unabhängigkeitsbewegung UPA unter Holden Roberto beging und mit denen der Kolonialkrieg begann. Die Gräueltaten, die er mit ansehen musste, machten aus ihm einen glühenden Kämpfer der Kolonialmacht. Bekannt als *mata-pretos* (»Schwarzentöter«), leitete er als Angehöriger des Sondertrupps Caçadores Especiais nach dem Motto »Auge um Auge, Zahn um Zahn« einige der blutigsten Kampagnen des ganzen Krieges.

Eine Insel ist ein steinernes Floß, das die Ankertaue gekappt hat und auf der Fahrt in die Erlösung ist. Sie ist ein Ort des Neubeginns und der Unschuld. Auf einer Insel haben wir das Gefühl, weit weg von allem zu sein, selbst wenn das Festland in bequemer Nähe liegt.

Ilha de Cabanas

»Der Sand bewegt sich«

Es ist einfach, auf eine verlassene Insel zu fliehen. Hier in Cabanas genügt es, eines der kleinen Boote zu besteigen, die hin- und herfahren, und in wenigen Minuten ist man auf einer verlassenen Insel, die nur deshalb nicht völlig einsam ist, weil andere Leute die gleiche Idee hatten. Aber niemand lebt auf der Ilha de Cabanas. Nicht einmal Manuel Macieira, der die Konzession für den Strand und die beiden Bars besitzt, das Cabana da Ria und das Paradise. Am Ende des Tages fahren er und seine Angestellten zurück in den Ort Cabanas. Die Insel, sechs Kilometer Strand und Dünen, bleibt allein.

Das verleiht ihr ein ganz besonderes Flair. Sollen die Touristen und Touristinnen ruhig überall ihre Sonnensegel aufspannen und ihre Handtücher auf dem perlfarbenen, von Muscheln übersäten Sand ausbreiten. Und es macht auch keinen Unterschied, dass nur wenige Meter entfernt das Festland zu sehen ist, Cabanas, das früher ein Fischerdorf war und jetzt ein Touristenort ist, in dem mehr als tausend Häuser zum Verkauf stehen. Eine einsame Insel ist eine einsame Insel. Das spürt man.

Man muss nur Manuels aus rot gestrichenen Holzlatten erbaute Bar Cabana da Ria betreten, die auf Pfählen über dem Strand schwebt, und den Blick umherschweifen lassen, über die mit grünen, vom Wind leicht zerzausten Sträuchern bewachsenen Dünen. Das Ganze hat etwas Raues, Ungeschütztes, das schmerzlich und verführerisch zugleich ist. Es hat etwas. Es muss etwas haben, denn nicht umsonst ist eine Insel unbewohnt. Natürlich trägt die Musik aus der Bar zur Atmosphäre bei, aber daran kann es nicht liegen, denn das Lied ist nicht mal gut. *Night night, night inside your eyes, pessoas sozinhas e eu esperando você*, singt Ive Mendes, genau so, in dieser Mischung aus Englisch und Portugiesisch. *Night night, pessoas sozinhas …*

Eine einsame Insel wirkt immer unbekannt und abgelegen, selbst wenn sie wie diese nur wenige Meter vom Festland entfernt liegt; vielleicht fällt es deshalb schwer, sich vorzustellen, dass sie einmal bewohnt gewesen sein könnte. Aber Cabanas war es einst.

Nachdem die Liberalen 1838 das staatliche Monopol für die Thunfischjagd aufgehoben hatten, stellte eine Fischereigesellschaft, die Companhia de Pescarias Lisbonense, überall entlang der Küste von Cacela Stellnetze für den Thunfischfang auf. Die Fangvorrichtung nannte sich Armação de Cacela oder Armação da Abóbora, und die Ausrüstung sowie die Arbeiter waren in Hütten auf der Insel untergebracht. Daher der Name der Insel: Ilha de Cabanas, die Insel der Hütten. Oder Ilha da Abóbora, wie sie auch genannt wird. 1962 wurde die Siedlung, die mittlerweile den Besitzer gewechselt hatte, vom Meer weggerissen. Die Stellnetze wurden noch zehn Jahre länger betrieben, aber die Insel war nie wieder bewohnt.

»Das Meer hat die Häuser verschlungen«, erzählt mir Carlos Baptista, Bürgermeister von Cabanas. »Es hat nichts als Sand übrig gelassen.« Carlos, achtundfünfzig, arbeitet als Sportlehrer in Tavira, hat aber seit zehn Jahren das Bürgermeisteramt inne. Er ist in Cabanas geboren und hat immer hier gelebt; deshalb hat er mitbekommen, wie die Insel sich verändert hat. »Der Sand bewegt sich«, sagt er. »Er wandert von West nach Ost. Und mit den Kanälen sollte es genauso sein.« Der Mensch versucht, diese Bewegung aufzuhalten, was fast immer schiefgeht. »Die Kanäle, die sich auf natürliche Weise aufgetan haben, wurden maschinell zugeschüttet. Es gab einen vor Cacela Velha, die sogenannte Barra do Cochicho, benannt nach dem ersten

Boot, das sie überquerte. Sie haben ihn zugemacht und einen anderen weiter drüben geöffnet. Dieses Eingreifen des Menschen hat den natürlichen Kreislauf zerstört.«

Die Insel ist in ständigem Wandel, der einem größeren Plan folgt, entworfen dort, wo die Ökosysteme erdacht werden, wo auch immer das sein mag. Diesen Plan zu durchkreuzen, ist ein Fehler, der sich früher oder später rächt. »Jetzt ist die Insel höher, aber schmaler. Sie kann jeden Augenblick auseinanderbrechen«, warnt Carlos, der aber dessen ungeachtet einen politisch höchst inkorrekten Plan für Cabana verfolgt: den Bau einer Brücke.

Natürlich aus Holz. Und nur für Fußgängerinnen und Fußgänger. Und nachts gesperrt, um Vandalismus vorzubeugen. Aber eine Brücke. Er war immer dagegen, aber nun hat er klein beigegeben. Diese geistige Entwicklung lässt sich bei vielen Kommunalpolitikern und Tourismusveranstaltern an der Algarve beobachten: Die einen träumen von Brücken, die anderen von absurden Beförderungsmitteln wie Seilbahnen. Sie alle lieben die Inseln so sehr, dass sie sie mit dem Festland verbinden wollen – was ihr Ende wäre.

Der Verwaltung des Naturparks von Ria Formosa und der Verwaltung der Wasserwirtschaft kommt die undankbare Rolle des Spielverderbers zu. Die spielen sie allerdings manchmal ziemlich kompromisslos, wie diejenigen sagen, die sich als ihre Opfer fühlen. Manuel Macieira, der Besitzer des Cabana da Ria, würde aus der Bar gerne ein Restaurant machen. Allerdings ist laut des »Entwicklungsplans für den Küstenstreifen« auf der Ilha de Cabanas nur eine ganz einfache Behelfsausstattung erlaubt, was neben anderen Einschränkungen bedeutet, dass er kein warmes Essen anbieten kann.

»Wir enthalten den Touristen das Beste vor, was die Region zu bieten hat«, klagt Manuel. Er meint die Gastronomie. »Wir haben alle Voraussetzungen zur Einrichtung eines Restaurants. Die Leute wollen essen, und wir hindern sie daran, und das alles nur aufgrund eines längst überholten Gesetzes. Wir würden uns wünschen, dass man uns erlaubt, hier ein Restaurant zu eröffnen, wie auf den anderen Inseln.« Er denkt dabei zum Beispiel an die Ilha da Barreta, eine andere verlassene Insel, die im Übrigen den Beinamen Ilha Deserta (»Verlassene Insel«) trägt, aber ein wunderhübsches Nobelrestaurant beherbergt, das Estaminé.

Manuel, achtundvierzig, hat früher in Lissabon bei der Portugiesischen Handelsbank gearbeitet. »Ich habe die Krawatte gegen Flipflops eingetauscht«, sagt er. Jetzt lebt er in Cabanas, würde aber sein Geschäft gerne erweitern. »Sie lassen uns in der Bar keine Livemusik spielen, nur Musik vom Band. Ich wollte einen Saxofonisten hier auftreten lassen, aber das wurde mir nicht gestattet. Gleichzeitig kann man hier laut und deutlich die Musik von den Partys im Manta Beach hören.« Und tatsächlich: Wenn der Levante weht, dringt das Wummern der Feste, die die Kartenlegerin Maya am Strand von Manta Rota veranstaltet, herüber und entweiht die jungfräuliche Ilha da Abóbora.

Kapitel 6

Schiffe
aus Stein

Das Erdbeben von Agadir

Brancas Tochter starb vor fünfzig Jahren, am 28. Februar 1960, einen Tag vor der Katastrophe. Sie war noch ein Kind, und das Fieber war zu stark für sie. Damals war es für eine illegale Migrantin aus Portugal schwer, in Agadir ärztliche Versorgung zu erhalten, denn die Arbeiter und Arbeiterinnen waren ohne Verträge, ohne Rechte und ohne Freiheit in die Konservenfabrik eingesperrt. Ein Schiff brachte sie von der Algarve, wo die Konservenindustrie Tradition hatte und die Leute mit den Arbeitsgängen vertraut waren. Sie kamen zu Tausenden, weil sie keine andere Wahl hatten: In Portugal gab es keine Arbeit, und die Menschen hungerten.

Manche kamen für ein paar Monate, andere für Jahre oder gar das ganze Leben nach Kenitra, Rabat, Casablanca, Safi oder Agadir. Einige gingen nach Tunesien. Die Frauen arbeiteten in den Konservenfabriken, die Männer als Fischer auf Booten oder an den Stellnetzen für den Thunfisch. Ganze Familien bauten sich in Nordafrika eine neue Existenz auf, und auch heute gibt es an der Algarve Menschen, die Arabisch sprechen und sich eher als Marokkaner denn als Portugiesen fühlen. Obwohl fast alle mit leeren Händen zurückkehrten.

Der Migrantenstrom, einer der am wenigsten bekannten in der Geschichte portugiesischer Auswanderung, setzte in den Dreißigerjahren des 20. Jahrhunderts ein und hielt bis in die Siebzigerjahre an. Zahlreiche Portugiesen und Portugiesinnen erlebten in Casablanca die Schlachten des Zweiten Weltkriegs oder die Kämpfe um die Unabhängigkeit Marokkos. Oder das Erdbeben von Agadir.

Zwar hatte das Beben nur eine Stärke von 5,7 auf der Richterskala, aber da die Stadt direkt auf der Plattengrenze und über dem Epizentrum lag und die meisten Gebäude alt und brüchig waren, wurde sie fast vollständig zerstört. In der Kasbah, der Burganlage, und den zentralen Vierteln Ihchach und Founty blieb kein Stein auf dem anderen. Mehr als 15 000 Menschen starben, unzählige weitere wurden verletzt und verloren ihr Heim. Es war das tödlichste Erdbeben in der Geschichte Marokkos.

Zeitzeugen berichten von Panik in den Straßen, von Leichenbergen, Eltern, die ihre Kinder sterben sahen, wundersamen Rettungen und Heldentaten, von Plünderungen und Kämpfen. In Portugal, wo das Fernsehen gerade erst Einzug gehalten hatte, filmte Augusto Cabrita als Sonderberichterstatter, was sich in den Tagen nach dem Erdbeben ereignete. Für das Radio berichtete Artur Agostinho.

»Es waren nur wenige Sekunden, aber sie fühlten sich an wie Jahrhunderte«, sagte er ins Mikrofon des staatlichen Rundfunksenders. »Ein winziger Moment, der den Menschen wie eine Ewigkeit erschien. Und als es vorbei war, stand fast nichts mehr. Die moderne, anmutige Stadt hatte sich in einen Trümmerhaufen verwandelt.«

Branca lebte damals in Agadir. Ihre Tochter war tags zuvor gestorben, und sie waren gerade bei der Trauerfeier, als die Erde bebte. Branca, die in ihrer Wohnung über dem offenen Sarg ihrer Tochter lag, verstand im ersten Augenblick gar nicht, was los war. Sie sah nur, wie das Gesicht des Mädchens erzitterte.

Zuerst glaubte sie, ihre Tochter sei aufgewacht. Dass alles ein Irrtum sei und das Mädchen aufstehen und sich in ihre Arme werfen werde. Dann dachte sie, dass das Mädchen sie vielleicht zu den Toten rufe, dass ihr Platz bei ihrer Tochter sei und sie nicht mehr länger in die Welt der Lebenden gehöre. Aber dann bemerkte sie, dass alle Anwesenden durcheinanderschrien und auf die Tür zustürzten.

In den fünfzehn Sekunden, in denen die Erde bebte, wirbelten ihr unzählige Erinnerungen durch den Kopf, sah sie Menschen in Panik flüchten, hörte sie das Donnern einstürzender Gebäude und die Schreie derer, die unter ihnen begraben wurden, spürte sie, wie die Stadt in sich zusammenfiel und der Tod Einzug hielt. Aber sie verließ ihren Posten nicht, klammerte sich an den kleinen Sarg. Um nichts in der Welt hätte sie ihre Tochter allein gelassen.

Monte Gordo

Ein Schiff, gestrandet in den Dünen

Ich treffe José und Violante vor der Tür ihres Hauses in der Rua dos Pescadores in Monte Gordo. Den ganzen Sommer über sitzen sie hier, als bewachten sie den Eingang zu einer Festung.

Sie haben das Haus vor knapp zwanzig Jahren gebaut. Dann haben sie ein Stockwerk verkauft und ihren Kindern eine Wohnung geschenkt; die andere vermieten sie. Jetzt leben sie im Erdgeschoss von den Einkünften des restlichen Gebäudes. Sie sind verheiratet und Cousin und Cousine.

Violante Almeida, sechsundsiebzig, ist hier geboren. »Rund um das Haus gab es nichts«, erinnert sie sich, »nur Dünen und Sand.« Dort, wo jetzt ihr Haus steht, stand früher das Haus ihrer Mutter. Ein kleines, eingeschossiges Gebäude in dieser abgeschiedenen Gegend, weit weg vom Dorf. Später entstanden dann ringsum Unterkünfte für arme Fischer. Heute sind alle Häuser groß und neu und werden an Touristen und Touristinnen vermietet.

Man könnte Violante und José Rückkehrer aus einem anderen Leben nennen. Jetzt bewachen sie ihre Burg, aber in ihrem Blick liegt unstillbare Sehnsucht.

Sie haben den Ort noch nie gemocht. Violante wusste, dass ihr Vater jedes Jahr für sechs Monate in ein fernes Land reiste, und wollte immer mit ihm gehen. Schon als kleines Kind bat sie ihn, sie mitzunehmen. Als sie vierzehn war, erhörte er ihr Flehen.

José Almeida, achtzig, dunkle Haut und weißes Haar, war noch jünger, als er von zu Hause fortging. »Ich war schon immer sehr unabhängig«, erklärt er. »Das Leben hier war schlecht. Die Leute hungerten.« Bei ihm zu Hause in Tavira waren sie fünf Geschwister. Auch sein Vater war die halbe Zeit des Jahres weg, und seine Abwesenheit füllte Josés Kopf mit Träumen. »Ich habe allein gelebt, seit ich acht war«, sagt er, denn in diesem Alter lief er das erste Mal von zu Hause weg. Er ging zu Fuß nach Olhão, wo er in einer Werkstatt Anstellung als Autowäscher fand.

Sein Vater schickte die Polizei auf die Suche nach ihm, doch der Polizeichef Albino aus Faro fand ihn erst Tage später. »Ich gehe nicht zurück nach Hause«, schrie José. »Ich gehe nicht, und wenn ihr mich umbringt!« Und blieb.

Seither hat er immer gearbeitet. Er erlernte in mehreren Autowerkstätten das Handwerk des Automechanikers, sparte ein wenig Geld zusammen und beschloss, nach Spanien zu fliehen, wurde aber an der Grenze geschnappt und vierundzwanzig Stunden lang in der Grenzstadt Vila Real de Santo António festgehalten.

Anschließend kehrte er zurück an die Arbeit, aber die Geheimpolizei PIDE saß ihm im Nacken. Also sparte er weiter für sein großes Abenteuer: Er kaufte ein sechs Meter langes Segelboot und stach eines Abends um neun von Cabanas, damals noch ein Fischerdorf, mit fünf weiteren Männern in See. Sie hatten weder Pässe noch Geld, ja nicht einmal Kleidung oder Essen, aber sie wussten, welchen Weg sie einschlagen mussten, weil andere vor ihnen es schon versucht hatten: Sie würden bis nach Rabat in Marokko fahren, das zu dieser Zeit ein französisches Protektorat war. José war sechzehn Jahre alt. Jetzt ist er zurück an der Algarve, mit Violante, an dem Ort, dem sie unbedingt entkommen wollten. Wie Kapitäne, die ihr sinkendes Schiff nicht verlassen wollen. In gewisser Weise ist dieses Haus auch ein Schiff, gestrandet in den Dünen.

Um mehr über das Schicksal der Menschen zu erfahren, die in

der ersten Hälfte des 20. Jahrhunderts von der Algarve nach Marokko auswanderten, mache ich einen Abstecher. Ich fahre nach Tanger und von dort weiter an der Küste entlang über Larache, Kenitra, Casablanca und Essaouria bis nach Agadir – Namen, die vielen Bewohnerinnen und Bewohnern der Algarve merkwürdig vertraut sind.

Männer und Frauen kamen und gingen, um an den Thunfisch-Stellnetzen oder in den Konservenfabriken zu arbeiten. Einige von ihnen verbrachten ihr ganzes Leben in Marokko, andere starben dort. In gewisser Weise ist dieser Abschnitt der afrikanischen Küste Teil der Algarve.

Marokko

Ein Mittsommernachtsball in Port-Lyautey

In Mehdia ist die Nacht hereingebrochen, aber der Hadsch trägt immer noch seine Mütze. Den Titel Hadsch verdankt er einer Reise nach Mekka, die er vor fünfzehn Jahren ganz allein unternahm. Eigentlich heißt er El Mnbhi Hachmi, ist dreiundachtzig Jahre alt, groß und hager. Er trägt Brille und Bart, eine Djellaba und weiße Crocs; den kleinen Finger seiner rechten Hand ziert ein Ring. Vor zwei Jahren hat er die heute vierundvierzigjährige Saloua geheiratet, die uns gerade den Tee serviert. Der Raum hat eine Stuckdecke und ist mit einem roten Wollteppich ausgelegt; in der Mitte steht ein runder Tisch mit einer weißen, lila bestickten Tischdecke. Der Hadsch hat es zu etwas gebracht im Leben.

Er ist hier geboren, auch wenn Mehdia damals noch nicht mal ein richtiges Dorf war, sondern aus einem halben Dutzend ärmlicher Fischerhütten rund um die Kasbah bestand, etwa zwanzig Kilometer von Port-Lyautey entfernt, das heute Kenitra heißt. Eine der Hütten gehörte seinem Vater.

»Er fing Seebarsch und Adlerfisch mit einem Ruderboot«, erzählt mir der Hadsch, der seinem Vater schon als kleiner Junge zur Hand ging. »Wir waren bitterarm.« Später kamen dann die Stellnetze und die Konservenfabrik an der Mündung des Oued Sebou. Dort fand der Hadsch Arbeit.

Es gab drei große Stellnetze, mit denen der Thunfisch auf seiner jährlichen Wanderung vom Nordatlantik zum Mittelmeer auf offener See gefangen wurde: vor Larache, Asilah und Moulay Bousselham. In jedem Netz verfingen sich bis zu tausend Thunfische am Tag, von denen jeder um die dreihundert Kilo wog. Wenn sie zur Laichzeit im April und Mai im Schwarm unterwegs waren, konnte man sie mit dem »Becher« fangen, einem riesigen Netz, dessen Enden von mehreren Booten gehalten wurden. War der »Becher« voll, wurde er angehoben, wodurch die Fische gezwungen waren, an die Wasseroberfläche zu kommen.

Dann mussten die Männer diese Meerungeheuer mit einer *bicheiro* genannten Harpune aufspießen und ins Boot schleudern. Natürlich wehrten sich die Thunfische verzweifelt und lieferten den Fischern einen erbitterten Kampf. Die Männer nannten das den »Meeres-Stierkampf«. Die Stellnetze hießen *almadrava*, was auf Arabisch so viel heißt wie »Ort des Todes«.

Der Hadsch arbeitete an den *almadravas*. »Am schlimmsten war es, wenn der starke Geruch der Thunfische einen Pottwal anlockte, der das Netz attackierte«, berichtet er voller Elan und in perfektem Portugiesisch. »Er gab schreckliche Geräusche von sich, und das war kein Spaß. Stellen Sie sich vor, wie das ist, wenn ein Pottwal auf einen losgeht. Wir mussten Soldaten rufen, die ihn dann mit Schüssen vertrieben.«

Später war der Hadsch in der Konservenfabrik am Ufer des Oued Sebou beschäftigt. Hier wie dort arbeitete er mit Portugiesen und Portugiesinnen zusammen, fast alle von der Algarve. Sie kamen zu Tausenden, heimlich, auf eigene Faust oder mit den Schiffen des Konsortiums, dem sowohl die Stellnetze als auch die Konservenfabriken gehörten. Die Ersten kamen vereinzelt in den Zwanzigerjahren, aber schon zehn Jahre später waren die marokkanischen Hafenstädte voller Arbeiterinnen und Arbeiter von der Algarve. Sie lebten in Tanger, Larache, Casablanca oder Safi, um beim Fischfang, in den Fabriken oder Subunternehmen zu arbeiten. Einige ließen sich für mehrere Jahre oder sogar für ihr ganzes Leben in Marokko nieder, andere kamen nur für die Thunfischsaison, von April bis August, und kehrten dann nach Olhão, Tavira oder Monte Gordo zurück.

★

Mehr als dreißig Jahre lang lebte der Hadsch in der Gesellschaft von Portugiesen. Er fand Freunde und lernte die Sprache. Eine Zeit lang wohnte er auf dem Schiff *Paco*, auf dem die Portugiesen »wie in einem Hotel« untergebracht waren. Die *Paco* fuhr nach Portugal, lud dort Arbeiter und Arbeiterinnen ein und brachte sie nach dem Ende der Saison wieder zurück. Während der fünf oder sechs Monate der Thunfischsaison lebten die Portugiesen (fast ausschließlich Männer) auf dem Schiff.

Wer in der Fabrik beschäftigt war (überwiegend Frauen), lebte auch dort, in einer Halle neben dem Hauptwarenlager, die in winzige Wohnräume unterteilt war. Zwischen den beiden Gebäuden lagen die Toiletten, Esstische und Bänke sowie Becken zum Wäschewaschen. Ein paar Jahre lang wohnte auch der Hadsch in der Fabrik.

Später kämpfte er dann in der Befreiungsarmee und wurde 1956 zu einem der Helden der Unabhängigkeit. Er brachte es weit in seiner militärischen Karriere. Aber er ging noch jahrelang in die Konservenfabrik, die heute den Namen La Monégasque trägt, weil er die Mittsommernachtsbälle nicht verpassen wollte.

»Bei diesen Festen ging es immer hoch her. Die Musiker waren Portugiesen. Sie spielten Akkordeon, Gitarre und Triangel. Aber alle tanzten, ganz gleich ob Portugiesen, Marokkaner oder Juden. Ich ging hin, um mit den Portugiesinnen zu tanzen.«

Die Mittsommernachtsbälle fanden in der Woche um den Johannistag statt, die mit dem Ende der Thunfischwanderung zu ihren Laichplätzen zusammenfiel. Aber auch in den Wochen davor und danach wurde getanzt. Tatsächlich gab es während der Fangsaison jeden Abend einen Mittsommernachtsball. Erst als die Portugiesen das Land verließen – die meisten gingen nach der Unabhängigkeit Marokkos, die Ausdauerndsten blieben bis in die Sechziger- und Siebzigerjahre –, hatten die Feiern ein Ende. Die Fabrik blieb indessen weiter in Betrieb, wenn sie auch auf die Verarbeitung von Anchovis umstellte. Heute beschäftigt sie Tausende Marokkanerinnen und Marokkaner und ist dafür verantwortlich, dass Mehdia inzwischen zur Stadt herangewachsen ist, deren Bevölkerung fast ausschließlich bei La Monégasque arbeitet.

★

Für Arami Hamid ist es kein ruhiger Tag. Vor weniger als einer Woche hat ein Brand einen Teil der Fabrik zerstört. Zwei der ältesten Gebäude, deren Grundgerüste aus Holz waren, sind unbenutzbar, und Arami, Exportleiter bei La Monégasque, muss alle Arbeitsabläufe neu organisieren. »Die Hallen stammten aus der Zeit der Portugiesen«, sagt er und zeigt sie mir. »Diese hier ist neu, aber die da drüben ist auch aus jener Epoche.« Die Halle, die er meint, ist in kleine Räume unterteilt, die heute als Abstellkammern dienen. In den Dreißigern und Vierzigern hausten in diesen Kämmerchen die portugiesischen Arbeiter und Arbeiterinnen.

Auch andernorts auf dem viereinhalb Hektar großen, am Flussufer gelegenen Fabrikgelände erinnert noch manches an die Portugiesen, Werkzeuge und Arbeitsmethoden ebenso wie Reliquien, die wegzuwerfen Arami nicht übers Herz bringt. Da sind zum Beispiel »diese Teerkessel, in die die Leinen getaucht wurden, um sie haltbar zu machen«. Es gibt Dutzende von ihnen, und sie dienen nur noch als Zeugen der Vergangenheit der Fabrik. Der fünfundfünfzigjährige Arami Hamid kennt diese Vergangenheit gut – nicht aus schriftlichen Unterlagen, denn die gibt es nicht, sondern weil er es liebt, zuzuhören, wenn die ältesten Arbeiter von ihr erzählen.

Er kann in allen Einzelheiten die Arbeitsabläufe aus der Zeit des Thunfischs beschreiben, die sich im Grunde nicht wesentlich von den heutigen Arbeitsabläufen unterschieden. Der Fisch wurde vom Seehafen auf Lastwagen hergebracht. Hier wurde er geköpft, zerteilt, gekocht, in kleine Stücke geschnitten und zuletzt in Öl eingelegt, in Dosen zu zehn oder zwanzig Kilo, weil die Thunfische so groß waren und es so viele von ihnen gab, dass es sich nicht lohnte, kleinere Dosen abzupacken. Im letzten Schritt liefen die Dosen dann über ein Fließband, auf dem sie verschlossen und »gebördelt« wurden. Das funktioniert bis heute ähnlich, nur wurden aus dem Thunfisch Anchovis und aus den portugiesischen Arbeitskräften marokkanische – etwa tausend, wie damals, und größtenteils Frauen.

»Ich interessiere mich sehr für diese Zeit und versuche, alles darüber zu erfahren. Diese Fabrik verdankt ihre Existenz den eingewanderten Arbeitern und Arbeiterinnen. Viele Leute in Kenitra nennen sie bis heute die Fabrik der Portugiesen«, sagt Arami.

Vor ein paar Monaten brachten Bauarbeiten einen merkwürdigen Stein zutage. Er sieht aus wie ein Kapitell und scheint sehr alt zu sein. »Die Portugiesen waren schon früher hier, vor vielen Hundert Jahren. Ich habe ein Buch gefunden, das davon berichtet.«

In Mehdia gibt es mehrere Bauwerke aus dem 15. und 16. Jahrhundert, wie die Festung und die Stadtmauer, die der Volksmund den Immigranten zuschreibt. Einige zerfallene Säulen am Fluss werden sogar die »Keller der Portugiesen« genannt. Historikern zufolge stammen alle diese Bauwerke allerdings aus der Zeit der spanischen Besatzung.

Tatsächlich waren die Portugiesen zu Beginn des 16. Jahrhunderts hier, hatten aber nicht die Zeit, Burgen zu bauen. Ihr Aufenthalt in Mehdia, das damals Mamora hieß, dauerte ganze siebenundvierzig mühselige Tage.

★

Mamora, 23. Juni 1515. Johannisnacht. Die portugiesische Armada, bestehend aus etwa zweihundert Schiffen und mehr als achttausend Mann unter dem Kommando von Dom António de Noronha, erreicht die Flussmündung des Oued Sebou. Sie hat den Auftrag, Mamora einzunehmen und dort eine Festung zu errichten. Sie landen, ohne auf Widerstand zu stoßen, und benennen den Ort zur Feier des Tages in São João de Mamora um.

Die Aktion ist von langer Hand geplant. Ein Jahr zuvor haben zwei Gesandte König Emmanuels I. die Gegend bereist, um eine genaue hydrografische Studie des Mündungsbeckens des Oued Sebou zu erstellen. Zur Vorbereitung des Angriffs haben sie die Wassertiefe, die Höhe des Tidenhubs und die Besonderheiten der Flussufer vermessen. Gleichzeitig wurde eine Abordnung zum Heiligen Stuhl geschickt, um von Papst Leo X. seine Einwilligung zu diesem Unternehmen zu erbitten.

Der Leiter der Mission, Tristão da Cunha, marschierte an der Spitze eines Prunkzuges durch Rom, gefolgt von Posaunenspielern und Trommlern, zahmen Elefanten, einem Perserhengst und zwei zur Jagd abgerichteten Jaguaren. Als Geschenk für den Papst hatte er 500 000 Cruzados für den prunkvollen Bau des Petersdoms dabei.

Zum Dank verfasste der Pontifex eine Bulle, in der er die Mission von Mamora genehmigte.

Kaum an Land, beginnen die portugiesischen Truppen mit der Errichtung einer Festung und stellen die Arbeiten auch nicht ein, als sie von einem Trupp Mauren aus Fès und Meknès angegriffen werden.

Am 22. Juli starten die Portugiesen einen Angriff auf die Araber. Er endet im Fiasko, und so beschließen sie am 10. August, das Weite zu suchen. Allerdings verläuft die Abreise dermaßen chaotisch, dass die meisten Schiffe sinken. Wie der Chronist Damião de Góis berichtet, werden hundert Schiffe zerstört, und viertausend Mann sterben, ganz zu schweigen von den gefangenen Frauen und Kindern. Nach Aussage des Historikers und muslimischen Diplomaten Leo Africanus fanden zehntausend Christen den Tod. »Die Schiffe wurden verbrannt und die Kanonen versenkt, und so viele Christen wurden abgeschlachtet, dass das Meer drei Tage lang rot gefärbt war«, schreibt er.

★

Juni 1944. Nach vier Tagen auf See erreicht José de Almeida Rabat. Das Segelboot, mit dem die sechs Portugiesen in Cabanas bei Tavira aufgebrochen waren, trieb hilflos auf dem Atlantik, als der Wind abflaute. Eine Nacht lang sind sie gerudert, haben sich an den Sternen orientiert, wurden aber von der Strömung in aufgewühlte See getrieben und wären beinahe gekentert. Mithilfe von mitgebrachten Eimern konnten sie das Wasser aus dem Boot schöpfen. Ein anderes Boot, das sich ein paar Tage zuvor mit mehreren Freunden von José auf den Weg gemacht hatte, verschwand auf Nimmerwiedersehen. »Niemand weiß, wie viele illegale Migranten damals im Meer ertrunken sind«, sagt José. »Aber es waren viele, genau wie heute Tausende von illegalen Migranten im Meer ertrinken, während sie von Marokko aus versuchen, Europa zu erreichen. Ich habe damals schwarzgesehen, dachte, ich müsste sterben.«

Unbemerkt legten sie um vier Uhr nachmittags im Fischereihafen von Rabat an. José meldete sich bei den Behörden und wurde festgenommen, genau wie es heute den Subsaharianern in Algeciras oder auf den Kanaren geschieht.

Zwei Tage später erfuhr ein Portugiese aus Tavira, João Levante, der in Port-Lyautey eine Autowerkstatt betrieb, dass im Gefängnis von Rabat ein Mechaniker saß, und holte ihn heraus. So funktionierte das damals.

Also begann José mit sechzehn Jahren, in Port-Lyautey mit Dieselmotoren zu arbeiten. Später fand er für die Thunfischsaison eine Anstellung in der Konservenfabrik von Mehdia, aber da blieb er nicht lange. Er war immer ein Freigeist gewesen, und die Arbeit in der Fabrik erschien ihm wie Sklaverei. Die Arbeiter besaßen einen Kollektivpass und durften die Fabrik (oder das Boot, wenn sie an den Stellnetzen arbeiteten) nicht verlassen, durften sich keinen anderen Arbeitsplatz suchen und nicht selbstständig arbeiten.

Unter diesen Voraussetzungen kam ein paar Jahre später auch Violante nach Marokko. Sie war vierzehn und wollte weg von zu Hause. Als sie erfuhr, dass ihr vier Jahre älterer Cousin in Marokko war, war sie neugierig, ihn kennenzulernen. Sie bat ihren Vater, gehen zu dürfen.

»Weißt du denn überhaupt, wie man eine Thunfischdose bördelt?«, fragte ihr Vater, der selbst jedes Jahr nach Mehdia fuhr. Das konnte Violante lernen. Problematischer war, dass das Fließband der Montagestraße zu hoch für sie war.

Dennoch machte sie sich 1946 von Vila Real de Santo António aus zusammen mit achthundert weiteren Portugiesen auf einem Schiff namens *O Primeiro* auf den Weg nach Kenitra.

In Mehdia angekommen, fing sie gleich in der Fabrik an. Sie stellten sie auf eine Kiste und teilten ihr die kleineren Dosen zu, aber ihre Arbeitszeit war die gleiche wie die der älteren Kolleginnen: von morgens bis in die Nacht. »*Bien o no, Violante?*«, fragte ihr Chef, der Spanier war. »*Bien!*«, antwortete Violante.

Die Werkstatt, in der José arbeitete, hatte inzwischen zugemacht, und er hatte eine Anstellung auf einem amerikanischen Marinestützpunkt bei Mehdia gefunden.

Als Spezialist für Dieselmotoren gehörten nächtliche Kontrollfahrten auf allen drei Militärbasen der Gegend zu seinen Aufgaben. Auf einer dieser Fahrten kam er auf die Idee, einen Umweg zur Konservenfabrik zu machen, wo gerade einer der berühmten Mittsommernachtsbälle stattfand. Dort wurde er seiner Cousine Violante vorgestellt. Er parkte den Jeep am Straßenrand und ging zum Ball, wo der Akkordeonspieler erst um Mitternacht Feierabend machte.

»Da kommt dein Cousin, der Militär«, sagten Violantes Freundinnen. »Er kommt, um dir den Hof zu machen.«

Am Ende der Saison kehrte Violante nach Portugal zurück, aber im darauffolgenden Jahr war sie wieder in Mehdia. Eines Tages fasste José sich ein Herz und lud Onkel und Cousine zum Abendessen ein. Sie gingen ins Restaurant Das Canas in Kenitra, das einem Spanier gehörte. An der Oberfläche ging es äußerst respektierlich zu. Violante hatte sogar eine Anstandsdame mitgebracht, Dona Mariana, eine ältere Arbeitskollegin aus der Fabrik. Aber unter dem Tisch sah es ganz anders aus. Da liebkoste José mit seinem Fuß das Bein seiner Cousine, und die erbebte. Im Jahr darauf erfolgte dann die Trauung per Stellvertreter: Violante präsentierte sich auf dem Standesamt von Vila Real de Santo António mit ihrem Friseur, und José erschien in Rabat mit einer Angestellten der portugiesischen Botschaft. Violante kam mit dem nächsten Schiff, doch sobald sie in Mehdia war, kehrte sie der Fabrik den Rücken.

José und sie mieteten ein Haus, bekamen Kinder, und Violante blieb zu Hause, um auf sie aufzupassen. Auf dem Militärstützpunkt verdiente José einen Dollar pro Stunde, bis er bei einem Unfall mit einem Motor zwei Finger der linken Hand verlor. Er kündigte und eröffnete eine Werkstatt, zusammen mit einem französischen Teilhaber, der ihm irgendwann seinen Anteil überließ.

Sie hatten ein gutes Leben. Violante beschäftigte sogar marokkanische Hausangestellte. Eines Tages kam Nina, eine von ihnen, voller Panik zu ihr. Sie war schwanger, und in der marokkanischen Gesellschaft konnten ledige Mütter auf keinerlei Toleranz hoffen. Violante bot ihr an, sich um das Kind zu kümmern, und zog Aisha gemeinsam mit ihren eigenen vier Kindern groß. Heute ist Aisha Lehrerin, und wenn das Ehepaar Almeida in Marokko zu Besuch ist, wohnt es bei ihr. Aisha hingegen kann sie nicht in Portugal besuchen, weil sie kein Visum bekommt.

1974 beschlossen Violante und José, nach Portugal zurückzugehen.

In Marokko gab es keine portugiesische Schule, und die spanische Schule hatte zugemacht. Die Kinder hätten auf Arabisch weiterlernen müssen, und das wollte José nicht. »Ich wollte, dass sie europäisch erzogen würden.« Außerdem fingen die älteren Söhne an, den marokkanischen Mädchen hinterherzusehen, und das machte Violante Sorgen. »Ich wollte nicht, dass sie Nordafrikanerinnen heiraten.« In Portugal hingegen schien eine glänzende Zukunft auf sie zu warten.

José nahm seine Ersparnisse und versuchte, in Faro ein Geschäft aufzubauen. Aber es lief nicht gut, und so kehrten sie zwei Jahre später nach Kenitra zurück.

Und nun machte José sich endlich an die Verwirklichung seines großen Projekts. Er hatte schon lange davon geträumt und sich in gewisser Weise sein ganzes Leben lang darauf vorbereitet. Er hatte von den Handwerksmeistern gelernt, unter denen er gearbeitet hatte, hatte auf dem Marinestützpunkt die technischen Details und Vorgehensweisen auf den Werften beobachtet. Jetzt krempelte er die Ärmel hoch und machte sich daran, ein Boot zu bauen.

Er kratzte alles Geld zusammen, das er hatte, und mehr, kaufte Materialien, schloss die Werkstatttüren hinter sich und ging mit seinen Söhnen ans Werk.

Es wurde ein zwanzig Meter langer Schlepper mit einem eisernen Rumpf, ausgestattet mit Winden, Motoren und allem, was es für die Hochseefischerei braucht.

»Ich habe alles in dieses Schiff investiert«, sagt José. Zeit, Geld, sein ganzes Leben. Aber es hat sich gelohnt: Vierzehn Monate später war es fertig – und es war wunderschön. José öffnete die Werkstatttüren, aber das Schiff war so lang, dass es auf der Straße nicht um die Kurve ging. Er musste eine Wand der Werkstatt einreißen, um das Schiff hinauszubekommen.

Sie schleppten es ans Meer, und José, drei seiner marokkanischen Freunde und Carlos, sein ältester Sohn, fuhren für eine Nacht zum

Fischen aus dem Hafen hinaus. Es war der große Test. Stunden später war das Deck voller Meerbarben.

»Wir fuhren hinaus, fischten und fuhren wieder nach Hause, um in aller Ruhe Fisch zu essen.«

Kurz darauf verkaufte José das Schiff für einen guten Preis an einen algerischen Reeder in Casablanca. Bis heute ist sein Schlepper in Betrieb.

Mit dem Geld kehrten Violante, José und ihre vier Kinder nach Portugal zurück und bauten ihr Haus auf den Ruinen des alten Hauses von Violantes Mutter in der Rua dos Pescadores von Monte Gordo.

»Ich hatte nie vor, zurückzukommen«, sagt José, während er vor seinem majestätischen steinernen Schiff in der Sonne sitzt. »Nicht im Traum hätte ich geglaubt, jemals zurückzukommen.«

Nächtliche Runde

Praia do Cabeço an der Mündung des Guadiana, Mitternacht. Der Eingang zum Kailua ist mit Schilf überdacht, das Innere von blauem Licht und hawaiianischen Motiven überflutet. Das Kailua ist der Nachfolger des Ricucu, einer legendären Bar, die jahrelang für die Jünger des Hippie-Chic eine Art Lebensphilosophie darstellte.

Alles ist ruhig, hübsch, lauschig: die Band, die auf einem Holzpodium spielt, die Palmen am Strand und die überall im Sand verteilten roten Sitzkissen. Braun gebrannte junge Mädchen laufen über den Strand, lassen sich in den Sitzkissen nieder und streifen sich nachlässig die Sandalen von den Füßen.

Albufeira, ein Uhr nachts. Die Golden Mile, auch bekannt als The Strip, wie in Las Vegas. Zwei Straßen am Strand, dazu zwei Querstraßen, mehr braucht es nicht. Hier gibt es mehr Bars pro Quadratmeter als an jedem anderen Ort der Algarve. Es ist das Zentrum der Nacht. Die Verkörperung der Vorstellung von »Urlaub«, vom Strand einmal abgesehen. Für viele Touristen und Touristinnen dient der Tag sowieso nur dazu, den Kater auszukurieren. Oft kommen sie nicht einmal dazu, die Füße in den Sand zu setzen. So ist das zum Beispiel bei Susan und Jane, zwei schrillen Engländerinnen aus Leicester, auch wenn sie sich nicht besonders gut ausdrücken können. »Ablufeeeera!«, kreischen sie und schütteln dabei ihre Busen. »*We love the Portuguese!*« Dabei ist unter den Tausenden von

Menschen, die sich durch die Rua und die Travessa Cândido dos Reis schieben, kein einziger Portugiese – außer einigen Aufreißern. »*Come on, baby, we have a drink!*«, schlägt ein braun gebrannter, untersetzter Typ mit engem T-Shirt und schlechten Zähnen vor.

»*No!*«, antworten die beiden rothaarigen Engländerinnen und wenden ihm den Rücken zu. Der Untersetzte fragt philosophisch »*Why?*«.

Ein anderer Einheimischer, dürr und kahlköpfig, ist schon dabei, mit einer groß gewachsenen Blondine zu knutschen. Er ist so sehr zwischen den Leibern eingeklemmt, die sich im Pub drängen, dass man meinen könnte, er schwebe in der Luft und hänge wie ein Fisch am Mund der Frau.

Lagos, halb zwei Uhr morgens. Die Kneipenstraße glüht. Das alte Zanzibar ist dem Rock treu geblieben. Dunkelheit. Nackte Wände. *You gotta fight for your right to party!* Im Inside Out singen alle. Im Bon Vivant tanzen die Mädchen mit Fremden, reiben sich an ihnen, kleben mit Mündern und Nasen an ihnen, lassen ihre Hände über ihre Körper gleiten und wenden sich dann dem nächsten zu. Ein Spiel mit klaren Regeln, das alle zu beherrschen scheinen.

Albufeira, zwei Uhr morgens. Die Bars, bewacht von kaugummikauenden Bodybuildern, sind alle voll, und aus allen dröhnen unterschiedliche, inkompatible Lieder, vom Electro-House über Bob Dylan bis hin zu Latino-Hits, Dance-Remixes und englischen Schnulzen. Überall wummert es wie von Presslufthämmern und blitzt grell wie von Schneidbrennern. Blickt man vom Platz zwischen dem Sir Harry's – wo ein Bärtiger seinen näselnden Gesang auf der Akustikgitarre begleitet – und dem Estação Central – wo Frauen in Miniröcken auf dem Tresen tanzen – auf das Gassengewirr, wirkt das Ganze wie ein Dorf, das einen Kurzschluss erlitten hat und kurz vor der Explosion steht. Es ist, als würde die Sonne, nachdem sie die gesamte Küste von Vila Real de Santo António bis Sagres entlanggewandert ist, nun die Erde von innen erleuchten.

Quinta do Lago, halb drei Uhr morgens. Hinter Faro und vor Quarteira, auf der Höhe von Loulé. Die schickste Gegend an der ganzen Algarve. Im Zentrum des Komplexes aus Luxushotels und Villen liegen der Clube T und das Trigonometria.

»Hier ist es wie im Elefante Branco«, sagt ein Lissabonner mittleren Alters mit nostalgischem Lächeln, als er aus dem T herauskommt. Er wartet auf seine Kinder, die er im Trigonometria abgegeben hat, einer Art Kinderparadies des T. Später erkenne ich, dass es umgekehrt ist: Die Kinder liefern ihre Eltern im T ab, um ihre Ruhe zu haben.

Musique, glamour. Musique, glamour. Bumm! Bumm! Bumm!, dröhnt es aus den Lautsprechern des T. Der Club ist halb leer. Männer in offenen weißen Hemden und müde Frauen in silbernen, hochhackigen Schuhen.

»Pedro Batista und Isabel Batista.« Ohne mit dem Tanzen innezuhalten, stellt der Mann in Sandalen, mit Ketten und Schals behängt, mir seine angebliche Gattin vor, die er in Wirklichkeit gerade erst kennengelernt hat, und betätschelt ihren Hintern. »Leisten Sie uns doch Gesellschaft!« Das ist eines der Probleme der Nächte an der Algarve: die Nervensägen. Es gibt sie überall, von der Ostalgarve bis zur Westalgarve, und sie verwickeln einen freundlich in öde Gespräche, die die ganze Nacht dauern können. Man muss lernen, rechtzeitig die Flucht zu ergreifen.

Sagres, drei Uhr morgens. Die Bars liegen alle in der gleichen Straße: das Água Salgada, das Mitic, das Dromedário. Sie haben Barhocker und Bartische und sind so winzig, dass die meisten Gäste auf der Straße stehen. Es gibt Bier und Crêpes. Das genaue Gegenteil von Albufeira. Im Dromedário läuft Manu Chao. Im Água Salgada spanischer Rock. Und alle tanzen: Surfer, hoffnungslose Freaks, alte Hippies. Ein Mann aus Faro, den ich tags zuvor im Clube T gesehen habe. Selbst zwei Hunde haben es geschafft, sich ins Dromedário hineinzuschmuggeln.

Albufeira, vier Uhr morgens. Die Straßen sind voller Menschen. Dürftig bekleidete Mädchen und muskelbepackte Jungen, leichte Frauen und lässige Galane, Brigaden von Aufreißern mit schuppiger Haut und alkoholvernebeltem Blick, Gruppen weißblonder Teenager, deren eisblaue Augen aus gebräunten Gesichtern blitzen. In kurzen Hosen und hochhackigen Sandalen tanzen sie – pyrotechnische Cocktails in der Hand – auf dem Bürgersteig.

Fünf Uhr morgens. Der Wahnsinn hat nach und nach die ganze Algarve erfasst. Zwei wunderhübsche junge Frauen torkeln sliplos durch die Straße. Eine kauert sich in den Straßengraben und setzt einen Haufen hinein. Am Strand badet eine Gruppe nackt. In jeder Ecke küssende und fummelnde Paare. Die Nacht überschreitet alle Grenzen. Bei Sonnenaufgang liegen überall Körper herum. Die Bars schließen, und wer noch Kraft hat, wankt in die After-Hour-Discos.

Sechs Uhr morgens. Im Capítulo V am Strand von Albufeira sehen die Männer in ihren weißen Hemden oder Muskelshirts und Flip-flops nach wie vor aus wie aus dem Ei gepellt. Die Frauen gehen ausnahmslos in Gold und High-Heels. Doch innerlich hat jeder und jede schon die Kontrolle über sich verloren, man sieht es an den Blicken, den mechanischen Gesten. Offizielles Getränk ist Red Bull.

Sieben Uhr morgens, die Diskothek Kiss am Strand Areias de São João in Albufeira. Es ist alles da, was es braucht. Alle spielen verrückt. Der DJ dreht den Ton herunter, damit die Gäste singen können: *My dream is to fly, over the rainbow, so high.* Überall Arme in der Luft, verschwitzte Oberkörper, dicht an dicht, in inniger Umarmung. »António Simões!«, schreit jemand ins Mikrofon. »Einer der besten DJs der Welt!« Die Musik wird lauter. *My dream is to fly.*

Acht Uhr morgens. Draußen blendet die Sonne, und die ersten Touristinnen und Touristen sind unterwegs zum Strand. Der gewaltige Türsteher mit der Miene eines missgelaunten Babys lässt niemanden mehr ein, und in den Katakomben des Kiss geht der Nacht allmählich die Luft aus.

Der erste Bikini von Monte Gordo

Damals, im Jahr 1963, wurde das Vasco da Gama eröffnet, ein Fünf-sternehotel am Strand von Monte Gordo. Senhor Burrié arbeitete am Bau. Er verdiente fünfzehn Escudos am Tag, genauso viel wie später am Strand als Bademeister. Aber in diesem Beruf – den er bis heute ausübt – bekam man zusätzlich noch einen Anteil an den Strafen dazu, die man gegen Badegäste verhängte, erzählt er mir jetzt, da er siebenundsiebzig ist und das Vasco da Gama nur noch drei Sterne hat. Allerdings nur, wenn der Inspektor der Wasserpolizei die Strafgebühr wie vorgeschrieben mit dem Bademeister teilte. Strafe zahlte, wer dabei erwischt wurde, unerlaubterweise einen eigenen Sonnenschirm zu benutzen (für zehn Escudos konnte man eine Lizenz für die Nutzung seines Sonnenschirms in Monte Gordo erwerben, für zwanzig Escudos für die gesamte Algarve), Frauen in Badeanzügen, die sich nicht von Kopf bis Fuß verhüllten, und Männer mit nackten Oberkörpern. Aber der Polizeiinspektor behielt das ganze Geld, zweieinhalb Escudos von jeder Strafe, für sich.

Damals, im Sommer 1963, lebten die Fischer von Monte Gordo noch in Strohhütten und litten Hunger, wie im Übrigen ein Großteil der Bevölkerung Portugals. Auf der ganzen gewaltigen Fläche des goldenen Sandstrands ragte nur ein Gebäude über den Horizont hinaus: das weiße, geheimnisvolle Vasco da Gama. Obwohl für die Bevölkerung vollkommen unzugänglich, war es die Attraktion des

Jahres. Doch an jenem Tag wurde es von einem noch helleren Licht überstrahlt.

Wie ein Lauffeuer verbreitete sich die Nachricht im ganzen Ort, und die Dorfbewohner liefen zusammen, um etwas zu sehen, was sie sich in ihren kühnsten Träumen nicht ausmalen konnten: eine Hollywood-Schauspielerin im Bikini.

Ingrid Bergman hatte 1963 gerade den Film *Hedda Gabler* fertig gedreht, eine Fernsehadaption des Theaterstücks von Henrik Ibsen. Hedda, die Figur, die sie verkörperte, ist eine Frau, die aus Konvention einen ungeliebten Mann geheiratet hat. Sie begeht eine Reihe wahnsinniger Taten und nimmt sich zuletzt das Leben.

Die erste Fernsehaufführung dieses großen Klassikers des 19. Jahrhunderts, der als erstes wahrhaft feministisches Theaterstück gilt, half Ingrid Bergman nicht, die gesellschaftliche Ächtung zu überwinden, die sie durch ihre außereheliche Beziehung zu Roberto Rossellini erlangt hatte.

Ebenfalls im Jahr 1963 erschien der Film *Beach Party*, der erste einer siebenteiligen Reihe unter der Regie von William Asher, der die Ära der Beach-Filme einläutete und den Bikini zu einer Ikone der Popkultur machte.

In einem vom Immobilienboom (der später auch die Algarve zerstören sollte) noch unberührten Südkalifornien trällerten Frankie Avalon und Annette Funicello, deren Wasserwelle auch dem Fahrtwind des Cabrios standhielt, Schnulzen; dazwischen gab es immer wieder grellbunte Strandszenen mit Mädchen im Bikini.

Aber in den Kinos von Monte Gordo, dem Mariani und dem Carapeto, liefen Filme von Laurel und Hardy und dem mexikanischen Komiker Cantinflas, mit dem unsäglichen Gianni Morandi oder dem spanischen Kinderstar Joselito mit seiner durchdringenden Stimme. Einen Bikini hatten die Leute noch nie gesehen. Und auch keinen Hollywood-Star.

Senhor Burrié erinnert sich noch wie heute an jenen Tag. Ingrid

Bergman kam nach Monte Gordo, weiß der Teufel, warum, stieg im Vasco da Gama ab und schritt dann, erhaben und verführerisch, ans Wasser hinunter. Sie war achtundvierzig Jahre alt und eine der schönsten Frauen der Welt. Und Monte Gordo war einer der schönsten Strände der Welt.

Verzückt lief das Volk zusammen, um Ingrid Bergman im Bikini zu sehen. Es war ein Bild wie im Traum, ein Bild der Zukunft – doch leider verboten. Der Polizeiinspektor hatte aufgepasst. Nun kam er angelaufen, baute sich, klein und armselig, wie er war, vor der Diva auf und kritzelte in sein unbarmherziges Notizbuch. Zweieinhalb Escudos. Ganz für ihn allein.

Literatur

Alexijewitsch, Swetlana, *Tschernobyl. Eine Chronik der Zukunft*, aus dem Russischen von Ingeborg Kolinko und Ganna-Maria Braungardt, Suhrkamp 2019.

Andresen, Sophia de Mello Breyner, *Dia do Mar, O Búzio de Cós, Artes Poeticae*, auf Deutsch erschienen unter dem Titel »*Die Muschel von Kos*« *und andere Gedichte*, aus dem Portugiesischen von Sarita Brandt, Elfenbein 2021.

Brandão, Raul, *Os Pescadores*, auf Deutsch erschienen unter dem Titel *Die Fischer*, aus dem Portugiesischen von Astrid Schoregge und Sven Limbeck, Elfenbein 2001.

Brito, Bernardo Gomes de, *História Trágico-Marítima*, auf Deutsch erschienen unter dem Titel *História Trágico-Marítima. Berichte aus der großen Zeit der portugiesischen Seefahrt 1552–1602*, aus dem Portugiesischen von Johannes Pögl, Greno 1987. (vergriffen)

Camões, Luis de, *Os Lusíadas*, auf Deutsch erschienen unter dem Titel *Die Lusiaden*, aus dem Portugiesischen von Hans J. Schaeffer, zweisprachige Ausgabe, Elfenbein 2010.

Cortesão, Jaime, *Portugal. A Terra e o Homem*, Artis 1966.

Ortigão, José Duarte Ramalho, *As Praias de Portugal. Guia do Banhista e do Viajante*, Magalhães & Moniz Editores 1876.

Pessoa, Fernando, *Mensagem*, auf Deutsch erschienen unter dem Titel *Esoterische Gedichte. Mensagem. Englische Gedichte*, aus dem Portugiesischen von Georg Rudolf Lind, Ammann-Verlag 1989. (vergriffen)

Pinto, Fernão Mendes, *Peregrinação*, auf Deutsch erschienen unter dem Titel *Merkwürdige Reisen ins Fernste Asien 1537–1558*, Edition Erdmann 2001. (vergriffen)

Pirsig, Robert M., *Zen und die Kunst, ein Motorrad zu warten.* © Robert M. Pirsig 1974. Aus dem Amerikanischen von Rudolf Hermstein. © S. Fischer Verlag GmbH, Frankfurt am Main 1976.

Resende, Garcia de, *Cancioneiro Geral*, 1516.